이 논문은 2014년 정부(교육부)의 재원으로 한국연구재단의 지원을 받아 수행된 연구임(NRF-2014S1A3A2044645).

This work was supported by the National Research Foundation of Korea Grant funded by the Korean Government (NRF-2014S1A3A2044645)

지속가능조직의 설계와 진단

VSM 방법론의 적용

지속가능조직의 설계와 진단

VSM 방법론의 적용

José Pérez Ríos 지음 ∣ 김대호 옮김

Σ 시그마프레스

지속가능조직의 설계와 진단 : VSM 방법론의 적용

발행일 2015년 8월 25일 1쇄 발행

지은이 José Pérez Ríos
옮긴이 김대호
발행인 강학경
발행처 (주) 시그마프레스
디자인 김경임
편집   김성남

등록번호 제10-2642호
주소 서울특별시 영등포구 양평로 22길 21 선유도코오롱디지털타워 A401~403호
전자우편 sigma@spress.co.kr
홈페이지 http://www.sigmapress.co.kr
전화 (02)323-4845, (02)2062-5184~8
팩스 (02)323-4197

ISBN 978-89-6866-559-2

Design and Diagnosis for Sustainable Organizations: The Viable System Method

이 도서의 국립중앙도서관 출판예정도서목록(CIP)은 서지정보유통지원시스템 홈페이지(http://seoji.nl.go.kr)와 국가자료공동목록시스템(http://www.nl.go.kr/kolisnet)에서 이용하실 수 있습니다.(CIP제어번호 : CIP2015021918)

오늘날 우리가 살아가고 있는 세상은 점점 더 복잡해지고 그 변화의 속도 또한 더욱더 빨라지고 있다. 그리고 이러한 환경에 처한 조직은 그 성장은 물론, 지속적 존립을 위해 몸부림 치고 있는 것이 현실이다. 기후변화와 그에 따른 생태계의 변화로 동식물들이 생존의 위협을 받고 있으며, 전 세계적인 출산율의 감소, 빈부격차의 심화, 보편적 사회 복지에 대한 요구의 증가를 보이고 있다.

구소련의 붕괴와 중국의 비약적 발전 그리고 제3세계의 발전 등으로 세계 정치 판도는 급박하게 변화하고 있으며, 21세기에 들어서 전 세계가 겪었던 금융위기의 여파, 그리고 최근에 경제적 곤란을 겪고 있는 그리스와 그에 따른 EU연합이 겪는 어려움, 그리고 최근에 일어나고 있는 금값의 폭락 그리고 미국의 양적완화 정책의 종료에 이은 달러화 금리 상승과 이에 따른 각국의 경제적 위기감 고조 등 경제적 환경이 점점 더 복잡해져 가고 있다. 이렇듯 더욱더 복잡해지고 급변해 가는 환경 속에서 존재하고 있는 다양한 종류의 조직은 과거에는 발전지향적 사고에 바탕을 둔 조직 원리에 관심을 가졌다고 한다면, 최근에는 조직의 지속가능성에 더 많은 관심을 가지게 되었다.

한편 이러한 환경변화를 조직적으로 해결하기 위한 시스템 사고 분야에서의 연구와 이를 조직에 접목시켜 이론적으로 발전시키고자 하는 노력이 다양하게 시도되어 왔다. 그러한 노력 중 하나로, 우리나라의 경우 역자의 지도교수인 서남원 교수가 1980년에 출간한 경영정보 시스템(무역경영사)은 조직을 보는 관점으로 시스템 관점을 제시하고 있다. 시스템 관점에서 조직을 분석하고, 시스템 경영으로 발전시키려 하고 있다. 그러나 이 이론은 실무적으로 구현할 수 있는 도구를 구비하지 못함으로써 후학들의 연구로 이어지지 못하였고 이러한 점은 지금도 아쉬움으로 남는다.

그리고 외국의 경우는 Stafford Beer 교수가 주도하여 이론적 모형으로 정립한 존립가능시스템모델(Viable System Model)을 들 수 있다. 이 이론은 이후 이 책의 저자인 José Pérez Ríos가 개발한 VSMod® 소프트웨어라는 도구를 갖춤으로써 그 이론적 모형을 실무적으로 적용하는 것이 가능함은 물론 다양한 분야에 이 모형을 적용할 수 있게 해주었다. Nobert Wiener의 사이버네틱스 이론을 조직적으로 발전시킨 조직 사이버네틱스(Organizational Cybernetics) 이론과 다양한 시뮬레이션 모델을 접목할 수 있는 시스템 다이내믹스(System Dynamics)를 결합하여 이를 소프트웨어적으로 구현하고 있는 VSMod®는 이론적 바탕이 공고함은 물론 실무에서의 적용가능성이 크다고 할 수 있다. 이러한 점에서 이 책이 제공하고 있는 VSMod® 소프트웨어는 상당히 중요한 의미를 갖는다고 할 수 있다.

또한 이 책에서 제시하고 있는 팀 신테그러티®(Team Syntegrity®)는 존립가능시스템모형에서의 시스템 3과 시스템 4 사이의 항상성, 즉 서남원 교수의 시스템 관점에서 보면 조직의 '작업 기능(Stafford Beer의 시스템 부분)' 수행 부분과 '정보기능(Stafford Beer의 메타시스템)' 수행부분 사이의 항상성을 확보하기 위한 방법론으로서 중요한 의미를 갖는다고 할 수 있다. 특히 이 방법은 기존의 상명하달식 조직 명령 체계가 갖는 한계(경영환경에서의 요구를 실질적으로 반영하지 못하는 한계, 조직 구성원들의 발전적 의견을 조직적으로 반영하지 못하는 한계, 특히 민주적 절차에 의한 투명하고 공개적인 조직전략을 구축하는데 있어서의 한계 등)를 극복할 수 있는 하나의 방법이 될 수 있다는 점은 주목할 만하다.

원 저서가 출간된 지도 벌써 1년 반이 넘어가고 있다. 역자가 이 책을 발견하고 번역을 하기로 마음먹은 기간도 그만큼 흘렀음을 밝히지 않을 수 없다. 이 책을 번역하면서 역자가 경험했던 학문적 게으름, 학술적 능력의 한계 그리고 언어적 이해의 한계 등은 몇 번이나 이 책의 번역을 그만둘까 하는 고민에 빠지게도 하였다. 그러나 주변의 선배, 동료 그리고 후배들의 격려로 이러한 고민을 떨쳐 버리고 다시 마음을 가다

듣고 한 발씩 한 발씩 발을 디디고 보니 부족하나마 이 책의 번역을 마치는 시간을 맞게 되었다. 한편으로는 원 저자의 학문적 성취에 누가 되지나 않을까 하는 두려움도 감출 수 없는데, 이 역서에서의 부족함은 오로지 역자의 몫으로 독자 여러분들의 넓은 이해와 양해를 구하고자 한다.

또한 이 책이 발간됨에 있어서 이 책의 편집과 교정을 위해 애써주신 (주)시그마프레스의 편집자 여러분들에게 심심한 감사의 뜻을 전하지 않을 수 없다. 첫 번째 편집을 완전히 버리고 두 번째 편집을 새로이 하였고 이후에 거의 1년에 걸쳐 이어진 교정과 편집은 이러한 편집부의 노고가 없이는 이루어질 수 없는 것이었다. 지난 1년간의 안식년 기간 동안 이 책의 번역과 개인적 연구를 이어 갈 수 있도록 연구실을 마련해 주시고 다양한 지원을 해주신, 서울대학교의 유병준 교수, 연세대학교의 김승연 교수 그리고 싱가포르국립대학 Department of Information Systems의 부학장이신 한정필 교수에게 감사의 말씀을 올리는 바이다.

끝으로 역자가 한국연구재단의 SSK(Social Science Korea) 스마트사회연구팀(Smart Society Research Team)의 공동연구원으로 함께 할 수 있게 해주신 서울대학교 행정대학원의 김동욱 원장님(연구책임자)께 특별한 감사의 말씀을 전하며, 또한 같은 공동연구원으로 조언을 아끼지 않으신 부산경성대의 정충식 교수님 그리고 광운대학교의 권헌영 교수님께도 깊은 감사의 말씀을 드리고자 한다.

싱가포르 국립대학 연구실에서

추 천 사

이 책의 출간은 조직 이론은 물론 응용을 위해서도 매우 유익한 일이다. 오늘날과 같이 관리자들이 직면하고 있는, 더욱 커져 가는 역동적 복잡성에서 발생하는 많은 문제들에 대한 해결방안을 모색해야 하는 절박한 필요성과 전통적 조직이론이 이러한 요구를 만족시키지 못하고 있는 무능함 사이에서 이 책은 이러한 양자 간의 틈새를 이어주는 가교 역할을 하고 있음이 틀림없다.

다행히도 지난 몇 년 동안 이러한 복잡한 문제들을 해결할 수 있게 해주는 강력한 새로운 이론들이 개발되어 왔으며, 그 태동은 복잡 시스템의 통신과 통제 원리인 사이버네틱스(Cybernetics)에서 발견할 수 있다. 그러나 이 이론은 너무나 추상적인 면이 강하였기 때문에 실제로 실무에 적용하는 데는 많은 한계가 있었다. 이러한 이유로 우리는 이론적 기초를 개발하고, 이를 기업가 정신(entrepreneurship)의 언어로 변환하는 것을 가장 중요하게 생각하게 되었다.

이 책은 이러한 두 가지 요구를 모두 만족시키고 있다고 볼 수 있다. 무엇보다도 응용 연구의 현황에 대하여 재검토하고 있으며, 누구나 쉽게 이해할 수 있는 방식으로 관련 개념적 지식들을 총체적으로 제시하고 있다. 또한 저자는 이 책을 통하여 엄청난 도전을 겪고 있는 조직의 생애에 대해서뿐만 아니라, 조직 이론과 이 이론들이 가지고 있는 휴리스틱한 잠재력에 대하여도 깊이 이해하고 있음을 보여주고 있다.

저자는 조직 사이버네틱스(Organizational Cybernetics)의 선구자인 Stafford Beer가

수립한 전통을 이어 가고 있다. 이 분야의 대가인 Beer가 제안한 모델에 따라 그의 과학적 유산을 확장하여 발전시켰고, 여기에 사이버네틱 혁신(cybernetic innovations)을 추가하였다. 이러한 성과들 중에서 특정 이슈의 연구에 조직 사이버네틱스를 쉽게 적용할 수 있게 해주는 새로운 소프트웨어의 개발을 들 수 있다.

이 책은 독자들이 사이버네틱 모델과 방법론의 잠재력을 쉽게 이해할 수 있도록 돕고 있다는 점에서 조직과학에 중요한 기여를 하고 있음에 틀림이 없다. 조직의 적응성, 지식 그리고 생존능력을 개선하는 데 적절하게 적용할 수 있는 키를 제공함으로써, 이러한 잠재력을 어떻게 하면 발전시켜 나갈 수 있을까라는 저자의 고민을 보여주고 있다.

이 책은 아주 뛰어난 연구 성과물이다! 지식수준을 넓히려 하거나 또는 자신의 능력을 증진시키고자 하거나 아니면 일반적으로 조직의 발전과 개선을 위해 이 책을 선택한 사람이라면 누구나 큰 혜택을 볼 것이다. 그러기에 나는 이 책이 충분히 그럴 만한 가치를 지니고 있다고 생각하며, 이 책이 많은 독자들에게 널리 읽히기를 희망하는 바이다.

2011년 6월

스위스 생갈렌대학교 경영학 교수

Markus Schwaninger

지난 수십 년 동안 세상은 너무나 극적으로 변화하여 왔다. 이러한 변화를 이끈 다양한 요인은 그 내부적인 상호관련성과 더불어 이러한 상황 안에 내재적으로 엄청난 복잡성을 가져오고 있다. 이러한 측면과 관련한 예를 든다면, 서로 다른 세계의 경제 주체들 사이의 높은 상호의존성(북미의 서브프라임 모기지가 다른 나라들 특히 서구에 미친 영향을 고려해보자), 글로벌화 현상, 원유 가격의 상승, 화석 연료 사용의 증가, 또는 인도나 중국과 같은 나라에서의 경제성장이 제품 공급은 물론 원자재, 에너지 그리고 다른 생산요소들의 수요에 미친 파급효과 등을 들 수 있다. 여기에 아직까지 확실하지는 않지만, 기후 변화, 선진국으로의 이주 압박, 그리고 (생화학적 공격 또는 핵무기 테러 등) 안전 문제 등도 거의 같은 수준으로 걱정해야 하는 효과들로 생각할 수 있다. 우리는 일반적으로 인류의 문제는 물론 조직과 기업에 영향을 미치고 있는 다양하고도 폭넓은 문제들을 생각할 수 있다. 또한 이러한 여러 문제가 상호 연관되어 있다는 사실은 이들에 대한 연구와 이러한 문제에 대응하기 위한 해결방안의 도출을 더욱 어렵게 만들고 있다.

이러한 상황에 대하여 '우리는 매우 복잡한 문제들에 직면하고 있다'라고 간단히 요약할 수 있을 것이다. 결과적으로, 무엇보다도 우리의 목적이 이러한 상황을 이해하고, 이러한 상황의 다양한 양상을 개선하고자 노력하는 것이라면, 이러한 목적을 달성하기 위해 우리는 적절한 방법이 필요하게 될 것이다. 기업 또는 조직의 관리자들, 다양한 분야의 책임을 수행하고 있는 정치가들, 그리고 일반적으로 의사결정을 해야 하는 사람들 모두는 그들 나름대로 그들이 직면하고 있는 문제를 해결하기 위한 필요 도구를 가지고 있어야 한다. 1970년대 초반에 Conant와 Ashby는 그들의 이름을 붙여 만든 유명한 공리에서 "훌륭한 시스템 조정자는 그 시스템 모델이어야 한다."라고 주장하고 있다. 그러나 결과적으로 이 모델에서 조정자를 갖춘 조정 시스템(regulating systems)은 그들이 조정(관리)하고자 하는 시스템의 다양성에 맞춘 일정 수준의 다양성(복잡성)을 보유하고 있어야 한다는 것이다. 예를 들어, 단지 두 개의 스위치(온/오프)만을 가지고 있는 전등 스위치는 충분한 다양성(이 경우 전등의 밝기를 조절할 수 있는 선택사항)을 갖추고 있지 못하기 때문에 다양한 밝기로 전등의 빛을 조정할 수 없을 것이다.

이러한 이유로 우리는 문제 상황에 상응하는 다양성을 갖추고 있는 모델, 즉 제기되는 다양한 상황에 대응할 수 있는 모델을 필요로 한다. 그럼에도 불구하고 지금까지 이용된 모델들은 이러한 다양성을 충분히 갖추고 있지 못하다.

이 책의 목적 중 하나는, 20세기 중반경 보급된 이후로 수십 년간 개발되어 온 시스템 사고(Systems Thinking)라 불리는 방법론적 도구와 기술적 도구를 제시하는 것이다. 이러한 도구는 현재 문제들을 처리하기에 충분한 다양성(복잡성을 처리할 수 있는 능력)을 갖춘 모델을 구축할 수 있는 가능성을 제공해준다.

20세기 중반 무렵의 Betalanffy 또는 Wiener 등이 최초로 연구를 수행한 이후로 오늘날까지 시스템 사고라는 일반적인 프레임워크 내에서 많은 학파와 접근방법론이 출현해 오고 있다. 결과적으로, 이 책에서는 주로 사이버네틱스의 발전에 대하여 다룰 것이며, 특히 S. Beer의 조직 사이버네틱스(Organizational Cybernetics, OC)를 중점적으로 언급할 것이다. OC는 어떠한 유형의 조직(기업, 기관, 기타)이든 이를 설계하고 관리하는 데 적용할 수 있는 유용한 많은 개념적 요소들을 제공해주고 있다. 이 책에서 가장 중요한 구성요소들 중 두 가지, 즉 존립가능 시스템 모델(Viable System Model, VSM)과 팀 신테그러티(Team Syntegrity, TS)에 대하여 상세히 살펴볼 것이다.

이 두 방법론이 적용된 사례는 매우 다양하다. 그러나 그럼에도 불구하고 이들에 대한 관리자나 학자들이 가지고 있는 지식은 아직도 미흡한 상태이다. VSM의 경우에는 특히 이해하기도 힘들고 적용하기도 힘든 것이 이러한 이유 중의 하나이다. 또 제기되는 다른 이유는 이러한 방법론의 적용을 위해 필수적이라 할 수 있는 이용가능한 전용 소프트웨어 등과 같은 도구나 지원 수단이 많지 않다는 것이다. Forrester의 시스템 다이내믹스(Systems Dynamics)와 같은 또 다른 시스템 방법론의 보편적인 보급은 이러한 방법론으로 설계된 모델을 구축하고 시각화하는 데 상당히 도움을 줄 수 있는 전용 소프트웨어의 출현에 어느 정도 기여하기도 하였다. 사실 이 책의 또 다른 목적은 적어도 부분적으로 이러한 문제점들을 해결할 수 있게 해주는 특수한 목적으로 개발된 VSMod® 소프트웨어를 소개하는 것이다.

 전반적으로 이 책의 독자들이 다음과 같은 용도로 이 책을 활용할 수 있기를 희망한다.

- 어떠한 조직의 관리자든 그들이 직면하고 있는 문제의 중대성에 대한 인식과 더불어 비록 아주 정확한 것은 아닐지라도 그것을 평가하기 위한 방법이 존재하고 있다는 것에 대한 인식
- 사회와 조직이 직면하고 있는 특정 문제를 해결해주는 시스템 접근방법의 존재와 유용성에 대한 인식
- 조직 사이버네틱스의 기본 개념에 대한 숙지
- 조직의 존립능력을 기초적으로 진단해주는 VSM의 주요 구성요소에 대한 충분한 지식
- 조직 병리의 처리(진단) 또는 출현 방지(설계)를 위한 사전 단계로서 조직에서 흔히 발견되는 병리들을 인식할 수 있는 능력
- 팀 신테그러티의 활용이 가지는 가치를 판단하기 위하여 팀 신테그러티의 존재와 기본 요소에 대한 학습
- VSMod® 소프트웨어의 주요 측면에 대한 숙지와 이를 통한 VSM에 대한 이해 증진
- 복잡성을 처리할 수 있는 개념적 접근방법에 대한 인식의 개선과 이러한 복잡성 처리에 대한 책임을 관리자의 역할 중 하나로 인정하는 것

이 책의 구성

이 책의 주요 목적 중의 하나는 관리자나 학자들 사이에서 조직 사이버네틱스와 존립가능 시스템 모델의 보급을 방해하는 요인들과 관련하여 앞에서 언급한 측면들을 다루고자 함이다. 그러므로 무엇보다도 조직 사이버네틱스와 존립가능 시스템 모델의 주요 구성요소에 대하여 자세히 살펴봄으로써 조직 사이버네틱스와 존립가능 시스템 모델에 포함되어 있는 개념들을 자세히 설명하고, 이들을 조직의 진단과 설계에 이용할 수 있는 가이드라인을 제시하고자 노력할 것이다. 이 책이 다루고 있는 또 다른 측면은 존립가능 시스템 모델의 적용과 이해를 돕기 위해 특별한 목적으로 개발한 소프트웨어를 소개하는 것이다.

이 책은 여섯 개의 장으로 구성된다. 첫째 장에서는, 시스템 접근방법의 필요성과 관련한 소개로 시작하여, 조직 사이버네틱스와 존립가능 시스템 모델의 필수적인 내용에 대하여 비교적 상세하게 설명하고 있다. 제2장은 어떻게 존립가능 시스템 모델이 조직의 진단과 설계에 적용될 수 있는지를 총괄적으로 보여주고 있다. 이 목적을 달성하기 위해 구조적이고 시스템적인 존립가능 시스템 모델의 운영 절차를 설명하고, 각각의 필수적인 구성요소들에 대하여 상세히 설명하였다.

일단 방법론의 적용을 익힌 다음, 제3장에서는 VSM 이론이 제시하고 있는 필요한 요구사항을 충족시키지 못하는 경우에 발생하는 병리들에 대하여 살펴볼 것이다. 이러한 병리들과 이들을 처리하기 위하여 추천할 만한 몇몇 요소들에 대한 지식은 관리사들이 운영하고자 하는 조직에 영향을 미치는 제반 문제들을 이해히는 데 도움이 될 것이다.

제4장은 앞에서 언급했던 두 번째 한계를 다루고 있는데, 조직 사이버네틱스와 존립가능 시스템 모델의 적용을 용이하게 하는 전용 소프트웨어의 이용가능성과 관련한 내용을 다루고 있다. 이러한 목적을 위해 개발한 VSMod® 소프트웨어를 소개하고자 한다. 이 소프트웨어는 10년이 넘는 연구의 결과물로서 다양한 시스템 방법론 특히 조직 사이버네틱스와 그리고 무엇보다도 존립가능 시스템 모델의 적용을 용이하게 할 수 있는 소프트웨어 도구의 개발을 목적으로 바야돌리드대학교에서 내가 책임

을 맡고 수행한 연구의 결과물이다. 이 책에서 설명한 버전(버전 1.3) 이외에도 이 버전에서 다루지 않았던 측면들을 포함하는 다른 버전의 소프트웨어가 현재 개발 중에 있다. 예를 들면, 인터넷을 통해 동일한 존립가능 시스템 모델 연구에 여러 명의 연구자들이 동시에 다 같이 참여할 수 있게 해주는 VSMod® 협업 버전, 그리고 (현재 시험운영 중에 있는) 추가적인 설계와 진단 도구 그리고 방법론적 가이드를 포함하는 고급 버전을 들 수 있다.

제5장은 팀 신테그러티(TS)라고 불리는 고(故) S. Beer의 혁신적인 방법에 대한 개념적 기초를 다루고 있다. 기본 형태에 있어서 주요 응용 프로토콜을 보여주고 있으며, 팀 신테그러티의 활용이 권장되는 분야에 대한 설명을 담고 있다.

제6장은 이 책에 대하여 전체적으로 다시 한 번 더 요약정리를 하고, 향후의 연구를 위한 중요한 몇 가지 아이디어를 제안하고 있다.

이 책은 두 개의 부록을 포함하고 있다. 첫 번째 부록은 바야돌리드대학교가 S. Beer에게 명예학위를 수여하면서(2001. 10. 26) S. Beer에게 영예롭게 바친 찬사의 전문을 담고 있다. 이 내용을 수록한 이유는 Beer의 전 생애에 걸친 연구에 대하여 상세하게 이야기함으로써 그의 방대한 지식 산물과 활동을 광범위하고 상세하게 소개하고자 함이다. 두 번째 부록은 존립가능 시스템 모델의 내용에 대한 종합으로서 Beer가 고안한 금언, 조직 원칙, 정리, 공리 그리고 법칙 등을 포함하고 있다. 분명하게 밝히지만, 그 내용이 방대하고 복잡하기 때문에 독자들이 그 내용을 자세히 확인하고자 한다면 반드시 완전한 자료 원본(Beer의 책들)을 참고할 것을 추천하는 바이다.

2011년 5월
바야돌리드에서
José Pérez Ríos

차   례

제2장 조직의 진단과 설계

제3장 조직의 병리

제4장 VSM 적용 소프트웨어 : VSMod®

제5장 팀 신테그러티

제6장 미래 전망

제 1 장

시스템 사고, 조직 사이버네틱스, 그리고 존립가능 시스템 모델

1.1 서론

일반 조직은 물론 특정 기업이 급변하는 운영 환경 속에서 존립가능성(viability)을 확보하려면 이러한 변화 속에 내재하는 다양한 복잡성을 처리할 수 있는 도구의 지원이 절대적으로 필요하다.

지난 수십 년 동안 기업은 물론 일반 조직의 조직 및 관리 분야에서는 수많은 이론적 발전이 이루어져 왔다. 이러한 범주에서 볼 때 시스템 사고(Systems Thinking) 분야에서 성취되어 온 발전에 주목하지 않을 수 없다(Pérez Ríos, 2007a).

20세기 전반에 걸쳐 전 세계가 겪고 있는 수많은 변화의 결과로 볼 때, 복잡 문제 (complex problem)의 연구를 위해서는 시스템 사고가 제공하는 방법론과 같은 접근 방법에 대한 필요성이 강조되어 오고 있는데, 이러한 방법론의 필요성은 21세기에 들어오면서 형성된 다양한 사건들로 인해 더욱더 절실해지고 있다. 시스템 사고는 조직이나 기업은 물론 인류에 영향을 미치는 수많은 문제(생태학적인 재난, 불평등한 부의 배분, 생물학적·화학적 그리고 핵 테러의 위협, 부정부패, 적절한 글로벌 법체계의 부재, 거대한 민족 이동, 그리고 기후 변화 등)의 해결에 매우 유용한 지식 프레임워크를 제공한다. 이러한 문제들은 모두가 엄청난 복잡성(다양성)을 내포하는 문제

J. Pérez Ríos, *Design and Diagnosis for Sustainable Organizations*,
DOI 10.1007/978-3-642-22318-1_1, # Springer-Verlag Berlin Heidelberg 2012

들로서 이러한 문제의 해결을 위해서는 그에 상응하는 적합한 도구들이 요구되고 있다. 그러나 이러한 문제들을 이해하기 위해 지금까지 우리가 채택해 온 수많은 모델들이 해결해야 할 문제들의 복잡성을 제대로 잘 처리해주고 있는 것은 아니었다. 이미 Conant와 Ashby(1970)가 유명한 정리에서 "훌륭한 시스템 조정자(regulator)는 그 시스템 모델이어야 한다."라고 주장하고 있듯이, 우리는 문제 상황을 해결하기 위한 필수적 다양성을 갖춘 모델, 다시 말하면 다양한 특정 상황에 대응할 수 있는 능력을 갖춘 모델을 필요로 하고 있다. 그러나 불행히도 대다수의 경우 우리가 채택한 모델들은 거의 대부분의 경우 이러한 다양성이 결여되어 있다.

산업혁명에 의한 '기계 시대(The machine era)'와는 대조적으로 지난 세기부터 이미 시작되어 온 Ackoff(1999a, 1999b)가 '시스템 시대(The system era)'라고 말하는 새로운 시대의 특징은 개인적인 수준에서부터 조직, 사회 또는 자연환경의 문제에 이르기까지 모든 수준에서 발생하고 있는 심각한 문제들을 어떻게 해결해야 하는가라는 질문과 관련된 관점의 복잡성, 혼돈성, 그리고 다양성 등을 들 수 있다. 그런데 특별히 이러한 문제들은 시스템 사고로 해결하기에 적합한 문제들이다. 문제 해결을 위한 기계 시대의 주요 접근방법은 연구를 수월하게 진행하기 위해 복잡 문제를 부분(parts)으로 분할하는 방법을 사용하였다. 그러나 시스템 접근방법을 적용하는 연구자들은 그와 같은 부분에 관심을 두는 것이 아니라, 이 부분들 사이의 '상호 연관성'은 물론 환경과의 관계에 내재하는 '상호 연관성', 그리고 전체(the whole)의 특징으로서 어느 부분(parts)도 가지고 있지 않은 특성들이 어떻게 나타나는가에 근본적으로 관심을 집중하고 있다.

시스템 사고의 전통은 오랜 역사를 갖고 있지만 특히 Wiener와 Bertalanffy의 연구 결과에 의해 하나의 원리로서 자리를 잡게 된 것은 1940년대 말과 1950년대 초반 무렵이다. 1950년대와 1970년대에 이르는 기간은 경영과학 분야는 물론 수많은 다른 분야에서 이러한 흐름이 가장 크게 영향을 나타낸 시기이다(Pérez Ríos, 2004). 1970년대 이후 전통적인 시스템 접근방법은 비판을 받기 시작하였는데, 특히 구조화하기 어려운 문제를 해결하는 데 있어서 그리고 하나의 공통목표에 관한 합의가 쉽지 않은 상황 또는 상반되는 이해관계가 존재하는 상황에 대한 유용성과 관련하여 비판을 받았다.

그러한 비판의 결과로 1970년대 말부터 이후 10여 년 동안은 이러한 문제가 되는 이슈들을 다룰 수 있는 대안적 시스템 접근방법이 나타나기 시작하였다. 최근에는 이러한 접근방법과 일반 과학이 적용되는 방식과 관련한 비판적 조류가 표면화되어 소위 해방주의(emancipatory) 또는 비판주의 운동(critical movement) 등이 일어나기도 하였다.

시스템 분석(Systems Analysis) 그리고 시스템 공학(Systems Engineering)과 같은 초기의 시스템 방법론들은 (명확히 식별되고 합의된 목표를 갖는) 단순하고 일원적인 문제들을 연구하는 데 효용이 있었다. 그러나 연구되는 시스템에 대한 수학적 모델을 지나치게 강조함으로써 (수학적 모형화가 어려운) 복잡 문제와 (복수의 목표와 상충하는 의견이 존재하는) 다원적 또는 대립적 갈등 상황을 포함하는 문제를 처리하는 데 충분치 못함을 보여주었다. 이러한 상황은 문제를 해결하는 데 훨씬 더 적절한 방법의 출현을 자극하였으며, 이로 인해 Stafford Beer의 조직 사이버네틱스(Organizational Cybernetics, OC)와 같은 새로운 접근방법이 출현하게 되었다. 조직 사이버네틱스는 표면적인 현상들에 기초하여 문제에 대한 수학적 모델을 탐구하기보다는 존립가능성을 위해 필요한 상세한 기본사항을 확인하는 데 주안점을 두고 있다. 실증주의 접근방법(positive approach)은 구조적인 접근을 야기하였고, 관심의 초점도 단순 시스템(simple system)에서 환경적응형 복잡 시스템(adaptive complex system)으로 옮겨 가게 하였다. 다원적이고 갈등적인 상황에서의 의사결정에 대한 관심은 소위 말하는 '소프트 시스템(soft systems)'과 해방주의 시스템 접근방법(emancipatory systemic approach)의 탄생을 가져왔다.

해석적 시스템 접근방법은 또한 '소프트 시스템 사고(soft systems thinking)'로도 알려져 있는데, 이 접근방법은 기술, 구조 또는 조직 등과는 대조적으로 사람을 연구의 중심으로 하고 있으며, 인지(perception), 신념(belief), 가치(value) 그리고 관심(interest) 등을 주요 논제로 삼고 있다. 그리고 이 접근방법은 다중적 현실 인식의 존재에 대한 고려를 시작점으로 하고 있다. 따라서 이 접근방법은 의사결정자들이 다원적 상황에서 작업할 수 있도록 돕고자 한다. 이제 중요한 것은 사회 현실을 이해하고 구조화하는 데 사람들이 사용하는 서로 다른 '세계관(world views,

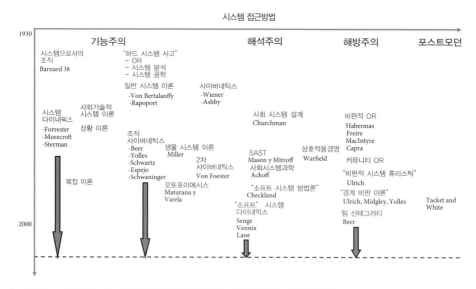

■ 그림 1.1 **대표적인 시스템 접근방법들과 이 책에서 다루고 있는 접근방법들**

Weltanschauungen)' 또는 '감상 시스템(appreciative system)'을 찾아내는 것이다 (Churchman, 1968, 1971, 1979). 따라서 하나의 조직 내에 연합되어 있는 서로 다른 그룹들 사이의 '합의점'을 찾아내는 것이 쟁점이 되었다.

1980년대와 1990년대에 들어와 더욱더 많은 시스템 사고 연구자들이 기술적 도구의 사용에 대하여 의문을 제기하기 시작하였지만, 이러한 기술적 도구들이 제공하는 이점들에는 관심을 기울이지 않았다. 철학과 사회학에 존재하는 비판적인 전통에 기초하여 해방주의 시스템 접근방법을 비평하는 것이 목적이었다(Ulrich, 1994). 지난 몇 년 동안 동일한 연구에서 여러 방법론을 사용함으로써 진화적 과정도 달성할 수 있었고(Pérez Ríos and Schwaninger, 1996), 그 결과로 방법론적 다원주의에 대한 관심이 증가하는 결과를 가져오기도 하였다(Schwaninger and Pérez Ríos, 1996). 〈그림 1.1〉은 **기능주의**(functionalist), **해석주의**(interpretative), **해방주의**(emancipatory), 그리고 **포스트모던**(post-modern) 등으로 불리는 트렌드에 속하는 학파들과 이 학파에 속한 관련 연구를 수행한 학자들을 보여주고 있다. 이 그림의 목적은 이 책이 다루고 있는 시스템 접근방법에서 조직 사이버네틱스, 팀 신테그러티 그리고 시스템 다이내믹스 등이 대략 어느 지점에 위치하고 있는가를 보여주는 것이다.

에이전트 기반 모델링(Agent-Based Modelling)과 같은 최근의 복잡 문제 연구의 새로운 방법들은 지금까지 널리 사용되어 온 하향식 접근방법(top-down approach)을 보완하기 위해 상향식 접근방법(bottom-up approach)을 이용하며, 시스템을 구성하는 개별 요소들의 행태와 개별 요소들 상호 간의 상호작용 그리고 운영 환경과의 상호작용에 의해 일어날 수 있는 시스템의 새로운 행태를 이해하고자 노력한다(Pérez Casares et al., 2008; Pajares et al., 2003; López Paredes et al., 2002; López Paredes and Hernández, 2008; Hernández and López, 1999; Hernández, 2004). 이 접근방법은 관찰된 개별적 사항들로부터 결론을 도출할 수 있게 해주며, 개별적 상호작용과 미시적 행동(micro-behaviour)으로부터 거시적 행동(macro-behaviour)이 어떻게 생성되는가에 대한 설명을 이끌어낼 수 있게 해준다. 이러한 미시적 이슈와 거시적 이슈에 대한 통합적 고려는 시스템 사고학자들에게 큰 관심이 되는 새롭고 시사하는 바가 많은 질문들을 던지게 하였다. 환경과 그들을 제한하는 상호작용 규칙에 의존하는 에이전트의 행동과 관계된 측면을 다룰 수 있는 이 접근방법의 능력은 시스템 사고 분야에 있어서 하나의 새로운 도전과제가 되고 있다.

시스템 사고의 영역에서 지난 수십 년에 걸쳐 개발되어 온 매우 다양한 도구에 대하여 간략하게 그 기본적인 내용들을 살펴보았다. 이 책에서는 조직의 진단 또는 설계에 있어서 S. Beer의 조직 사이버네틱스(Organizational Cybernetics, OC)와 특히 이 범주 안에 있는 존립가능 시스템 모델(Viable System Model, VSM)이 어떻게 사용될 수 있는지에 대하여 설명하고자 한다. 그 목적은 이미 존재하고 있는 조직의 경우로 말하자면 독자적인 생존을 지속할 수 있고, 환경에서 발생하고 있는 변화에 적응할 수 있도록 하는 존립가능성과 관련하여 존립가능 시스템 모델이 제시하고 있는 필요충분조건을 조직이 만족시키는지를 확인하고자 하는 것이 그 기본적인 의도이다.

앞에서 언급한 특정한 시스템 방법론들은 지금까지 아주 널리 확산되어 오고 있다. 예를 들어, 시스템 다이내믹스(System Dynamics)의 경우가 그렇다. 그러나 이러한 수준까지 보급되는 데 실패한 방법론들도 다수 있다. 그 예로 조직 사이버네틱스를 들 수 있다. 이 방법론은 이해하고 적용하는 데 있어서의 어려움과 함께 이 방법론의 적용을 도와주는 도구(예를 들어, 전용 소프트웨어)의 지원이 없었다는 것을 그 이유로

들 수 있다.

이 책의 목적은 앞에서도 밝혔듯이 적어도 부분적으로나마 이러한 문제들을 해결하고자 하는 것이다. 새로운 조직을 설계하거나 기존의 조직을 진단하는 데 있어서 관련되는 조직 사이버네틱스의 개념을 어떻게 적용할 수 있으며, 실제로 존립가능 시스템 모델을 어떻게 활용할 수 있는가에 대하여 상세히 살펴볼 것이다. 이 모두의 경우에 있어서 기존의 조직이나 아니면 새로이 설립될 조직의 목적을 충족시킬 수 있게 하는 것이 이 책의 목적임을 다시 한 번 밝혀둔다.

1.1.1 시스템 접근방법

조직 사이버네틱스와 존립가능 시스템 모델 모두 시스템 사고의 한 분야라고 앞에서 언급한 바 있다. 따라서 나는 먼저 이러한 전체적인 접근방법의 핵심 내용에 대하여 간략하게 살펴보고자 한다.

하나의 시스템을 역동적으로 상호작용하고 있는 구성요소들의 집합이라고 생각한다면, 먼저 시스템은 하나의 전체로서 시스템을 부분으로 분할하면 그에 상응하는 필수적인 속성을 잃게 될 수밖에 없다는 것을 깨달아야 한다. 시스템에서 이러한 필수적인 속성들은 하나의 전체로서의 시스템(system as a whole)에 속하는 것이며, 시스템을 이루고 있는 어떠한 구성부분도 이러한 속성을 가질 수 없다는 것이다. 이러한 이유로 우리가 시스템을 부분으로 나누어 분할한다면, 그 부분들은 더 이상 그 부분들을 만들어낸 전체 단위의 속성을 보유하지 않는다는 것이다.

이러한 점이 중요한 방법론적 함의를 갖게 되는데, 우리가 새로운 시스템을 설계하거나 기존의 시스템을 이해하려 할 때, 연구 대상을 부분들로 분할하고 이러한 부분들의 행동과 속성을 설명하는 데 관심을 갖는 '분석적(analytical)' 접근방법만을 이용하여 이러한 정보들을 결합하여 전체 시스템을 설명할 수는 없기 때문이다.

여기에서 우리는 종합적인(synthetic) 접근방법을 필요로 하게 된다. 이 접근방법은 연구 대상을 포함하고 있는 '전체(시스템)'를 무엇보다도 먼저 확인하게 한다. 그런 다음 이 전체(시스템)의 행태와 속성에 대한 설명을 하게 된다. 이렇게 함으로써 포함하는 실체 안에서 연구 대상이 수행하는 역할 또는 기능에 의해 연구 대상의 행태와 속성을 최종적으로 이해할 수 있게 된다.

따라서 나는 분석이라는 측면과 함께 종합이라는 또 다른 측면에 대해서도 언급하고 있는 것이다. 이 둘 중 어느 측면이 더 중요한가를 결정하는 문제가 아니라 각 측면이 서로 다른 기능을 수행하고 있기 때문에 양 측면이 모두 필요하다는 것이다. 분석적 접근방법에서는 연구 대상을 하나의 전체로 보고 둘 또는 셋 이상의 부분으로 나누어 다룬다. 반면 종합적 접근방법에 있어서 설명되는 것은 그것을 포함하고 있는 전체의 일부분이라는 것이다. 한 접근방법은 연구 대상에 대해서, 그리고 다른 접근방법은 그 기능과 정당성에 대하여 설명한다. '시스템' 접근방법은 분석과 종합의 결합을 제안한다. 새로운 시스템(예를 들어, 대학, 법체계, 새로운 철도 노선, 병원, 자동차, 컴퓨터 응용프로그램, 도시 계획, 회사 등)을 설계하기 위하여 제일 먼저 해야 할 일은 이 시스템을 포함하고 있는 보다 상위의 시스템을 식별하고, 이 상위의 시스템 안에서 해당 시스템이 수행해야 할 기능이 무엇인가를 정의하는 것이다.

만일 새로운 철도 노선의 연계를 예로 든다면, 승객들은 일반적으로 그들의 집에서 최종 목적지까지의 여행시간을 줄이고 싶어 한다는 것을 고려해야 하는 것이 마땅하다. 승객의 집에서부터 출발역까지, 그리고 다시 그들의 도착역에서부터 그들의 최종 목적지까지의 여행을 포함하는 이러한 운송에 대해 보다 폭넓은 시각을 갖는 것은, 설계자들이 그들의 목적을 달성하기 위한 모든 추가적인 고려사항을 연구에 포함시켜야 함을 의미한다. (완전한) 운송 시스템의 설계를 위해서는 이러한 포괄성(inclusiveness)이 갖는 함의가 중요할 수 있다.

일단 연구 대상으로서 시스템의 기능을 명확히 확인한 다음, 이 시스템이 운영될 환경에 주목하였다면, 새로운 시스템의 부분들에 대한 상세 설계를 진행할 수 있게 된다. 이것이 우리가 조직 사이버네틱스를 이용할 때 적용할 수 있는 기본적인 순서를 구성하게 된다. 그러나 우선 조직 사이버네틱스가 무엇인가에 대하여 먼저 설명하기로 한다.

1.2 조직 사이버네틱스란 무엇인가?

우선 이 질문에 답하기 전에 사이버네틱스(cybernetics)라는 용어의 의미를 먼저 이해해야 할 것이다. 오늘날의 급변하는 환경에 처한 조직들이 직면한 어려움을 이야기할 때 해결해야 할 상이한 상황이나 문제를 특징짓기 위해 우리는 일반적으로 **복잡성**(complexity)이라는 용어를 사용한다. 관리자가 존재하는 이유는 이러한 복잡성의 존재와 직접적으로 관련이 있으며 그들의 업무는 기본적으로 이러한 요소들을 해결하는 것들로 이루어진다. 이러한 목적을 위하여 문제의 전개에서 원하는 결과를 얻기 위해 관리자들은 그들의 지식과 특정 문제 해결 모델을 이용할 필요가 있을 것이다. 이 과정에서 관리자들은 사실상 그들이 책임지는 조직을 '관리(govern)'하고, 그렇게 함으로써 조직의 설립 목적을 달성하기 위해 노력한다. 이러한 활동이 '사이버네틱스'라는 용어와 관련되는 것으로, 이 용어는 원하는 목적지로 배를 조정해 나가기 위해 배의 키를 잡고 있는 조타수(steersman)를 의미하는 그리스어 '퀴베르네테스(kybernetes, Κυβερνήτης)'에서 기원한다. 이 단어가 로마인들에 의해 '통치자(gubernator)'로 번역되었고, 최종적으로 '총독(governor)' 또는 '통치(government)'라는 용어로 우리에게 알려지게 되었다. 따라서 우리가 조직 사이버네틱스라고 말할 때 사실상 그 주요 용어는 조직의 '관리자', 총독 또는 조타수를 의미하는 것이라 할 수 있다. 이처럼 사이버네틱스는 조직을 통치(관리)한다는 의미에서 통제(control)를 다루는 과학으로 이해될 수 있다(Pérez Ríos, 2008a).

조직 사이버네틱스와 관련하여서는(Pérez Ríos and Schwaninger, 2008) Wiener에 의해 창안된 사이버네틱스(*Cybernetics: Control and Communication in the Animal and the Machine*, 1948 참조)에서 파생되고 이러한 사이버네틱스의 '통신과 통제'에 관련된 원리를 조직에 응용하는 하나의 시스템 접근방법이라 할 수 있다. 조직 사이버네틱스는 S. Beer(1959, 1966, 1979, 1981, 1985)에 의해 이론적 관점과 방법론적인 관점이 모두 개발되었다. S. Beer의 연구에 대한 범주와 범위에 대하여 좀 더 깊이 살펴보고자 한다면, 2001년 바야돌리드대학교의 명예박사 학위 수여식에서 행한 Beer에 대한 찬사(Laudatio)가 참고가 될 것이며(Pérez Ríos, 2001), 이 자료는 이 책의 부록 I에 수록되어 있다.

조직 사이버네틱스는 다양한 규모와 소유 형태를 갖는 매우 다양한 범위의 문제, 분야, 기업 그리고 조직에 적용되어 왔다. 스페인에서 최근에 적용된 두 가지 사례를 들면 다음과 같다. Almuiña 등(2008)은 '새로운 정보와 통신 기술이 미디어 회사에 미치는 영향'을 연구하면서 조직 사이버네틱스를 적용하였으며, Pérez Ríos와 Martínez(2007)의 연구에서는 스페인국립대학의 전략 기획을 수립하는 데 조직 사이버네틱스를 적용하였다.

이 책에서는 가장 기본적으로 우리가 친숙해져야 하는 필수적인 요소들에 대하여 설명하고 조직 사이버네틱스의 구성요소에 대해서는 그다지 자세히 언급하지는 않을 것이다. 이러한 요소들 중에서 다양성과 존립가능성의 개념, Ashby의 법칙, Conant-Ashby 정리 등에 대하여 살펴보고 이와 함께 잠재적 명령의 중복성이 갖는 함축적 의미와 내부 통제(intrinsic control)와 실시간 정보의 편리성과 같은 조직 사이버네틱스의 필수적인 내용들에 대하여 살펴볼 것이다. 그리고 존립가능 시스템 모델의 가장 중요한 측면을 소개하면서 이러한 조직 사이버네틱스에 대한 검토를 마무리하고자 한다.

1.2.1 다양성

앞에서 나는 복잡성에 대한 개념을 언급하면서 관리자의 직무가 복잡성을 처리하는 방법을 직접적으로 포함하고 있다는 사실을 강조한 바 있다.

복잡성을 규정하는 데 이용할 수 있는 다양한 대안들 — 계산학적, 기술적, 조직적, 개인적 그리고 감성적 복잡성(Yolles, 1999), 또는 정적, 구조적, 그리고 동적 복잡성(Cambel, 1992), 또는 동적 복잡성, 구조적 복잡성 그리고 상세 복잡성 등의 구분(Senge, 1990) — 중 여기에서는 '하나의 다른 특성을 갖는 복수의 상태를 채택하는 시스템의 잠재성'이라는 의미로 이 용어를 사용할 것이다. 사회 시스템의 경우 이러한 잠재성에는 가능한 행동 유형도 포함될 수 있다.

다양한 복잡성의 정도(수준)에 대한 평가와 관련하여 **다양성(variety)**이라는 개념을 사용할 것이다. 다양성은 시스템(조직, 회사 등)에서의 복잡성 정도를 반영하기 위해

Ashby가 사용해 온 개념이다. 다양성은 주어진 상황 또는 문제로부터 발생할 수 있는 가능한 상태와 실제 또는 잠재적 행동 유형의 수와 동일하다. 우리는 각각의 경우에 그 값을 정확하게 측정하기 위해서 이 개념을 사용하려는 것이 아니라, 관리자들이 그들의 조직을 운영하고자 할 때 직면하게 되는 문제의 규모를 이해하기 위해 이 개념을 사용할 것이다. 규모에 대한 이해를 돕기 위해, n개의 요소로 구성된 그룹에서 가능한 관계의 수를 예로 든다면 $n(n-1)/2$가 되는데, 이는 그룹 내 두 요소 간의 한 가지 유형의 가능한 관계만이 존재할 때에 해당한다. 사람 수에 따라서 관계의 수가 얼마나 기하급수적으로 증가할 수 있는지를 이해하는 것은 어렵지 않다. 그러므로 30명의 그룹에서는 $435(=30×(30-1)/2)$개의 가능한 관계가 있음을 알 수 있으며, 만일 그룹이 300명으로 구성된다면, 그 결과는 44,850개의 가능한 관계를 낳게 될 것이다. 이러한 수치로 볼 때 대개 큰 규모의 그룹(대학위원회, 국회 또는 많은 수의 회원으로 구성되는 단순 다양한 유형의 위원회)에서 철저하고 생산적인 방식으로 아이디어를 교환한다는 것이 얼마나 어려운가라는 사실은 놀라운 일이 아니다. 의회에서 '사실상 독백'에 가까운 대화를 보여주는 광경은 이러한 어려움의 한 예를 보여주는 것이라 할 수 있다.

　관리자들의 업무 그리고 일반적인 조직에서 의사결정자들의 업무는 그들이 직면하는 복잡성(다양성)에 따라서 그 어려움의 정도가 좌우된다. 만일 복잡성이 매우 낮다면 그 문제는 사소한 문제일 것이다.

　(조직, 회사 등의) 시스템이 존립가능하기 위해서는 운영되는 환경의 다양성(복잡성)을 시스템이 잘 처리할 수 있어야 한다. 사이버네틱스의 관점에서 보면 복잡성 관리는 관리자 활동의 핵심이다. 상황을 통제한다는 것은 그 복잡성, 즉 다양성을 처리할 수 있음을 의미하는 것이다.

　만일 관리자의 기능이 한편으로 그가 운영하는 조직이 조직의 목표를 달성하면서 운영되는 환경에서 살아남게(다시 말해, 존립가능성이 있게) 하는 것이고 또 다른 한편으로 만일 환경의 복잡성(고객의 다양성, 개인적 선호도, 제품, 공급자, 경쟁자, 법제도, 공공기관, 그리고 기업의 환경에 위치하고 있는 이러한 요소들과 다른 요소들 간의 잠재적 상호작용의 다중성 등을 생각해볼 때)이 어마어마하게 크다면, 이때 관

리자는 이러한 복잡성에 어떻게 대응할 수 있을 것인가? 다음 절에서 이러한 질문에
답해보려 한다.

1.2.2 Ashby의 법칙(필수적 다양성의 법칙)

복잡성 처리를 위해 이용가능한 메커니즘을 이해하기 위하여 우리는 앞에서 언급한
다양성 개념 외에도 R. Ashby(1956)의 '필수적 다양성 법칙(Law of Requisite Variety)'
을 이용할 것이다. 이 법칙은 "다양성만이 다양성을 파괴(흡수)한다"라는 원칙을 세
워놓고 있다. 이 법칙이 기본적으로 의미하는 바는 일정 수준의 다양성(복잡성)에 맞
춰 동등한 수준의 다양성으로 관심 시스템(예를 들면, 조정 시스템, 조직 또는 관리
자)을 효율적으로 알맞게 사용할 수 있어야 한다는 것이다. 이 법칙을 이해하기 위해
방에 있는 전등 스위치를 생각해보자. 만일 스위치가 점등(On)과 소등(Off), 두 위치
만을 가지고 있다면, 다양한 수준의 밝기(최고도 – 중도 – 저도 – 소등 등)로 전등을 조
절하는 것이 불가능할 것이다.

　'관리'의 관점에서 볼 때 이 법칙은 관리자들이 그들이 책임을 맡고 있는 생산운
영에서뿐만 아니라, 조직의 운영 환경에서 발견되는 상당한 정도의 다양성에 대응
하기 위해서는 요구되는 다양성을 개발할 수 있어야 한다는 것을 의미한다. 관리
자들은 3단계 관리 계층의 최상단부에 있는 좁은 끝부분에 위치하고 있음에 주목
하자. 즉 환경의 다양성은 환경에 제품이나 서비스를 제공하는 생산 시스템의 다양
성보다 엄청나게 클 것이며, 마찬가지로 생산 시스템에서의 다양성은 그것을 통제
하는 관리 시스템에서의 다양성보다 훨씬 더 클 것이다. 따라서 일반적으로 말하면
환경의 복잡성을 해결하고자 하는 조직이 직면하는 문제는, 대체적으로 어떠한 조
직 또는 관리 팀에서 발견되는 다양성이 필연적으로 거대한 환경의 다양성보다 훨
씬 더 작을 때, Ashby의 필수적 다양성의 요구사항(Ashby, 1956)을 어떻게 하면 만
족시킬 수 있을까 하는 것이다. 이러한 문제에 대한 대답은 조직 사이버네틱스가 제
공하는 두 가지 선택사항을 통해 얻을 수 있다.

1.2.3 복잡성의 수직 전개

우리가 수직 차원(vertical dimension)을 고려할 때 첫 번째 선택사항이 작용하는데, 이 선택사항은 서브환경, 즉 원래의 환경 안에 있는 좀 더 작은 환경으로 분할되는 환경으로 구성된다. 또 이 서브환경은 더 작은 서브-서브환경으로 나뉘는 과정을 반복한다. 이렇게 해서 이러한 서브환경들은 원래의 조직 내에 있는 보다 작은 규모의 조직들과 대응하게 된다. 이는 기업 또는 조직의 이러한 '부분들'로 처리할 수 있는 복잡성을 줄임으로써 복잡성을 좀 더 쉽게 관리할 수 있게 만들고자 하는 것이다. 그러나 이러한 '부분들'은 원래 조직의 단편적인 조각들이 아니며, 좀 더 제한된 활동영역 내에서 원래의 조직처럼 완전한 운영 단위로서 갖추어야 할 모든 필요조건들을 보유하고 있어야 한다. Espejo(1989)는 이러한 수직 분할 과정을 '복잡성의 전개(unfolding of complexity)'(그림 1.2)라고 불렀다. 수준 0에서 조직이 어떻게 그에 대응하는 환경을 처리하고 있는가를 그림을 통해 쉽게 이해할 수 있다. 주어진 예에서 이 전체 조직은 세 개의 서브시스템(서브조직)으로 구성되는데, 각각의 서브시스템들은 수준 1에서 보는 바와 같이 전체 환경의 일부와 대응된다. 마찬가지로 수준 1에 있는 조직 하나가 두 개의 서브조직을 포함하고 있는데, 이들 각각은 이전 환경의 다른 작은 부분들(수준 2)을 담당하게 된다.

대상 조직(기업의 협회, 특정 기업, 국가 교육 시스템, 특정 대학 등)에 따라서 수직

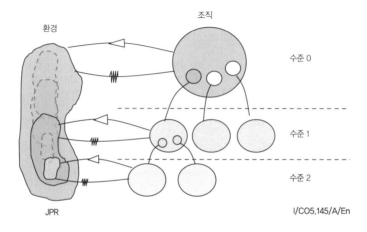

▌그림 1.2 **복잡성의 전개(수직 차원)**

수준의 수는 더 많아질 수도 더 적어질 수도 있다. 이러한 비율은 우리가 처리해야 하는 원래의 환경과 조직의 복잡성 모두에 의해 결정될 수 있을 것이다.

1.2.4 감쇠기와 증폭기

다양성(복잡성)을 처리하기 위한 가능한 조치 중 두 번째 선택사항은 **수평 차원**(horizontal dimension)에서 기본적으로 작용하게 되는데 여기에는 복잡성을 관리하기 위한 다른 일련의 메커니즘이 존재한다. 이 차원에서는 기본적으로 환경(environment), 조직(organization) 그 자체 그리고 조직의 관리 팀(management team) 등과 같은 구성요소들이 특정 수준에서 존재하게 된다. 다시 말하면 환경(고객, 시장, 제품, 경쟁, 기술, 법규 등)의 다양성은 조직 내에서 감당할 수 있는 수준보다 훨씬 더 크고, 반면에 조직의 다양성은 관리 팀에서 감당할 수 있는 것보다 훨씬 더 크다는 것이다. 그리고 앞에서 언급한 Ashby의 법칙을 따르기 위해서는 이들 간의 균형을 가능하게 하는, 즉 각 구성요소가 각각의 구성요소에 영향을 미치는 복잡성(다양성)을 관리할 수 있는 능력을 갖게 하는 메커니즘이 필요하게 된다.

이러한 메커니즘으로서 다양성의 '감쇠기(Attenuators)'와 다양성의 '증폭기(Amplifiers)'를 들 수 있다. 감쇠기는 환경에 존재하는 거대한 다양성으로부터 우리 조직과 관계된, 즉 조직(시스템)의 존립가능성을 유지하기 위해 처리해야 하는 측면들만을 선택한다. 감쇠기에 대하여는 공간적으로 제한된 지리적 영역에 한해서만 기업의 목표시장을 선택하는 것을 한 예로 들 수 있다.

다양성을 줄여주는 '감쇠기'와 달리 '증폭기' 메커니즘은 환경과 관련하여 조직의 역량(예를 들어, 널리 알려진 평판에 의한) 또는 기업 혹은 조직과 관련하여 그 관리적 (위임 등과 같은 메커니즘에 의한) 역량을 확장할 수 있게 해준다. 뉴스 기사들을 다른 사람들(친구, 가족 등)과 공유하기 위해 다른 사람들에게 정보를 재전송하고, 이것을 다시 같은 방법으로 전송받은 사람들이 또 이들에게 재전송하는 디지털 신문의 구독자와 같이 점점 더 늘어나고 있는 증폭에 대한 일상적 사례가 정보 '수취인(addressees)'의 수를 확장시키고 있는 (신문사, TV방송국 등과 같은) 미디어 회사를 예로 들 수 있다. 새로운 기술의 사용으로 발생되고 있는 이러한 효과들은 실제의 증

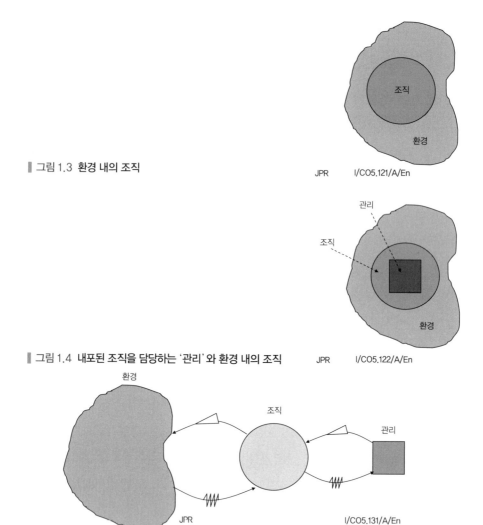

■ 그림 1.3 환경 내의 조직

JPR   I/CO5.121/A/En

■ 그림 1.4 내포된 조직을 담당하는 '관리'와 환경 내의 조직

JPR   I/CO5.122/A/En

■ 그림 1.5 기업 또는 조직 시스템 : 환경, 운영 그리고 관리

폭기를 나타내며, 뉴스 기사들이 그것을 처음 언급한 미디어(예를 들어, 그것이 처음 기사화된 신문)가 도달할 수 있는 것보다 더 많은 수의 수취인들에게 도달할 수 있게 해주는 것이다.

〈그림 1.3〉은 조직이 운영되고 있는 환경과 이 환경 내에 존재하고 있는 조직을 보여주고 있다. 〈그림 1.4〉는 조직의 활동이 환경 내에 존재하고 있듯이, 이러한 조직의 일부분으로 존재하고 있는 '관리' 또는 관리 팀을 보여주고 있다.

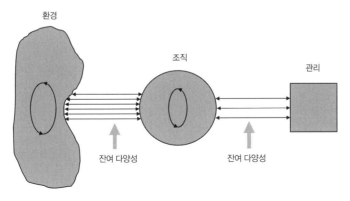

▎그림 1.6 **잔여 다양성**

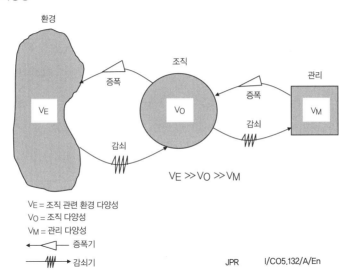

▎그림 1.7 **증폭기와 감쇠기(환경-운영-관리). 수평적 차원**

나중에 설명하겠지만, 이들 세 가지 요소(환경-운영-관리) 간의 상호관련성을 보다 쉽게 설명하기 위해 〈그림 1.5〉에는 이 요소들을 별도로 표시하고 있다.

여기서 기억해야 할 중요한 점은 모든 관련 다양성이 조직에 의해 모두 다 처리되어야 하는 것은 아니라는 점인데, 그 일부가 환경 그 자체의 요소에 의해 흡수(예를 들어, 자동차 대리점에서 제조업자 대신에 구매자가 기술적인 문제를 해결하는 것처럼)될 수 있기 때문이며, 결과적으로 조직은 Espejo(1989)가 말하는 잔여 다양성(residual variety)만을 처리하면 되는 것이다(그림 1.6).

　　이러한 복잡성의 해결을 위해 수직 차원 측면에서는 복잡성 전개라는 수단으로 그리고 수평적 차원에서는 다양성을 약화시키고 강화시키는 방법 등과 같이 앞에서 언급한 적절한 메커니즘에 대한 설계를 고려함으로써 복잡성을 해결해 나갈 수 있다. 복잡성(다양성)을 해결하기 위해 관리자들이 사용할 수 있는 다양한 도구와 이 도구들을 사용할 수 있게 해주는 방법들은 Beer가 말한 다양성 공학(Variety Engineering)의 요소가 되고 있다. 이러한 도구는 다양한 조직에 있는 관리자들의 필수적인 업무의 일부를 구성하고 있다(그림 1.7).

1.2.5 Conant-Ashby 정리

조직 사이버네틱스의 세 번째 구성요소는 의사결정자(예를 들어, 관리자)들이 직면한 문제의 해결을 위해 사용하는 '모델'과 관련된다. 의사결정은 문제를 조사하고, 가능한 대안을 발견하여 이를 평가하고 선택하여, 하나 혹은 여러 개의 대안을 실행하고, 최종적으로 처음뿐만 아니라 시간이 경과함에 따라 그것들이 실제로 작동되는가를 확인함으로써 이러한 문제를 어느 정도 해결할 수 있어야 한다. 앞에서 말한 것처럼, Conant-Ashby(Conant and Ashby, 1970)가 자신들의 이름을 붙여 만든 유명한 정리에서 적합한 '모델'에 대한 필요성을 이미 자세히 설명한 바 있다. Ashby의 법칙에서 바로 파생되는 이 정리에서는 "훌륭한 시스템 조정자는 그 시스템의 모델이어야 한다."라고 밝히고 있다. 관리자의 목적이 조직 또는 기업을 규제, 즉 관리하는 것이라면 그들은 그들이 마음먹은 대로 문제 환경 내에 있는 기업에 적용할 수 있는 '모델'을 가지고 있어야 한다. 관리자들 업무의 우수성은 그러한 모델의 우수성에 의해 좌우될 것이며, 따라서 이러한 모델들은 그들이 해결하고자 하는 문제에서 요구되는 다양성을 갖추고 있어야 한다. 이러한 측면에서 사이버네틱 모델(cybernetic model), 특히 나중에 설명하게 될 존립가능 시스템 모델(Viable System Model, VSM)은 이러한 과업에 적합한 도구라고 생각한다. 존립가능 시스템 모델의 궁극적인 목적은 조직의 존립가능성을 보장하기 위해 관리자들이 새로운 조직을 설계하거나 또는 기존의 조직을 진단할 수 있도록 돕는 것이다. 지금부터는 이러한 점이 갖는 의미에 대하여 살펴보기로 한다.

1.2.6 존립가능성

시간의 흐름 속에서 독립된 존재(즉 생존)를 유지해 나가고, 환경의 지속적인 변화에도 불구하고 이를 지속해 나갈 수 있는 시스템의 역량을 존립가능성(viability)으로 해석한다. 모체와 독립적으로 존재할 수 있는 능력을 갖는 순간부터의 태아를 언급할 때 의학에서 통상 사용하는 이 용어는 일반적으로 조직이나 시스템의 이와 비슷한 특성을 설명하는 데도 사용된다.

새로운 생명체가 모체와는 다른 정체성(identity)을 가지고 있듯이, 조직의 경우에 있어서도 새로운 조직은 다른 조직과는 구별되는 다른 정체성을 갖게 된다. 물론 유아와 그 모체, 가족, 그리고 기타 존재 사이에 형성된 관계는 그 유아가 다른 정체성을 가지고 있음에도 생애 전반에 걸쳐 유지될 것이다. 이러한 점은 조직이나 기업에 대해서도 똑같이 적용된다고 할 수 있다. 이러한 정체성을 유지함으로써 조직은 전체 조직에 적용되고 있는 규제 과정(regulatory process)을 통해 조직이 생존하게 될 것이라는 점을 보여주는데, 다시 말해 조직의 정체성은 학습, 적응 그리고 진화의 과정을 거쳐 지속될 것이다. 이러한 정체성의 개념은 조직의 단순한 생존을 넘어서는 의미에서 이해되어야 하는데, '생존을 뛰어넘는 존립가능성(viability beyond survival)'을 목적으로 하는 것이다(Schwaninger, 2006, p. 65). 따라서 조직이 급진적인 전환(예를 들어, 활동 부문을 변경하고, 대부분의 특성으로 여겨지는 것을 그대로 유지하면서 철저하게 다른 조직 형태를 취하는 것과 같은)을 겪는 동안에도 조직은 여전히 자신의 정체성을 간직해 나가야 한다는 것이다. 동물학에서의 상변화(phase‐change)의 예가 이를 이해하는 데 도움이 될 수 있는데, 한 개체의 곤충이 생명을 지속하는 동안 번데기가 나비로 탈바꿈하는 것처럼, 조직도 그 물리적인 형태와 존재의 수단을 상당히 달리함으로써 급진적인 '구체화(materialization)' 또는 탈바꿈(변태, metamorphosis)을 견디어 나갈 수 있다는 것이다.

1.2.7 내재적 통제

앞에서 언급한 바와 같이 사이버네틱스는 시스템(또는 조직)의 통제를 다루는데, 다시 말해 환경에서 발생하는 변화와 상관없이 조직이 자생할 수 있도록 조직의 기능을 통제하는 것이다. 사이버네틱 관점에서 가장 훌륭한 통제 유형은 통제가 불가능한 바로 그 공정/절차에 결합되어 즉각적으로 통제하게 하는 것이다. 따라서 그 목적은 내재적 통제(intrinsic control)를 달성하는 것이다. 조직과 그 절차 내에서 바람직한 행동에서 벗어나는 일탈을 탐지하여 (가능하면 즉각적으로) 균형을 바로잡을 수 있도록 개입할 수 있게 하는 메커니즘을 미리 구비하고 있어야 한다는 것이다.

내재적 통제의 개념은 재귀적 특성을 갖는 존립가능 시스템의 개념, 실시간 정보의 이용가능성 그리고 잠재적 명령의 중복성 등의 개념과 직접적으로 관련된다. 이러한 모든 요인은 조직의 시스템적 통제를 얻고자 하는 목적과 관계되는데, 여러 측면들 중에서도 이 요소는 의사결정 지점과 활동 지점을 정보 원천(결정, decision)과 개입이 요구되는 곳(활동, action)에 가까이 위치시키는 것을 의미한다. 조직과 관리 이론의 문헌에서 자주 이용되는 일부 개념들은 이러한 사이버네틱 개념의 특정한 경우이거나 극단적 단순화에 지나지 않는 것도 있다. 두 가지 예를 들면, 첫째는 조직의 구성요소 안에서 의사결정과 중재의 능력을 증가시키고자 하는 '권한 이양(empowerment)', 그리고 둘째는 의사결정 속도를 가속화하기 위해 명령계통을 단축함으로써 '조직구조를 보다 수평적으로 설계'하는 것을 들 수 있다.

또한 내재적 통제의 개념은 관리의 다양성(Ashby의 법칙)을 확장시키려는 목적과도 깊은 연관이 있다. 만일 조직이 모든 조직 수준에 있는 직원들의 능력을 활성화시킴으로써 조직의 잠재력을 철저하게 활용한다면, 시간이 흘러도 안정적으로 조직의 목적을 달성하는 데, 다시 말해 존립하는 데 조직은 더 잘 준비될 것이다. 이런 목적을 위해 우리는 총체적 복잡성(다양성)을 처리하기 위한 절차, 정보 시스템, 커뮤니케이션 채널 그리고 재귀적 조직 구조를 설계해야 한다.

내재적 통제의 개념과 관련되는 또 다른 개념은 Ashby의 연구로부터 도출된 초안정성(ultra-stability) 개념이다. 조직 사이버네틱스의 원리를 적용시키려는 이면의 목적은 우리가 설계하고 운영하고자 하는 조직이 존립가능하도록, 다시 말해 인간이 엄마의 자궁 밖에서 생존할 수 있을 때 존립가능한 것과 마찬가지로 조직이 자생할 수 있거나 생존해 나갈 수 있는 능력을 확보하고자 하는 것이라고 설명한 바 있다. 이는 (어떠한 것도 완전하게 독립적이지 않기 때문에) 완전한 독립성을 나타내는 것이 아니라 생리학의 정의된 한도 안에서의 자율(autonomy)을 의미하는 것이다. 이러한 생존 능력은 조직(시스템)이 운영되는 환경에서 불가피하게 발생할 수 있는 변화들을 처리할 수 있는 능력을 의미한다. 그러나 이러한 변화들은 알 수 없으며 예측할 수도 없을 것이다. 그러면 어떻게 시스템(조직)이 이러한 변화에 대응하여 생존할 수 있다고 확신하는 것이 가능할까? 그 해답은 초안정 시스템의 설계에서 얻을 수 있다. 그것은 시스템 스스로 생존을 위한 경고신호를 검토하고, 경고신호가 작동하였을 때 사전에 장착된 비상 메커니즘을 작동시키는 변화감지 시스템(change-detection system)을 설계에 반영하는 것이다. 설계자가 예측하지 못한 장애를 겪은 이후에도 시스템이 정상적으로 기능수행을 재개할 수 있을 때 그 시스템은 초안정적 시스템으로 간주될 수 있다.

1.2.8 실시간 정보

앞의 1.2.7절에서는 내재적 통제의 편리성에 대하여 살펴보았다. 이를 구체화하기 위해서는 의사결정을 하고 적절한 조치를 취해야 하는 바로 그 시점에 시스템(조직)의 다양한 기능이 정보를 가지고 있어야 하는 것은 당연하다. 이러한 다수의 결정과 행동들은 실시간 정보를 요구한다. 의사결정 시점보다 정보가 늦게 제공된다면 그 정보는 쓸모없게 되거나 심지어는 역효과를 가져올 수도 있다. 만일 인간의 기능수행(예를 들어 이동)과 관련하여 지체된 정보를 가지고 의사결정을 한다면 어떠한 일이 인간에게 일어날 수 있는지 상상해볼 수 있다. (차량의 수, 교통의 방향, 속도 등에 관한) 정보를 몇 초 늦게, 아니면 불행히도 몇 분이나 몇 시간 후에 받으면서 교통 체증이 심한 도로를 우리가 횡단하기 시작하였다고 상상해보자. 당연히 인간은 그러한 환경에서 존립할 수 없을 것이다.

마찬가지로 조직에서도 제공된 정보가 실시간으로 사용될 수 없다면 이것이 조직에 미치는 영향을 상상하기란 어렵지 않을 것이다. 의사결정의 유형에 따라 조직에 미치는 영향은 치명적이지 않더라도 매우 부정적일 수 있다.

우리가 존립가능 시스템 모델(VSM)과 이 모델의 정보 요구사항을 고려할 때, 조직 정보 시스템의 설계와 관리를 위한 개념적 참조 프레임워크로서 이 모델의 유용성을 강조하는 경우가 있을 것이다. 어떠한 기능과 의사결정이 실시간 정보를 요구하는가를 확인할 때 실시간 정보의 필요성을 잊지 말고 설계와 관리와 관계되는 필수적 특성들 안에 적절히 반영되어야 할 것이다.

1.2.9 잠재적 명령의 중복성

"권한은 명령의 계통에 있지 않고, 정보의 관련성(relevance)에 있다."

(Beer, 2001. "Vital Aspects of Viability: The Viable System Model in Management", 제1회 시스템 경영 국제 학술대회의 기조연설 중, 비엔나, 2001. 5. 1.)

올바른 의사결정을 위한 정보의 이용가능성과 직접적으로 관계되는 또 다른 측면은 **잠재적 명령의 중복성**(redundancy of potential command)이라고 불리는 사이버네틱 원리이다. 이 개념은 미국의 사이버네틱 학자인 Warren McCulloch에 의해 정립되었다. 이 개념은 특정 상황에서 그 상황에 적절한 정보를 보유한 조직 내의 서브그룹이 주어진 시점에서 해당 특정 상황을 통제할 수 있는 능력을 의미한다. 중복성 원리(principle of redundancy)(Beer, 1966, p. 196 참조)는 신뢰할 수 없는 구성요소(신경세포 사이의 연결)로부터 전달되는 신호(결합된 신호)의 신뢰할 수 있는 처리를 위해 인간의 두뇌가 이용하는 기본적인 방법으로서 Von Neumann이 찾아낸 원리이다.

조직 설계와 관련하여 이러한 잠재적 명령의 중복성 원리는 조직 내 서브그룹의 정확한 의사결정에 상당한 효용과 능력이 있음을 보여주고 있다. 이는 그 특정 상황에 필요한 정보를 보유한 조직 내의 사람들이 주어진 시점의 특정 의사결정을 하는 과정에 개입하여야 함을 의미한다. 이러한 서브그룹들이 조직도에 설계되어 있는 그룹들과 꼭 일치할 필요는 없다(사실상 그러한 경우는 드물다). 요구되는 순간에 적절한 정보를 보유한 사람들에 의해 명령의 중심부는 계속해서 변화한다. 이러한 의미에서 잠재적 명령의 중심부는 그 상황에 적용할 수 있는 정보를 통하여 관계되는 개인들의 집단이다. 간단한 예로 조직에서 기술적으로 복잡한 고가의 장비를 선택하고 구입하는 의사결정을 내리는 사람들을 생각해보면, 서로 다른 이용가능한 대안들을 평가할 수 있는 기술적 숙련도를 갖춘 젊은 기술자, 또는 예산 집행

승인을 함으로써 '의사결정을 내리는' 책임을 담당하는 관리 책임자 등을 들 수 있다.

Ashby의 법칙과 Conant-Ashby의 정리가 갖는 의미가 무엇인지 그리고 다양성과 존립가능성 그리고 그 밖의 조직 사이버네틱스의 필수 구성요소들이 어떠한 의미를 갖는지에 대하여 이해하였다면, 존립가능 시스템 모델에 대하여 살펴볼 준비가 된 것이다. 그러나 그 주요 구성요소들을 살펴보기 전에 이 모델이 어떻게 출현하게 되었는지에 대하여 먼저 살펴보기로 한다. 이를 위해 나는 바야돌리드대학교의 명예박사 학위 수여식에서 S. Beer가 연설한 내용의 일부(Pérez Ríos, 2001)를 여기에 수록하고자 한다. (이 책의 부록에 수록된 전문에서는 Beer의 연구 중 가장 최근의 혁신적 개념을 담고 있는 팀 신테그러티와 함께 조직 사이버네틱스 그리고 존립가능 시스템 모델 등에 대한 개요를 보여준다.) 발표된 순서대로 Beer의 저서 내용을 검토해보면 조직 사이버네틱스 분야에서 특히 존립가능 시스템 모델의 탄생에 기여한 그의 훌륭한 연구 활동들을 잘 이해할 수 있을 것이다.

1.2.10 조직 사이버네틱스와 존립가능 시스템 모델의 탄생

[...] 어쩔 수 없이 시간관계상 Stafford Beer 교수의 이력에 대하여 여기서 간단히 소개를 마치고 지금부터는 그의 기념비적인 성과 중 가장 뛰어난 내용들 중 일부를 언급하고자 하는데, Beer 박사 자신이 최근에 *Kybernetes* 학술지에 기고한 내용을 참조하면 많은 도움이 될 것이다.

극적인 사건들의 발생으로 인류가 직면하고 있는 대변혁과 여기에 영향을 미치고 있는 여러 문제들(세계적 테러, 환경오염, 기후 변화, 빈곤, 국가 간 그리고 국가 내 불평등 심화, 민족 이동 등) 그리고 경제적 글로벌화의 심화 등은 우리가 살고 있는 세계의 시스템적 특성들에 보다 더 큰 관심을 가지게 하고 있다. 과장된 표현일지 모르지만 이러한 현상들 사이의 상호 연관성에 대한 관심이 점점 증가하고 있다. 전통적인 기관들은 이러한 새로운 상황을 통제하여 시스템이 제대로 기능을 수행할 수 있게 하는 데 더 이상 소용이 없게 되었다. 문제는 세계적인 수준이지만 이와 관계되는 기관은 세계적이지 못하거나, 적어도 충분히 세계적이지 못하다는 것이다. 문제는 어떻게 하면 이러한 기관을 설계할 수 있느냐 하는 것이다. 이러한 점이 우리가 Beer 박사의 연구를 가장 잘 감상할 수 있는 부분이다.

2차 세계대전 동안의 학제적인 워크그룹(나중에 OR 그룹이라 불림)의 성공에 이어 전쟁이라는 갈등이 해소되자, 각 개별 그룹의 특정 영역을 넘어서는 문제를 해결하는 데 비군사적인 문제의 처리에까지 이러한 그룹의 이용이 확대되었다. 이들 중 한 그룹이 멕시코의 Norbert Wiener에 의해 설립되었는데, 이 그룹은 기계와 생명체 모두의 통신과 통제와 관련된 일련의 문제들을 필수적으로 통합해야 한다고 인식하고 있었다. 그중에서도 Warren McCulloch, Walter Pitts, Ross Ashby 그리고 Grey Walter 등과 같은 과학자들의 연구와 함께 그의 연구는 복잡 시스템의 상호작용과 이들에 대한 인간의 반응에 관한 새로운 시각을 가지게 하였다. 이러한 새로운 과학에 사이버네틱스라는 이름을 부여한 과학자가 Wiener이며, 그는 사이버네틱스를 **동물과 기계에서의 통신과 통제의 과학**이라고 정의하였다. 전후 여러 해 동안 많은 논문과 책이 이 주제로 발간되었으며 국제사회가 점점 더 관심을 가지기 시작하였다. 이 기간 동안 Stafford Beer는 이러한 추세의 중심 그룹들과 접촉을 하면서 사실상 그 일부가 되었다.

Stafford Beer는 브리티시스틸사에서 Wiener의 사이버네틱스에 담겨 있는 아이디어들을 실행에 옮겼다. 1959년에 *Cybernetics and Management*를 출간할 때까지 1950년대 내내 그는 여러 권의 책 출판, 세미나, 그리고 강연 등의 책임을 맡았다.

이 책으로 사이버네틱 원리를 조직의 연구에 적용하는 **경영 사이버네틱스**(management cybernetics)가 탄생하게 되었다. 이 책에서 Beer는 과학으로서의 사이버네틱스의 기원에 대해 역사적으로 고찰하였으며, 그 당시 서구 문화에서 지배적이던 환원주의자 접근법(reductionist approach)에 대한 대안으로 시스템 개념을 제안하였다. 복잡 시스템을 블랙박스로 설명하고, 하나의 목적을 갖는 시스템을 (욕구 또는 의도에 의해서가 아니라) 블랙박스로부터 산출되는 결과물로 정의하고자 하는 생각은 Beer 박사의 "시스템의 목적은 그 시스템이 하는 것이다[1]."라는 발언에 담겨 있다.

이 책은 과학적 방법에 있어서 당시 널리 퍼져 있던 환원주의자와 상반되게 전체 시스템의 연구를 통한 '전체론(holism)'을 옹호하고 있다. 복잡 문제의 연구를 위해

---

1) 역자 주 : 원문은 The purpose of a system is what it does(POSWID)이다.

시스템 접근법을 적용해야 한다는 요구가 있은 지 거의 50년이 경과하였지만 인류에 영향을 미치는 문제들의 글로벌한 특성에도 불구하고 과학, 학술 그리고 의료 분야는 물론 사회과학 분야에서는 아직도 환원주의자 접근방법이 대세를 이루고 있다. 따라서 태양물리학에서 태양 에너지의 원천, 즉 수소헬륨의 융합에 의한 기본적 변환과정에서의 에너지 방출에 대한 과학의 탐구와 비슷하게, 과학이 이제는 자연 과정의 사이버네틱스에 있어서의 통제의 원천 그리고 신경 시스템과 두뇌의 진화에 있어서 통제의 원천에 대한 연구 결과들을 비교 평가해보아야 한다고 Beer 박사가 이 책의 서론에서 주장하고 있음을 기억할 필요가 있다. 통제되지 않는 요인들이 증가하는 만큼 통제에 대한 연구의 중요성은 나날이 증가하고 있다. 이 책은 처음으로 학습, 적응 그리고 진화의 능력을 갖춘 하나의 시스템으로서 조직을 과학적으로 설계할 수 있다는 가능성을 제시하였다.

1966년에 Beer 박사는 *Decision and Control*을 저술하였는데, 이 책은 '경영(management)'을 다루고 있으며, 결정과 통제의 문제를 해결하기 위한 과학의 활용방법 등을 다룬다. '경영'을 기업, 국가 그리고 심지어 세계의 미래를 이끌어 갈 전문적인 직종으로 간주하고 있으며, 적절한 언어가 요구되는 분야라고 생각하였다. 여기에 이 책의 주요 목적 중의 하나가 담겨 있다. 낡은 생각과 언어는 새로운 접근방법을 만드는 데 더 이상 쓸모가 없으며, 이러한 새로운 문제에 대한 새로운 접근방법이 없이는 바람직하지 않은 결과를 겪게 될 것이다. 이러한 이유로 그는 '경영' 분야에 널리 퍼져 있던 단편적이고 부분적인 특성을 갖는 그 당시의 정론과 비교되는 전체론적 접근방법을 또다시 제시하고 있다.

2차 세계대전의 시작과 함께 OR(Operational Research)이 탄생한 이후, OR의 목적은 극도로 복잡한 문제를 해결하고, 극도의 불확실한 상황에서 효과적인 의사결정의 가능성을 높이고자 하는 것이었다. 그러므로 Beer 박사는 다음과 같이 정의함으로써 OR 접근방법을 공식화하였다.

"OR은 산업, 기업, 정부 그리고 국방에 있어서의 인간, 기계, 자재 그리고 자금 등 대규모 시스템의 지시와 경영에서 발생하는 복잡 문제와 관련된 근대 과학의 시작이다. 이 독특한 접근방법은 기회와 위험 등의 요인들에 대한 측정을 포함하는 과학적 시스템 모델을 개발하는 것이며, 이 모델을 이용하여 대안 결정, 전략 또는 통제 등의 결과를 예측하고 비교하는 것이다. 그 목적은 경영으로 하여금 정책과 활동을 과학적으로 결정할 수 있도록 돕고자 하는 것이다."

*Decision and Control*은 '경영'의 범주에서 이러한 명제들을 밝히는 것이 목적이다. Beer 박사가 지적하고 있듯이 이 책은 학술적 연구의 결과가 아니라, 당시 유럽에서 가장 큰 철강생산회사의 OR 책임자로 20년이 넘게 활동하는 동안 그 안에 담겨 있는 원리들을 적용해 오면서 터득한 실무경험의 결과인 것이다.

Stafford Beer는 이러한 문제해결 지향이 사회에 필수적인 것이라 생각하였고, 학제적 모델을 구축하는 데 이용할 수 있는 가장 강력한 접근방법으로 사이버네틱스를 제안하고 있다. 그러나 '학술적' 관심의 발전은 OR을 일종의 응용수학 분야로 만들었고 결국은 창의적인 문제해결과는 거리가 멀어지는 결과를 가져왔다. 비록 Beer 교수는 모델을 논의할 때 강력한 언어로서 수학이 유용하다고 생각하였고 사실상 대부분의 획기적인 연구에서 수학을 사용해 왔지만, 그는 모델이 반드시 수학적 모델일 필요는 없다고 믿고 있었다. 이 책의 가장 뛰어난 측면 중의 하나는 모델의 선택과 활용을 위해 적절한 방법론을 상세히 다루고 있다는 것이다.

*Decision and Control*이라는 책의 중요성과 일반 관리자들이 좀 더 쉽게 이해할 수 있기를 바라는 마음으로 그는 1968년에 *Management Science: The Business Use of Operational Research*를 출간하였다. 연구 대상이 하나의 전체로서 고려되는 복잡하고 확률적인 시스템이기 때문에 이 책에서 그는 시스템 이론에 기초한 '경영'에 대한 과학 지식이 무엇인지와 관심이 있고 유용한 주제라 하더라도 그러한 주제들(인간공학, 시장조사, 비용분석, 균형, 리더십 등에 대한 이해)의 집합으로 경영 과학을 생각하는 것 사이에 구분이 있어야 한다고 주장하고 있다.

1972년에는 존립가능 시스템 모델(VSM)을 설명하기 위한 Beer 박사의 3부작 중 첫 번째 작품으로 *Brain of the Firm*이 발간되었다. *Decision and Control*에서 자세히 설명한 인식론을 채택함으로써 그는 존립가능 시스템 모델을 시스템이 존립가능하기 위해 충족시켜야 하는 필요충분조건의 기본으로 생각하고 있다.

이 책은 인체 신경 시스템에 대한 연구로부터 도출된 생각을 바탕으로 기업(또는 다른 조직)에 대한 특징을 열거하고 있다. 그는 효과적 조직이론을 도출해내기 위해 두뇌와 '경영'의 구조를 지속적으로 확인하고 비교하였다. 이는 존립가능한 자기 조직화 시스템을 구축할 수 있게 해주는 기본 원리를 도출하는 유추가 아닌 질문이다.

사이버네틱스의 가장 큰 발견은 모든 대규모 시스템에 적용할 수 있는 기본적인 통제 원리를 확인한 것이라고 주장하면서 Beer 박사는 이 책의 목적을 언급하고 있다. 이 책은 '경영'(통제 분야)에 사이버네틱스(통제의 과학)가 가져다줄 수 있는 기여에 대한 연구를 지향하고 있다. 통제는 기업(또는 조직)의 한 장소 또는 특정 요소에서 마주치게 되는 것이 아니고, 기업의 전체 구조에 의해 공유되는 것이라 할 수 있다. 통제는 시스템이 기능수행을 지속해 나갈 수 있도록 돕는 것이다.

Stafford Beer가 식별해낸 모델은 다섯 개의 서브시스템으로 구성되며, 이들 서브시스템 각각은 시스템 역할을 수행한다. 이 서브시스템들은 전체 시스템이 항상성 균형 상태(homeostatic equilibrium)에서 유지될 수 있도록, 다시 말해 통제될 수 있도록 끊임없이 상호작용한다. 전체적인 규제 과정은 학습, 적응 그리고 진화에 의해 장·단기적으로 시스템의 생존을 확보하는 것이 목적이다. 또한 다섯 개의 서브시스템은 지속적인 상호작용으로 하나의 전체를 형성하기 때문에 따로 고립될 수 없다.

1981년에 발간된 *Brain of the Firm*(2판)에서 Beer 교수는 존립가능 시스템 모델과 사이버네틱 원리를 칠레의 사례에 적용한 내용을 추가하고 있다. 짧은 기간 동안에 통제 시스템에 적용된 다양한 획기적인 내용들은 물론 국가 사회경제의 2/3를 모델에 어떻게 포함시킬 수 있었는지 살펴보는 것은 정말로 흥미 있는 일이다. 좀 더 구체적으로 말하면 Kalman 필터와 Bayes의 확률이론에 기초한 컴퓨터 실시간 시스템이 전통적인 정보 시스템을 대체하였다. 초단파 통신(Communications by microwave)과 자동화된 통계 정보 필터링(automatic statistical filtering of information)이 이용되었으며, 의사결정을 위한 공간으로서 인체공학적으로 설계된 운영실(operations room)이 만들어졌다. 생산 공장에서부터 대통령 내각에 이르기까지 모든 수준의 경제 정보가 24시간 내에 중요 측면을 확인하는 관점에 의해 걸러졌다. 통제 시스템의 전체적인 복잡성에도 불구하고 권한을 분산시키기 위해 정보 시스템이 조직되었다.

1971년부터 1973년까지 칠레에서 연구를 수행한 이후 Beer 박사는 여러 나라에 있는 많은 조직과 기관들로부터 초청을 받았다. 이 중 하나가 캐나다인데 다양한 조직과 정부 부처에서의 열정적인 활동의 결과로 캐나다 공영방송(CBC)이 1973년의 매시 강연회(Massey Lectures)에 그를 초청하였다. 이 강연은 매년 캐나다 전역에 라디오로 방송되는 일련의 강연으로서 과학 또는 문화 분야의 주요 인사들이 담당하였다. Stafford Beer 교수의 모든 강연은 1974년에 출간된 *Designing Freedom*이라는 책에 수록되어 있다. 이 방송과 이 책의 목적은 대중에게 사이버네틱스의 기본 개념을 설명하는 것이었다. 지속적인 불안정성의 과정을 통제하기 위해 인류를 위한 정보와 통신 기술은 물론 과학을 활용할 수 있는 새로운 기관의 설계에 대한 필요성을 강조하였다.

인류와 사회에 영향을 미치는 세계적 특성을 갖는 문제들의 연구에 대한 Beer 박사의 헌신은 1970년대에 증가하였다. 이 기간 동안, 특히 1970년 한 해 동안 OR학회(Operational Research Society), 영국 피에르 테이야르 드 샤르댕 협회(Pierre Theilard de Chardin Association in London), 유네스코(UNESCO), 경영과학회(Institute of Management Science), 그리고 미국의 일반시스템연구학회(the Society for General Systems Research in the U.S.A.) 등과 같은 다양한 청중들을 대상으로 한 15회가 넘는 취임 강연 또는 총회 등에서 그의 다양한 헌신적 활동이 잘 나타나고 있다. 이처럼 광범위한 활동의 내용을 준비하기 위해 그는 좀 더 많은 영향을 끼칠 수 있는 프로젝트, 즉 전체론을 위한 새로운 사이버네틱스 과학의 적절성에 대한 그의 구상을 제시할 수 있는 책을 집필하기로 마음을 먹었으며, 이 책을 통하여 새로운 세계관을 제안하려 하였다. 동시에 서로 다른 개념을 개발하는 동안 이러한 개념들을 다양한 청중들이 직면하고 있는 문제에 적용하고자 하였다. 그 결과로 1975년에 *Platform for Change*라는 책이 발간되었다.

이 책은 형식이나 내용에 있어서 완전히 독창적인 책이었다. Stafford Beer 자신도 이것은 '새로운 세계를 위한 새로운 책'이라고 주장하였다. 이 책은 **종합 시스템**(total system)이라 이름 붙여진 논문을 중심으로 구성되었으며, 단순한 시스템 도표로 세계관(world philosophy)을 표현하고 있다.

이 책의 주요 아이디어는 모든 사회기관들을 재고해야 하는 급박한 필요성에 초점을 두고 있으며 이를 위한 개념적 프레임워크를 제공하고 있다. 인류에 대한 세계적 위협, 대응하기 힘들 정도의 복잡성, 시스템과 메타언어(meta-language), 조직과 사회 연구를 위한 과학의 활용, 그리고 정보 관리를 위한 컴퓨터의 활용 등과 같은 많은 질문을 다루고 있다. 메타시스템의 다양한 논의사항들을 구별하기 위해 이 논의사항들이 포함되는 부분별로 다양한 색채와 문장의 배열을 이용하고 있다.

1979년에 그는 *The Heart of Enterprise*를 발간하였다. *Brain of the Firm*(1972)에서 Stafford Beer가 존립가능 시스템으로서 기업의 신경 사이버네틱(neuro-cybernetic) 모델을 설계하였을 때, 인체의 신경 시스템은 조직이 생존가능하게 하는 규칙들, 즉 조직이 조정되고, 학습하고, 환경에 적응하고 그리고 진화하게 하는 규칙들을 발견할 수 있게 해준다고 주장하고 있다. 많은 사람들은 이 모델을 '유추 모델'로 간주하였으며, 다른 특정한 상황에서는 그 모델의 타당성에 논란의 여지가 있다고 생각하였다. 그럼에도 불구하고 Beer 자신이 반복해서 주장해 왔듯이 그 모델은 '유추 모델이 아니다.' 이는 사이버네틱 고려사항들이 도출된 근원(*Brain of the Firm*의 경우 신경심리학에서 도출됨)에 상관없이 존립가능 시스템의 특성을 식별해낼 수 있고, 기본 원리들로부터 이 모델을 만들 수 있어야 한다는 것을 의미한다. 이러한 점이 *The Heart of Enterprise*의 명확한 목적이다. 책의 제목에 '심장'이라는 용어를 포함시킨 이유는 인간이 '경영'의 중심에 있어야 한다는 Stafford Beer의 인식에 의한 것이다. 이 연구에서 그는 사이버네틱스의 개념이 (기업뿐만 아니라) 모든 종류의 조직에 적용될 수 있음을 명확히 보여주고 있다.

이 책은 언어 체계가 갖는 의미와 주관적, 상대적 특성에 대한 토론으로 시작하고 있다. 시스템 복잡성의 측정과 관련된 질문과 다양성 변화(variety flux)가 시스템의 동적 복잡성을 어떻게 결정하는가에 대한 토론에 이어, 그는 시스템이 어떻게 관리될 수 있는가에 대하여 생각하였다. (조직을 대상으로 한) 이에 대한 답변이 이 책의 중심축을 이루고 있다. 이 책은 효과적 조직 과학으로서 조직 사이버네틱스를 다루고 있다. 처음의 개념들에 이어 연역적 과정으로 그는 시스템 존립가능성의 보장과 관련하여 핵심으로 간주되는 다섯 개의 서브시스템을 식별해낼 수 있었다.

존립가능 시스템 모델을 다루고 있는 3부작 중 세 번째 책이 1985년에 발간되었는데 그 책의 제목은 *Diagnosing the System for Organizations*였다. 이전 두 권의 책(*Brain of the Firm*과 *The Heart of Enterprise*)은 그 내용이 너무 복잡하여 Stafford Beer는 존립가능 시스템 모델에 담겨 있는 원리들을 응용하는 데 도움이 될 수 있는 한 권의 책을 쓰기로 결심하였다. 그렇지만 이 연구는 실무적인 응용을 돕는 데에만 국한하지 않고 이 모델의 최종적인 형식을 그래픽 형태로 나타내고 있다. 존립가능 시스템 모델의 탄생은 1960년에 발간된 두뇌의 수학적 모델로 거슬러 올라간다. 그러나 집합이론에 근거한 모델과 수학적 재귀표현 모두가 이해하기 어려워서 일반인들이 쉽게 접근할 수 있는 것은 아니었다. 이러한 이유로 그는 모델의 수학적 타당성을 완벽하게 유지할 수 있는 정밀한 도표로 수학적 모델을 표현하기로 결심하였다.

1994년에 그는 그의 마지막 저서인 *Beyond Dispute*를 발간하였다. 모든 존립가능 시스템에는 시스템 3과 시스템 4라 불리는 아주 서로 다른 기능을 수행하는 두 개의 서브시스템이 존재한다. 간단히 설명하면, 전자인 시스템 3은 '현시점(here and now)'을 책임지고, 즉 현재 시점에서의 기능수행을 확실하게 보증하며, 반면에 후자인 시스템 4는 '외부와 미래(exterior and the future)'를 책임지는 것으로, 즉 조직의 미래를 창조하고자 노력하는 것이다. 이 시스템들 간의 상호작용은 다양한 이해관계로 인해 일반적으로 매우 상충하고 있지만, 시스템의 적응을 위해 시스템이 이들 서브시스템에 의존하기 때문에 시스템이 살아남기 위해서는 이 서브시스템들의 적절한 기능수행이 중요하다. 이러한 점이 Beer가 말년에 이들 사이의 상호작용을 어떻게 하면 촉진할 수 있을까에 대하여 관심을 가졌던 이유 중 하나이다. 이 연구의 결과로 팀 신테그러티가 고안되었다. 이는 규범적 계획수립(normative planning), 전략적 계획수립(strategic planning), 운영 계획수립(operational planning)을 활성화하기 위해 설계된 방법으로 비계층적 그리고 비정치적인 방식으로 조직의 본질을 포착할 수 있게 해준다.

팀 신테그러티는 정이십면체로부터 영감을 얻은 것으로, 30개 모서리 각각은 사람을 나타내고, 각 꼭짓점은 논의 대상을 구성하는 주제들 중 하나를 나타낸다. 꼭짓점은 상징적으로 이십면체의 중앙에 위치한다. 모든 모서리는 동등하며 계층도 없다. 위, 아래, 오른쪽, 왼쪽도 없다. 게다가 기능수행 규칙들은 그룹 전체에 걸쳐 정보가 자유롭게 순환되어, 완전히 확산될 때까지 더 광범위해지고 그 과정에서 개선되어 나갈 수 있도록 보장해준다. 따라서 이러한 방식으로 조직된 그룹은 구조적으로 볼 때 각자의 역할이 다른 사람의 역할과 구별되지 않는 참여민주주의를 가장 잘 구현하고 있다고 말할 수 있다. 끝으로 의제 또한 사전에 미리 정해져 있지 않으며, 논의가 진행되어 가는 동안에 그룹의 구성원들이 의제를 생성한다는 것이다.

시스템 3과 시스템 4에 의해 형성된 항상성(homeostat)이 제대로 작동할 수 있도록 보장해주는 유용성 외에도 이 방법은 갈등의 해결에도 매우 유용할 수 있다(Pérez Ríos, 2001).

다음 절에서는 존립가능 시스템 모델의 가장 중요한 내용에 대하여 살펴볼 것이다. 이러한 설명은 존립가능 시스템 모델이 존립가능한 조직의 진단과 설계에 어떻게 사용될 수 있는지(제2장), 그리고 조직의 존립가능성을 일반적으로 위협하는 병리들을 식별하는 데(제3장) 매우 도움이 될 것이다.

1.3 존립가능 시스템 모델(VSM)

지금까지 존립가능 시스템 모델의 기원에 대하여 상세히 살펴보았고, 지금부터는 그 기본적인 구성요소에 대하여 살펴보기로 한다.

Beer가 *Brain of the Firm*에서 강조하였듯이, 사이버네틱스의 주요 발견은 모든 대규모 시스템에 적용할 수 있는 기본적인 통제 원리를 식별해낸 것이다. 존립가능 시스템 모델은 (통제 과학인) 사이버네틱스가 (통제의 전문 영역인) '경영'에 공헌할 수 있음을 구체적으로 보여주고 있다. 통제는 기업(또는 조직)의 어느 장소 또는 특정 요소에서 발생하는 것이 아니며, 통제 기능은 기업의 전체 구조에 의해 공유되는 것이라 할 수 있다. 통제는 시스템이 존재하게 하고 기능수행을 계속해 나가게 돕는 것이다.

존립가능 시스템 모델은 다섯 개의 서브시스템으로 구별되는데, 이 서브시스템 각각은 시스템 역할을 수행한다. 이 서브시스템들은 전체 시스템이 항상성 균형 상태를 유지할 수 있도록, 다시 말해 통제 상태를 유지할 수 있도록 끊임없이 상호작용한다. 전체적인 규제 과정(regulating process)은 학습, 적응 그리고 진화에 의해 장·단기적으로 시스템의 생존을 확보하는 것이 목적이다. 또한 다섯 개의 서브시스템은 지속적인 상호작용으로 하나의 개체(entity)를 함께 구성하기 때문에 따로 고립될 수 없다.

존립가능 시스템 모델은 조직의 존립가능성을 위한 필요충분조건을 제시하고 있다. 이러한 조건에 대한 준수는 필수적인 것으로 확인된 다섯 가지 기능 또는 서브시스템을 대상 조직이 보유하고 있을 때에만 가능한 것이다. Beer는 이러한 다섯 가지 서브시스템을 단순히 시스템 1, 시스템 2, 시스템 3, 시스템 4, 그리고 시스템 5라 부르고 있다. (많은 설명 없이 하나의 표시로) 각각의 서브시스템들은 실행(Implementing), 조정(Coordinating), 통합(Integration), 인식(Intelligence) 그리고 정책(Policy) 등의 기능과 단순하게 대응시킬 수 있다. 여기에 시스템 3에 대한 보완요소로서 시스템 3*(예 : 채널 감사역, channel auditor)이 추가된다. 〈그림 1.8〉은 존립가능 시스템 모델의 예를 보여주고 있다. 이 그림에서 우리는 하나의 회사 또는 조직에 있는 다섯 개의 서브시스템과 함께 세 개의 부서(운영 단위)로 구성되는 시스템 1의 예를 볼 수 있다.

1.3.1 초점 시스템

존립가능성의 개념을 설명하면서, 하나의 시스템이 독자적으로 존재를 유지할 수 있을 때 이 시스템은 존립가능하다고 말하였다. 또한 이러한 점은 다른 시스템들과 관계를 갖지 않음을 의미하는 것은 아니라고 설명하였는데, 이는 한 개인이 자기 자신의 정체성을 가지고 있지만 그가 그의 어머니, 가족 등과 접촉을 하고 있는 것과 마찬가지로, 조직 또는 기업도 그들이 속하는 (어떠한 경우로라도) 조직 또는 모기업과 역시 관계를 유지하고 있기 때문이다. 이러한 이유로, 새로운 조직을 설계하거나 기존의 조직을 연구할 때, 이 조직의 정체와 조직의 한계가 무엇인지에 대하여 명확히 확인해야 한다(예를 들어, 특정한 연구 대상이 자동차 제조회사인지 아니면 대학의 학부인지를 생각해보자). 우리는 또한 조직이 구성하고 있는 존립가능한 부분을 확인해야만 하며(앞의 예에 있어서 자동차 제조업의 경우 상이한 모델이나 유형의 자동차를 생산하는 서로 다른 부서를 예로 들 수 있으며, 대학 학부의 경우에는 서로 다른 학위 과정을 예로 들 수 있다), 또한 이 조직을 포함하고 있는 보다 큰 상위의 존립가능 단

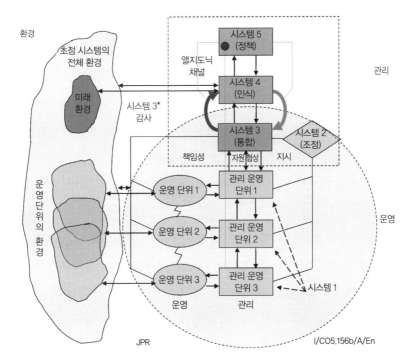

| 그림 1.8 **존립가능 시스템 모델(Beer, 1985 수정)**

위(예로 자동차 회사의 경우는 글로벌 조직을 들 수 있으며, 대학 학부의 경우는 대학교 전체를 들 수 있다)도 식별해야 한다.

우리가 시스템을 다룰 때 하나의 시스템이 포함하는 개체와 그 시스템을 포함하고 있는 개체에 대한 탐색은 통상적인 것이다. 모든 시스템은 그것을 포함하는 시스템에 포함되고, 반대로 그 시스템은 또한 시스템 특성을 가진 서브시스템들을 보유하고 있는데 이러한 포함 과정은 계속된다. 예를 들어, 초점 시스템으로 개인을 든다면 가족, 사회, 도시, 국가 등을 통해 우주에 다다를 때까지 거슬러 올라가면서 연구할 수 있고, 이와는 반대의 방향으로 세포 그리고 원자의 핵 또는 그것이 구성하고 있는 기본 입자에 이르기까지 순차적으로 내려갈 수도 있다.

우리가 관심의 초점을 변경할 수 있기 때문에, 연구 중인 시스템(조직)과 그리고 이를 둘러싼 환경으로부터 시스템을 분리해주는 한계를 명확하게 확인할 필요가 있다. 그래서 우리는 우리가 고려하고 있는 수준과 우리가 연구 대상으로 삼고 있는 시스템 또는 조직을 끊임없이 파악하고 있어야 하는데, 후자를 **초점 시스템**(system-in-focus) 또는 **초점 조직**(organization-in-focus)이라고 부르기로 한다. 분명 초점 시스템으로부터 전방으로 또는 후방으로 많은 차원을 이용할 수 있다. 우리의 초점은 구체(sphere)의 중심으로 간주할 수 있는데 구체의 직경은 상이한 차원이 될 수 있다(그림 1.9). 존립가능 시스템 모델의 다차원적 재귀 특성과 관련하여, Beer(1994, pp. 227-255), Leonard(1989, p. 176) 그리고 Schwaninger(2006, p. 87)의 연구를 참고하는 것은 흥미로운 일이다. 조직의 설계와 진단을 다루는 장에서 이 점에 대하여 살펴보게 될 것이다.

우리가 방금 언급했던 이러한 세 가지 수준(우리가 연구하고 있는 조직을 포함하는 상위 수준, 조직 그 자체의 수준, 그리고 그 조직에 포함되는 다른 조직들을 구성하는 하위 수준)을 재귀 수준(recursion levels)이라고 부른다. 이 용어는 수학 용어인데 여기에서는 세 가지 다른 수준이 있지만 각각에 해당하는 조직의 구조와 구성은 항상 같다는 것을 나타내고 있다. 이러한 특이성이 사이버네틱스의 강점 중 하나이다. 즉 조직의 존립가능성을 위한 필요충분조건을 우리가 알고 있을 때, 그 조직의 규모, 부분, 범위, 목적 등이 무엇이든 모든 존립가능 조직을 위한 필요충분조건을 알 수 있다는 것이다.

이에 따라 하나의 존립가능 조직이 그 조직을 구성하는 모든 수준에서 언급되는 다섯 가지 기능 또는 서브시스템을 보유할 필요가 있게 된다는 의미에서 존립가능 시스템 모델은 재귀 모델(recursive model)이다. 존립가능 조직은 앞에서 살펴본 것과 마찬가지로 다른 존립가능한 조직들로 구성되며, 그리고 이 조직 또한 다른 존립가능한 조직의 일부분이라는 것이다. 조직의 설계와 진단을 다루는 제2장에서 이러한 구조적 개념이 어떻게 이용되는지 살펴볼 것이다.

다음의 절에서는 각 존립가능 조직이 보유해야 하는 이러한 기능들 또는 시스템들(Beer의 시스템 1, 시스템 2, 시스템 3, 시스템 4, 그리고 시스템 5)의 내용에 대하여 살펴볼 것이다. 존립가능 시스템 모델의 개념이 재귀적이라는 점을 감안해볼 때, 우리가 연구하고 있는 전체 조직 내에 포함되는 수많은 수준들 어디에서라도 우리는 우리의 관심을 집중할 수 있다. 조직의 사슬 내에서 또는 조직 내에서 우리가 관심을 가지는 수준에 해당하는 조직을 앞에서 언급한 것처럼 **초점 시스템** 또는 **초점 조직**이라고 부를 것이며, 이것이 연구 분석의 대상이 되는 것이다. 물론 우리의 편의대로 또는 관심에 따라 초점 조직을 변경할 수도 있다. 자동차 회사의 예로 돌아가면, 존립가능 시스템 모델을 적용할 때 우리는 특정 지역에 있는 하나의 공장이나 한 나라에 있는 모든 공장 또는 세계에 있는 모든 생산 단위 등에 관심의 초점을 둘 수 있다. 우리가 생각하는 수준에 해당하는 조직(예를 들어, 특정 국가에 있는 모든 공장)이 초점 조직(또는 초점 시스템)이 될 수도 있다. 존립가능 시스템 모델을 구성하는 모든 기능/시스템에 대하여 다음 절에서 살펴보고 그런 다음 이 모델의 재귀적 특성이 갖는 의미를 다시 살펴볼 것이다.

지금부터 존립가능 시스템 모델의 내용과 그 주요 구성요소들 각각이 갖는 특징들에 대하여 살펴보기로 한다. 〈그림 1.10〉에서는 세 가지 기본적인 구성요소(환경, 조

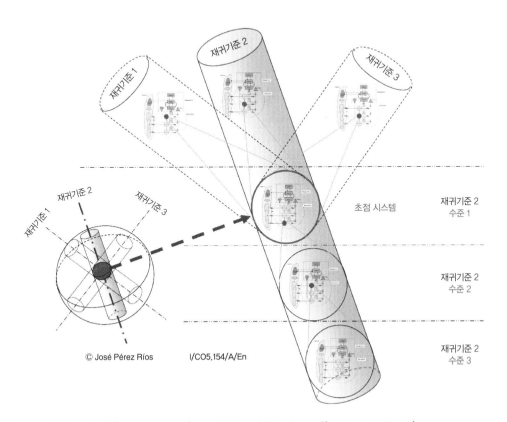

▌그림 1.9 **복수 차원(기준과 재귀 수준)의 교차점으로서의 초점 시스템**(Pérez Ríos, 2008e)

직/운영, 관리)와 필수적인 기능을 구별할 수 있는 모델의 표현을 살펴볼 수 있다. 그림의 왼편에는 조직(원 모양)이 자체의 '관리'(사각형 모양)를 포함하고 있고, 조직 그 자체는 환경(아메바 모양)의 내부에 위치하고 있다. 이 그림의 가운데 부분에는 이와 동일한 세 가지 구성요소(아메바, 원, 사각형)가 있는 것을 볼 수 있는데, 이들 간의 상호관련성을 시각적으로 더 잘 표현해주고 있음을 알 수 있다. 그리고 그림의 오른편에서는 동일한 세 가지 구성요소들 각각의 세부 내용에 대하여 상세히 보여주고 있다.

사실 조직에 대한 존립가능 시스템 모델의 표현에 있어서 우리는 항상 세 가지 기본적인 구성요소로 조직의 환경, 조직('운영' 또는 시스템이라고도 불림), 그리고 '관리'(메타시스템으로도 알려져 있음)를 발견하게 될 것이다. 조직 또는 운영은 소위 말하는 시스템 1, 시스템 2, 시스템 3 그리고 시스템 3*을 포함한다. 조직의 '관리'는 시스템 3, 시스템 4, 그리고 시스템 5를 포함한다. 여기에서 우리는 시스템 3이 두 개의 구성요소(시스템과 메타시스템) 양쪽에 모두 포함되어 있음을 알 수 있다. 이러한 이중성(duality)의 의미에 대하여는 나중에 살펴보게 될 것이다.

〈그림 1.11〉에서는 VSMod® 소프트웨어(Pérez Ríos, 2008c)[2]를 이용한 존립가능 시

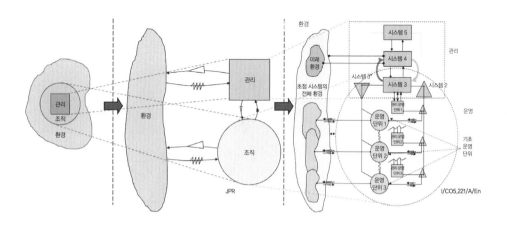

■ 그림 1.10 환경/운영/관리 집합과 완전한 VSM[Beer, 1985 수정(Pérez Ríos, 2008a)]

2) VSMod®은 VSM의 응용을 지원하기 위해 특별히 개발된 소프트웨어이다(www.vsmod.org). 이 소프트웨어의 사용에 대한 상세한 내용은 이 책의 제4장과 Pérez Ríos(2003, 2006b, 2008c and 2008e)를 참조하기 바란다.

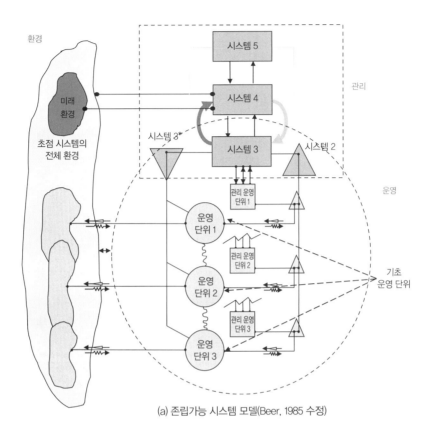

(a) 존립가능 시스템 모델(Beer, 1985 수정)

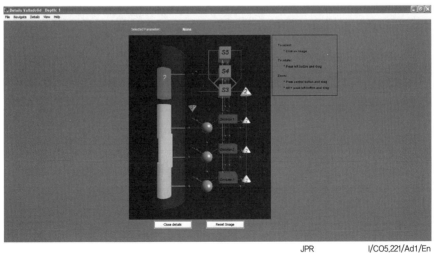

(b) VSMod® 소프트웨어를 이용한 VSM 이미지(Pérez Ríos, 2008)

그림 1.11 VSMod® 소프트웨어를 이용한 VSM의 표현(Pérez Ríos, 2008c)

스템 모델 표현의 예를 보여주고 있다. 지금부터 존립가능 시스템 모델의 주요 구성 요소들에 대하여 살펴보기로 한다.

1.3.1.1 시스템 1

시스템 1은 조직의 제품 또는 서비스를 생산하여 적절한 환경(시장 등)에 전달하는 책임을 맡는다. 시스템 1은 조직의 운영 단위(완전 존립가능한 시스템)로 구성되며, 각각은 하나의 활동 또는 생산 라인에 대한 책임을 맡는다. 즉 조직이 생산해야 할 것들을 '생산하는' 것이 이 단위이다.

〈그림 1.12〉와 〈그림 1.13〉은 시스템 1이 세 가지 기본적인 운영 단위들로 구성되어 있음을 예로써 보여주고 있다. 이 단위들은 특정 환경에서 일어나는 변화들에 적응하기 위하여 높은 수준의 자율성(autonomy)을 보유하고 있다. 또한 이 그림은 시스템 1

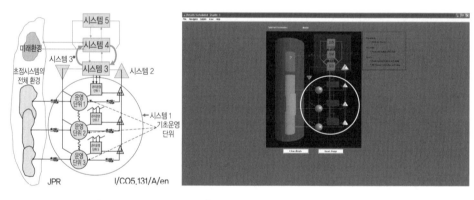

그림 1.12 **시스템 1**[Beer, 1985 수정, VSMod® 이미지(Pérez Ríos, 2008c)]

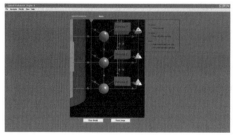
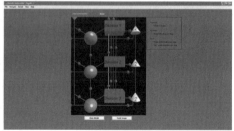

그림 1.13 VSMod®에 의한 **시스템 1의 확대 이미지**(Pérez Ríos, 2008c)

과 전체 조직의 다른 구성요소들과의 관련성을 보여주고 있으며, 이와 함께 시스템 1
을 구성하는 기본 단위들 사이에서 일어나는 관련성도 보여주고 있다. 이러한 관련성
들에 대해서는 뒤에서 좀 더 자세히 살펴보게 될 것이다.

시스템 1을 구성하는 단위들을 정의하는 것은 상위계층 관리자의 과업이며, 이들
관리자는 이 단위들이 속하는 조직에 요구되는 존립가능성 요구를 이 단위들이 모두
수용할 수 있게 해야 함을 잊어서는 안 된다. 사실 이 단위들은 존립가능한 조직 내의
유일한 단위이다. 존립가능 시스템 모델에 의거하여 전체 조직을 구성하고 있는 다른
구성요소들은 존립가능하지 않은 규제 단위(non-viable regulatory units)이다. 다시
말하면 이 요소들은 시스템 1과 달리 조직 외부에서는 독립적으로 존재할 수 없는 것
들이다. 이 요소들은 하나의 전체 조직, 즉 그들이 속해 있는 조직을 이루고 있기 때
문에, 이들이 독립적일 수 있다고 하는 것이 이 요소들이 독자적으로 존재한다는 것
을 의미하는 것은 아니다. 그러나 이 요소들이 관리와 종속 관계에 있지만, 관련 환경
(시장, 활동의 범위 등)의 요구사항에 대응하기 위해서는 전체 조직과의 일관성을 유
지할 수 있을 정도의 자율성은 가지고 있어야 한다.

각각의 운영 단위는 어떠한 조직에서도 역할을 수행하는 환경, 운영 그리고 관리
등의 세 가지 구성요소로 구성된다. 이 구성요소들 외에도 규제 요소(시스템 2) 또는
규제 센터(regulatory center)를 보유하는데, 이들의 기능에 대하여는 뒤에서 논의하기
로 한다(그림 1.14, 그림 1.15).

시스템 1을 구성하고 있는 각 운영 단위는 그것이 직접적으로 의존하는 기업 또는
'상급' 관리(시스템 3)와 연관된다(그림 1.16).

시스템 1이 의존하는 시스템 3과의 관련성 외에도 각 기초적 운영 단위의 관리는
또한 조직(초점 조직)의 시스템 1을 구성하는 다른 기초적 운영 단위들과도 접촉하게
된다. 종합적으로 시스템 1에 있는 각각의 운영 단위들은 다음의 관계를 갖는다.

1. '지시와 지침의 접수', '책임성(accountability)' 그리고 '자원 교섭(resource
   bargaining)' 등으로 표현되는 세 가지 유형의 기본적인 관계(그림 1.17)를 통한
   기업 관리(시스템 3)와의 관계

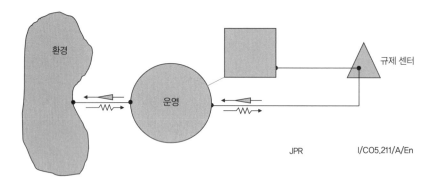

그림 1.14 **시스템 1의 기초적 운영 단위**

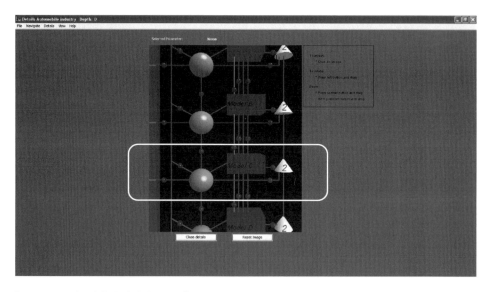

그림 1.15 **기초적 운영 단위의 VSMod$^®$ 이미지**(Pérez Ríos, 2008c)

2. 단위가 제공하는 서비스의 시장 또는 수신인 등으로 구성되는 특정 환경과의 관계

3. 규제 단위(시스템 2)와의 관계

4. 감사(auditing) 기능(시스템 3* : 특별한 정보 채널)과의 관계

5. 다른 운영 단위(시스템 1 구성요소)들과의 관계

6. 다른 운영 단위들의 다양한 관리들과의 관계, 끝으로

7. 앨지도닉 채널(algedonic channel)을 통한 메타시스템과의 관계. 정보 필요와 커

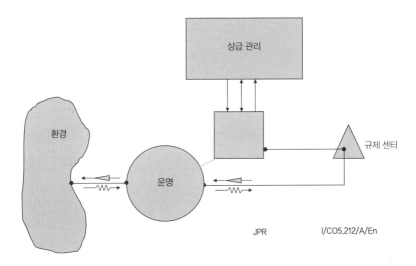

▌ 그림 1.16 **시스템 1의 기초적 운영 단위와 시스템 3의 관련성(기업 또는 '상급' 관리)**

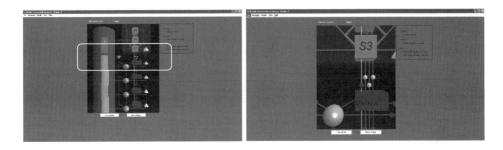

▌ 그림 1.17 **기초적 운영 단위와 시스템 3의 관련성 VSMod® 이미지(Pérez Ríos, 2008c)**

뮤니케이션 채널을 다루는 절의 끝부분에서 이 특별한 채널의 목적에 대하여 설명하기로 한다.

1.3.1.2 시스템 2

이 시스템은 시스템 1을 구성하고 있는 조직 단위들의 집합(그림 1.18)이 조화롭게 기능할 수 있도록 도와주기 위한 것이다. 이 단위들은 생산공정 그리고 공급사슬에 의해 관계될 수 있으며 또는 조직의 공용 자원 그리고 심지어 고객 또는 공급자 등에 대하여 경합할 수도 있으며, 각 단위는 각자의 목표(할당된 제품 또는 서비스의 전달)

달성을 추구함으로써 갈등을 초래할 수도 있다. 시스템 2는 이러한 문제들을 다룬다. 거기에 이 시스템은 이 단위들 자체의 자기규제 능력(self-regulating capacity)을 증폭해주는 증폭기(amplifier)이기도 하다.

시스템 2의 예로 정보 시스템, 생산 기획 또는 과업 프로그래밍 도구, 조정 팀, 지식 베이스, 회계 절차 또는 행동 표준을 제공하기 위한 다양한 종류의 운영 규범 등을 늘 수 있다. 따라서 전형적인 시스템 2의 활동 영역은 인사정책, 회계정책, 생산 운영 프로그래밍, 그리고 법률적 요구사항 등과 관련되는 것들이다. 이 시스템은 나중에 살펴보게 될 시스템 5에 속하는 가치나 정체성 등의 측면보다는 기능수행 또는 '행동유형(behavioral styles)' 등에 더 가까운 조직의 '문화'와 관련된 사안들을 포함한다.

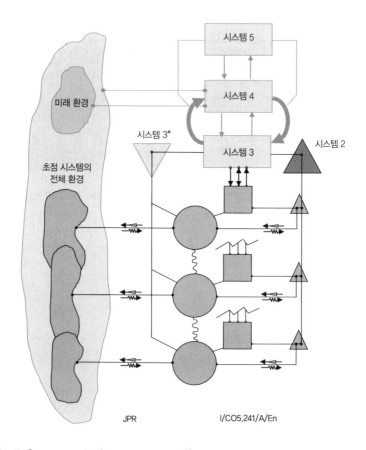

| 그림 1.18 **시스템 2**[Beer, 1985 수정(Pérez Ríos, 2008c)]

시스템 2 메커니즘은 수직적 명령계통(vertical line of command)(시스템 3 - 시스템 1)의 요소가 되지 않는다는 의미에서 수평축에서 작용한다. 이 시스템은 정보전달을 다루는데, 이 정보는 운영 단위에서 수집되어 적절하게 여과된 다음 중앙의 규제 단위에 의해 시스템 1에 직접적인 권한을 행사하는 시스템 3으로 전달된다. 시스템 3은 정보의 유용성에 대한 기능으로서 활동 수행 여부에 대한 필요성을 결정하게 될 것이다.

결과적으로 시스템 2는 시스템 1 그리고 시스템 3 모두와 직접적으로 관계된다. 마찬가지로 시스템 1의 운영 단위 각각은 해당 재귀 수준(초점 시스템)에 있는 조직의 종합적 규제 요소가 조율되는 자체의 시스템 2 규제 요소를 보유한다.

궁극적으로, 시스템 2는 시스템 1의 운영 단위들이 안정성을 유지할 수 있게 하는 적절한 수단을 제공하며, 만일 내부 또는 외부의 혼란으로 이 단위들의 안정성이 손상되어도 바로 안정성을 회복할 수 있게 해주는 주요한 시스템이다.

시스템 1을 구성하는 각각의 기초적 운영 단위들은 자신들에게 다른 단위들의 작업에 관한 정보를 제공해주는 로컬 시스템 2를 보유하고 있다. 이렇게 이 시스템 2는 단위들이 기능을 수행하고 상호작용하는 상태를 조정하는 능력을 가지고 있다. 모든 로컬 시스템 2는 기업 시스템 2(그림 1.19)와 연결되는데, 기업 시스템 2의 과업은 (그 기능은 나중에 살펴볼) 시스템 3으로 운영 단위에 관한 정보를 제공하고, 역으로는 이 운영 단위들에게 그들의 활동을 조정할 수 있게 해주는 정보를 전달하는 것이다.

시스템 2는 매일매일 일어나는 기초적 운영 단위의 세세한 작업 결과로 발생하는 방대한 양의 다양성(복잡성)을 흡수하는 일을 담당하는 시스템 3을 지원한다. 그 발

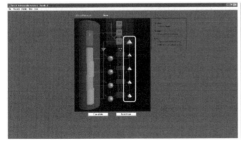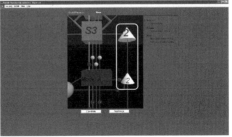

▍그림 1.19 **기업 시스템 2와 로컬 시스템 2의 VSMod® 이미지**(Pérez Ríos, 2008c)

상은 기초적 단위들이 상호작용하고 자원에 대하여 경합을 하는 동안 발생할 수 있는 문제들을 조정하고 해결해주는 시스템을 설계함으로써 시스템 1을 위한 최대수준의 '자동화(automation)'를 달성하려는 것이다.

이 시스템과 관련하여 두 가지 점에 대하여 고려하는 것이 중요하다. 먼저 일상적 기능(routine function)을 수행하는 것으로 간주되어서는 안 된다는 것이다. 물론 일상적 기능을 개발하여 변동사항을 가능한 한 자동으로 약화시키는 것이 필요하지만, 이러한 일상적 기능들은 급변 사항을 회피하기 위한 목적이어야 한다는 것이다. 모든 조직이 만들어내는 다른 일상적 기능들은 다양성을 줄여주고, 시스템 3 - 시스템 1 수직 채널에서 역할을 수행한다.

다음의 중요한 문제는 누가 시스템 2를 설계할 것인가를 다루는 것이다. 이 시스템의 기능은 시스템 3을 도와 운영 단위들이 조화롭게 기능을 수행하게 하는 것이지만(그림 1.20), 시스템 3이 이 시스템 설계에서 가장 큰 몫을 차지하는 것은 아니라는 것이다. 운영 단위들 간의 행동 패턴이 지속적인 충돌 상태에 있지 않도록 보장하기 위해 도구를 함께 설계해야 하는 이들은 기초적 운영 단위의 관리 구성원들이다. 따라서 이들은 시스템 3의 도움과 경험 등을 바탕으로 설계 작업을 하게 될 것이다. 마찬가지로 이전 단계의 재귀 수준으로 돌아간다면, 기초적 운영 단위들에 대한 관리의 일부를 형성하고 있다는 점에서 시스템 3은 지원과 경험을 제공한다는 것을 알 수 있다.

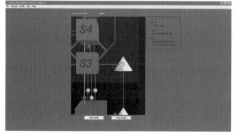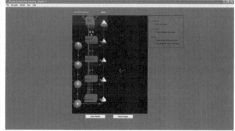

▌그림 1.20 시스템 2와 시스템 3의 관련성 그리고 시스템 3-2-1의 집합. VSMod® 이미지(Pérez Ríos, 2008c)

1.3.1.3 시스템 3

이 시스템은 시스템 1을 구성하고 있는 운영 단위들의 집합을 관리하는 업무를 담당한다(그림 1.21, 그림 1.22). 시스템 3은 이 그룹을 통합하고, 이 그룹이 조화롭게 기능을 수행하고 있는가를 확인하며, 시스템 1에 있는 운영 단위들의 상호작용에 의해 발생할 수 있는 시너지를 이용하려고 한다. 이러한 단위들 각각에 목표를 할당(그림 1.23, 그림 1.27)하는 책임을 담당하는데, 이는 시스템 4와 협력하여 그리고 시스템 5와 부합되게 수행해야만 하는 업무이다. 잠시 후에 우리는 이 두 시스템의 기능에 대하여 분석할 것이다. 다시 시스템 3으로 되돌아가 이러한 목표가 일단 수립이 되면 단

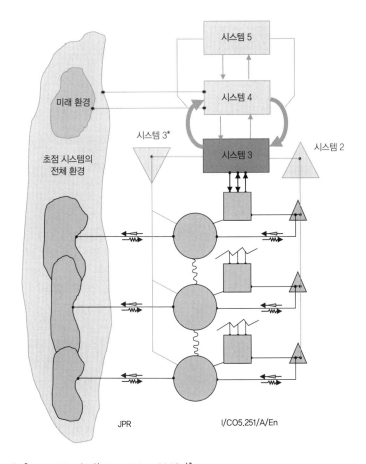

그림 1.21 **시스템 3**[Beer, 1985 수정(Pérez Ríos, 2008a)]

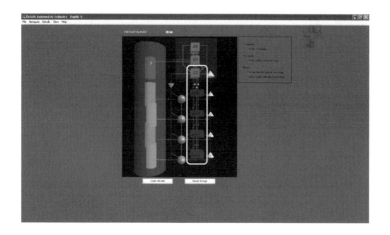

그림 1.22 시스템 3과 시스템 1의 기본 운영 단위와의 관계. VSMod® 이미지(Pérez Ríos, 2008c)

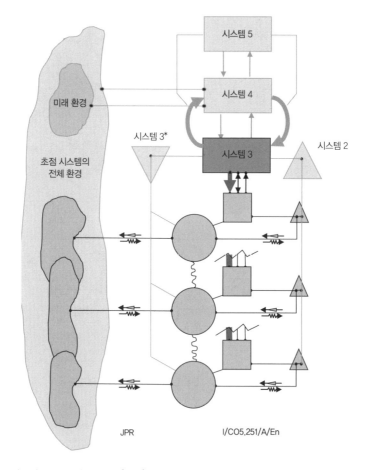

그림 1.23 시스템 3-시스템 1의 관계(지시)

위들 사이에 이용가능한 자원을 분배하는 것이 이 시스템의 임무이다(그림 1.24, 그림 1.28). 또한 이 운영 단위들이 어떻게 기능을 수행하고 있는지 그리고 이들이 얼마나 자신들의 목적에 부합하고 있는지에 대한 정보를 계속적으로 제공받을 수 있도록 운영 단위들의 책임성 메커니즘(accountability mechanism)을 결정하는 데까지 시스템 3의 책임이 미치게 된다(그림 1.25, 그림 1.29).

시스템 3은 조직의 '운영관리(Operational Management)'로 간주될 수 있다. 이 시스템은 매일매일의 운영에 관여하는 시스템이다. 이 시스템의 활동은 조직의 '여기(here)'와 '지금(now)'과 관계된다고 요약하여 말할 수 있다. 이 시스템은 (시스템 1

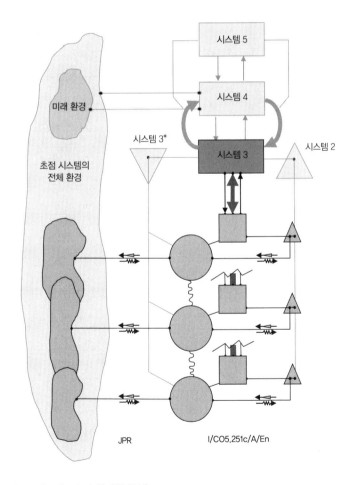

▌그림 1.24 **시스템 3-시스템 1의 관계(자원 협상)**

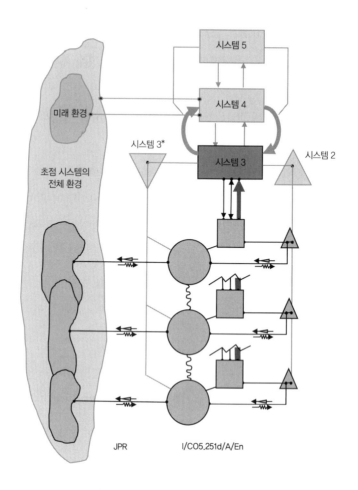

시스템 5

시스템 4

시스템 3*

시스템 3

시스템 2

미래 환경

초점 시스템의
전체 환경

JPR

I/CO5.251d/A/En

▌그림 1.25 시스템 3-시스템 1의 관계(책임성)

을 구성하는) 조직의 운영 단위들이 조직(과 각각의 기초적 운영 단위들)이 전달해야
하는 제품이나 서비스를 생산하여 시장(또는 일반적인 고객/수취인)에 제공하는 것을
보장해야 함을 물론, 또 한편으로는 자원의 활용을 최적화하기 위해 다시 말해 가능
한 한 가장 높은 수준의 효율성(efficiency)과 효과성(efficacy)을 달성하기 위해 노력해
야 한다.

  그런 다음 시스템 3은 서로 다른 운영 단위들로 구성되는 시스템 1의 전체 기능을
최적화해야 하는 책임도 수행한다. 이 시스템은 어떠한 개별 단위도 보유하지 않는
하나의 전체로서의 집합에 대한 시각을 가지며, 그렇게 함으로써 시스템 1 내에서 시

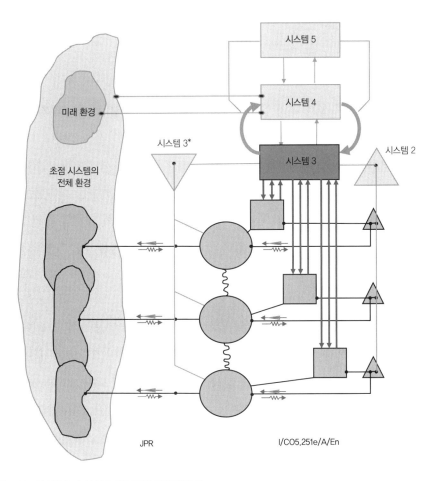

┃ 그림 1.26 시스템 3과 시스템 1의 각 단위와의 관계

너지를 창출하는 능력을 갖는다. 시스템 3의 목적을 요약하면, 조직의 '현시점'과 기본적으로 관계된다고 말할 수 있다(그림 1.26, 그림 1.30).

또한 시스템 3은 조직의 내부 안정성(internal stability)을 확보해야 하는 책임도 담당한다. 이러한 목적을 위해 이 시스템은 자원 협상(negotiation of resources), 책임성(accountability) 그리고 수직적 지시 전달(vertical transmission of instruction) 등을 위한 커뮤니케이션 라인 등은 물론 시스템 2와 (나중에 살펴볼) 시스템 3* 등과 같은 지원 요소들을 활용해야 하며, 이러한 요소들의 설계에도 참여해야 한다. 물론 이러한 많은 요소들의 자동화된 기능수행 외에도 시스템 3은 기초적 운영 단위들 집합의 무결성(integrity)을 책임지는 시스템으로서 위험 상황에서 이 단위들의 응집력을 보장하기 위해 근본적으로 개입해야만 한다. 그러나 수직 명령계통에 의한 직접적 개입은 운영 단위들의 자율성을 해치지 않는 특별한 경우로만 한정되어야 함을 잊지 말아야 하는데, 이러한 자율성은 운영 단위들이 특정 환경(시장, 서비스의 수혜자)에서 발생되는 대부분의 다양성을 직접적으로 흡수하는 데 필요한 것이기 때문이다.

일반적으로 시스템 3은 기초적 단위들의 기능수행에 보통 개입해서는 안 된다는 것을 명심해야 한다. 조직이 잘 설계되어 원활하게 운영되고 있음을 나타내는 하나의 지표는 시스템 3이 이 단위들과 관계되는 문제들에 직접적으로 개입할 필요가 없다는 사실이다. 그 이유는 이 단위들의 운영은 높은 수준의 자율성을 갖는 자체의 '관리'에 의해 관리되어야 하기 때문이다. 여기서 우리는 이러한 단위들 각각이 그 자체로 하나의 완전한 존립가능 시스템이라는 것을 잊어서는 안 된다.

시스템 3의 직접적인 개입은 목표의 설정이나 수정과 같은 조직의 목적 또는 목표와 관계되는 측면에 관한 '관리'(메타시스템)로부터의 정보를 전달하는 데 또는 시스템 4(이 시스템의 기능은 후에 설명될 것임)와 자원의 협상에 의해 제안된 시스템 1에 요구되는 변경 등에 한정되어야 한다.

관리수단으로서 직접적 '권한(authority)'의 사용은 일반적으로 조직 설계의 결점을 나타내는 지표이다. 그것은 존재하지 않거나 또는 적절히 작동되지 않고 있는 (우리가 설명하고 있는) 어떤 필요 기능들에 의해 발생하는 것들이다. 시스템 3에서 시스템 1 단위 각각으로 작용하는 수직계통은 '권위주의적인 방식으로 결정을 강제'하는 것으로 조직이 잘못 설계되었거나 제대로 기능을 수행하지 못하고 있음을 나타내는 신호이다. 이러한 권한을 사용하지 말아야 하는 이유는 각 기초적 단위 내에 존재하는 방대한 정도의 다양성(복잡성)에 대하여 시스템 3이 상세한 지식을 가지고 있지 못하기 때문이다. 이러한 방식으로 행동하는 관리자는 필수적 다양성(requisite variety)이 결여된 문제와 관련한 모델을 기반으로 의사결정을 내림으로써 관리하려는 문제의 다양성을 극단적으로 약화시키고자 하는 것으로 이러한 행동은 그에 상응하는 역효과를 초래하게 될 것이다.

시스템 3과 관련한 또 다른 매우 중요한 점은 시스템 4와의 관련성이다. 시스템 4에

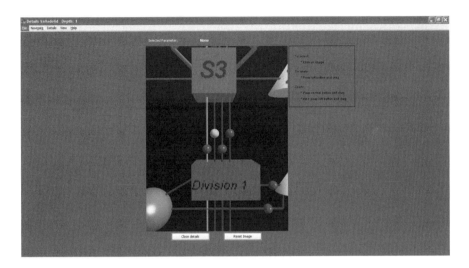

│ 그림 1.27 **지시**(VSMod®)

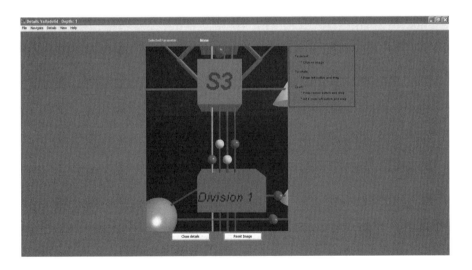

│ 그림 1.28 **자원 협상**(VSMod®)

대하여는 뒤에서 설명하기로 한다. 그러나 여기서 간략하게 그 관련성을 설명하면 시스템 3은 시스템 4와 유연하고 지속적인 커뮤니케이션을 유지해야 하는데, 이는 시스템 1의 기능수행과 시스템 1을 변경함으로써 생기는 기회/어려움에 관한 정보를 시스템 4에 전송하기 위해서, 그리고 조직 환경에서의 현재 또는 미래에 예측되는 변화에 적응하기 위해 시스템 1을 변경하는 데 필요한 정보를 시스템 4로부터 수신하기 위한

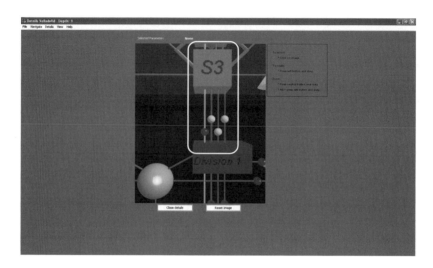

▌그림 1.29 **책임성**(VSMod®)

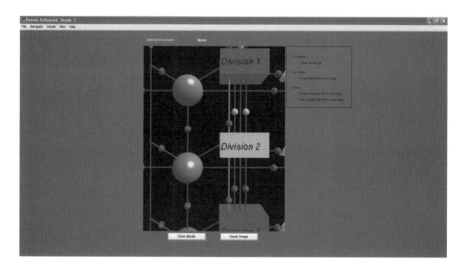

▌그림 1.30 **시스템 3-시스템 1 단위의 관계**(VSMod®)

것이다. 그러면 조직이 존립가능하기 위해 중요한 적절한 기능수행과 관계되는 시스템 4-시스템 3의 항상성 루프(homeostatic loop)에 대하여 살펴보기로 한다.

1.3.1.4 시스템 3*

시스템 3*은 시스템 3을 위한 지원 시스템으로 이 시스템의 주요 임무는 시스템 1이 어떻게 작동하고 있는가에 대한 정보를 얻는 것으로, 시스템 1과 시스템 3을 직접적으로 연결하는 커뮤니케이션 채널로 접근할 수 없거나 또는 시스템 2와 시스템 3 사이의 연결로 얻을 수 없는 정보를 확보하는 것이다(그림 1.31, 그림 1.32).

비록 시스템 1이 어떻게 작동되고 있는가에 대한 정보가 정상적인 정보 채널, 시스템 2 그리고 책임성을 통해 시스템 3에 전달된다 할지라도 그 일부가 여과되어 시스템 3에 도달하지 않을 가능성도 있다. 이러한 문제를 해결하기 위해 시스템 3*이 설계되어야 한다.

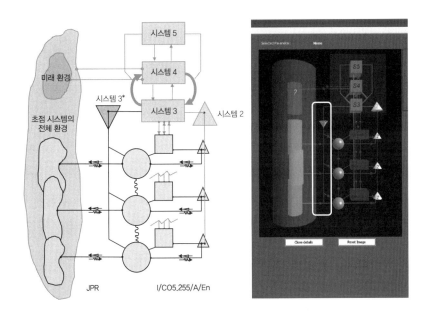

┃ 그림 1.31 **시스템 3***[Beer, 1985 수정, VSMod® 이미지(Pérez Ríos, 2008c)]

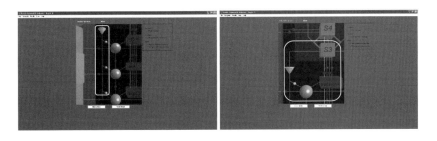

┃ 그림 1.32 **S3*와 기본적 운영 단위 사이의 상세한 관계, 그리고 S3와 S3*의 관계**(VSMod®)

존립가능 시스템 모델을 구성하는 다른 시스템들과 마찬가지로 이 시스템도 필수 구성요소이다. 여기에서 시스템 3*의 임무는 추가적인 정보를 가져옴으로 해서 수직적인 시스템 1 - 시스템 3 계통에 의하여 그리고 시스템 2를 경유하여 메타시스템에 전달되는 정보를 보완하는 것이다. 시스템 3*에 의해 제공되는 정보와 관련한 정성적인 차이점은 비록 이러한 정보가 기초적 운영 단위들 각각에서 수집된다 하더라도, 그것이 '일상적' 특성을 갖지 않으며 시스템 1 전체에 영향을 미친다는 것이다. 이 시스템은 시스템 1이나 시스템 2가 공급할 수 없는 정보를 제공한다.

시스템 3을 살펴보면서 세 개의 정보 시스템이 시스템 3으로 모아지는 것을 보았다. 첫째, 시스템 1 - 시스템 3 수직 명령축은 (1) 운영 단위들에 대한 조직의 정책 그리고 운영 지시와 관련하는 정보를 전송하고, (2) 극단적 위험에 대한 경고를 제공하는 앨지도닉 신호(algedonic signals)를 포함하는 조직의 내부 상황에 대한 정보를 수신한다. 둘째, 시스템 2에 의해 여과된 정보를 수신하는 시스템이다. 첫째와 둘째 유형의 정보는 대체적으로 사전에 수립된 운영 루틴의 범주에서 내부 환경의 항상성 통제와 관련한 측면을 다루는 정보들이다. 그러나 이러한 두 부류에 포함되지 않은 정보도 필요하다. 이러한 정보들은 시스템 3*에 의해 선택되어야 하며, 시스템 3에 도달하는 세 번째 부류의 정보가 되는 것이다. 후자는 단순히 정보를 전송하는 것에 한하지 않고, 정보를 처리해야 한다. 각각의 운영 단위는 시스템 1을 구성하는 단위들의 집합에 대한 시너지와 관련한 정보를 생성하는 감사 메커니즘(auditing mechanism)을 갖는다.

요약하면, 시스템 3*의 목적은 시스템 1과 시스템 3 사이의 정보를 완전하게 하는 것이다. 이러한 목적은 감사(예 : 품질 감사, 의견 조사, 회계절차 준수 등), 작업 연구(산업공학), 오퍼레이션스 리서치, 설문조사 그리고 특수한 연구 등으로 달성된다.

시스템 3의 발달 정도를 분석할 때 우리가 이미 언급했던 다양하게 이용가능한 감사절차들 이외에도 개인별 운영관리로 수행되는 검토사항들('순회관리', management by walking around) 또는 비공식적인 정보 수집 기술과 같은 실무 내용도 살펴봐야 한다.

시스템 3*는 다양성을 흡수하는 탁월한 능력을 갖는다. 운전자의 행동을 통제하는 시스템을 예로 든다면, 모바일 속도측정기의 존재가 운전자의 행동에 미칠 수 있는 영향에 대해 생각해볼 수 있다. 쇳가루를 종이 위에 일렬로 배열하는 자석에 대한 비유를 사용할 수도 있다. 쇳가루의 방향은 제각각 매우 다양하게 나타나지만 (자장의 방향에 따라) 오로지 한 방향만을 가리키게 된다. '이상적으로는' 서로 다른 유형의 운전자 행동에 따라 유사점이 발생하게 된다. 마찬가지로, 조직에서 감사가 산발적으로 일어나더라도 그러한 감사는 구성요소의 행동을 바람직한 유형으로 조절하는 데 기여할 것이다.

1.3.1.5 시스템 4

시스템 3의 주된 관심이 현재 조직이 그 기능을 잘 수행하고 있는가를 확인하는 것이라고 한다면, 시스템 4의 주된 임무는 조직의 미래와 (외부) 환경과 연결된다. 이 시스템은 조직 적응 구조의 필수 구성요소를 나타낸다(그림 1.33). 조직이 환경(예를 들어, 경제, 기술, 사회, 정치, 교육, 생태, 상거래 또는 법률 영역 등)에서 발생하는 변화에도 불구하고 자신의 목표를 달성하고, 조직의 정체성을 유지하기 위한 상태를 항상 유지하고 있음을 보장하기 위해서는, 이러한 변화를 식별해내고 조직이 존립가능한

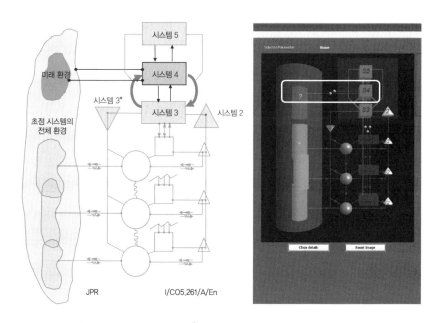

▌그림 1.33 **시스템 4**[Beer, 1985 수정, VSMod® 이미지(Pérez Ríos, 2008c)]

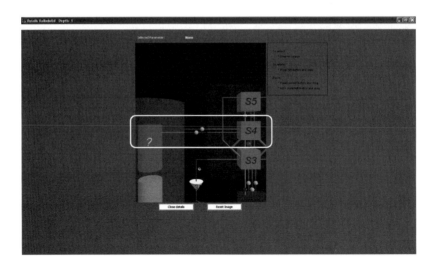

그림 1.34 S4와 현재 그리고 미래 환경의 자세한 관계(VSMod®)

상태를 유지하는 데 필요한 내부 변화를 적시에 수행할 수 있는 능력을 갖추고 있어야 한다. Schwaninger(2006, p. 183)가 주장하듯이, "효과적 시간 관리의 기본은 더 빠르게 행동하는 것이 아니라 보다 일찍 시작하는 것이다." 이러한 경계(vigilance)와 정보 전달이 함께 시스템 4의 주요 기능을 구성한다. 우리는 이 시스템이 수행하는 관리 유형이 **전략적 특성(strategic nature)**을 갖는 것으로 생각할 수 있다.

이를 위해서 조직은 관련 환경에서 현재 무슨 일이 일어나고 있으며, 가능한 미래 변화는 무엇인가를 추적하는 감시(경계) 시스템(monitoring/vigilance system)을 갖추고 있어야 한다(그림 1.34). 그리고 이러한 정보가 적절한 시간에 조직으로 전달되는 것은 중요한 일이다.

이러한 기능들의 수행을 위해서 시스템 4는 처리될 정보 유형에 따라 적절한 도구를 사용해야 한다. 따라서 미래와 관계된 측면을 평가하기 위해서는 예측 조사 도구(prospective study tools)(예 : 델파이 조사), 시나리오 분석, 민감도 분석 등을 이용할 수 있는데 이상적으로 시뮬레이션 모델을 구축할 수도 있다. 또한 이러한 목적을 위해서는 시스템 다이내믹스(Systems Dynamics)와 같은 방법론을 전적으로 추천하고 싶다(Schwaninger and Pérez Ríos, 2008a).

전체 시스템과 초점 시스템을 위한 모델의 구축은 시스템 4가 담당하는 또 다른 요

| 그림 1.35 **운영실의 가상 이미지. 말릭 매니지먼트 젠트룸 생갈렌의 협조에 의함. 공인된 재사용.**

소를 나타내는데, 여기에는 조직 자체의 이미지를 제공하는 것도 포함된다. 이 이미지(조직의 가시화와 인식)는 시스템 3과 공유되어야 하며, 우리가 나중에 살펴보게 될 (조직에 바람직한 이미지와 부합하는가를 보장해야 하는) 시스템 5에 의해서 확인되어야 한다.

시스템 4의 기능을 촉진하고 시스템 3과의 커뮤니케이션을 촉진하기 위한 방법으로는 소위 '운영실' 혹은 '전략과 운영 결정을 위한 환경'을 구축하는 것이 있다(그림 1.35). 이는 (기본적으로 주요 변수의 시간 경과에 따른 조직의 역사와 관계되는 데이터에 의해) 과거, (다양한 데이터베이스와 데이터 소스에 대한 접근으로 조직의 기능수행과 관련한 실시간 데이터를 이용하여) 현재, 그리고 (예측 조사를 통해, 특히 다양한 시각화된 시나리오와 관련한 대안적 의사결정의 서로 다른 가능한 효과를 측정하게 해주는 시뮬레이션 결과에 의해 제공된 정보를 통해) 미래를 고려하는 의사결정 환경으로 구성된다.

이러한 모든 정보는 다이내믹 스코어카드(dynamic scorecard)에 연결될 수 있다. 선택된 변수의 현재 결과치를 시각화하고, 이 데이터에 기초하여 대안적 의사결정의 결과를 탐색(시뮬레이션)할 수 있게 해주는 시뮬레이션 모델과 스코어카드가 연결된다는 점에서 Kaplan과 Norton의 스코어카드(1996)와 중요한 차이를 보인다. 이러한 시뮬레이션의 결과는 현재 값 대신에 시뮬레이션을 통해 얻어진 값을 보여주는 유사한 스코어카드에서 시각화될 수 있다.

이상적으로 볼 때 우리가 제안하는 의사결정 환경은 다음의 요소들로 구성되어야 한다.

1. 조직의 주요 변수에 대한 현재 결과들이 도표와 수치로 표시되는 하나의 공간. 서로 다른 색(녹색, 황색, 빨간색)을 사용하여 각 색깔별로 상이한 영역(만족 수준, 경계를 요구하는 부분, 또는 불만족 등)을 나타냄으로써 의사결정 과정을 촉진하게 될 것이다. 이 정보는 실시간으로 제공되어야 한다. 이 정보-경보 시스템은 뒤에서 설명하게 될 Beer의 앨지도닉 채널(Algedonic Channel)과 일부 대응된다.

2. 조직의 과거(중요 변수들의 궤적을 보여주는 도표)와 연관된 정보를 제공하는 공간

3. 시간의 경과에 따라 마주치게 될 대안적 결정 결과를 시험하기 위한 시뮬레이션 모델을 표시하는 공간. 이들의 결과는 조직 또는 초점 조직의 스코어카드와 비슷하게 표시될 것이다. 아주 다양한 시뮬레이션 도구들이 이 일에 이용될 수 있다(예 : Ithink, Vensim, Powersim 등).

4. 조직 또는 조직의 서브시스템 또는 단위들의 존립가능 시스템 모델을 시각적으로 제공하는 공간. VSMod® 소프트웨어(Pérez Ríos, 2003, 2006b, 2008c)는 이 목적을 포함한 다양한 목적으로 설계되었다. 이 소프트웨어는 희망하는 재귀 수준에서 조직의 상황과 조직의 존립가능성에 필수적인 기능들을 신속하게 진단할 수 있게 해줄 것이다.

5. 마지막으로 조직 안팎으로 관심이 있는 정보의 연결을 통하여 웹 접근은 물론 의사결정과 관련한 정적 또는 동적 이미지(기록들)를 보여주는 데 사용될 수 있

는 공간의 제공을 추천한다.

결론적으로, 시스템 4의 특정한 기능들, 무엇보다도 적절한 모델 구축과 서로 다른 상황과 의사결정의 전략적 그리고 운영적 파급효과 모두의 측정과 연관된 기능들을 완벽히 수행하기 위해서는 시스템 5의 승인과 인식은 물론 시스템 3의 참여가 필요하다.

전형적인 시스템 4의 기능들로는 연구 개발과 혁신, 시장 조사, 예측 연구, 금융 혁신, 프로젝트, 환경과 전략 기획과의 관계 등을 들 수 있다.

1.3.1.6 시스템 3 – 시스템 4 항상성

지금까지 시스템 3과 시스템 4의 특별한 기능에 대하여 살펴보았고, 이 시스템들의 관심은 매우 다양하다는 것이 확인되었다. 시스템 3의 주된 관심은 현재의 조직 기능수행을 보장하는 것이고('현시점'), 그에 반해 시스템 4의 관심은 미래에도 기능수행을 지속할 수 있도록 절차를 보장하는 것이다('외부와 미래'). 물론 이러한 절차가 이루어지기 위해서는 시스템 4에 의해 미래의 존립가능성을 확보하기 위해 요구될 수 있는 수정사항들을 시스템 3이 채택하고 운영 단위들(시스템 1) 안으로 통합하고 있는지를 시스템 4가 확인할 수 있어야 한다. 마찬가지로, 시스템 1 내에서 어떤 점들이 관련이 있는가 그리고 어떤 한계/제한이 존재하는가 등에 대하여 시스템 4에 정보를 제공하는 업무는 시스템 3이 관여하여 담당해야 하는 것이다. 따라서 시스템 3과 시스템 4 사이의 상호작용은 현재와 미래 조직 사이의 이러한 동적 연계(dynamic link-up)에 있어서 매우 중요하다(그림 1.36, 그림 1.37). 서로 다른 관심을 가지고 있다는 점에서 볼 때 이 두 기능(시스템 3과 시스템 4) 간의 커뮤니케이션은 일반적으로 어려우며 대립관계에 있다.

결과적으로, 두 시스템 사이의 커뮤니케이션을 촉진하기 위한 도구를 보유하는 것이 필수적이라 할 수 있다. 앞에서 이에 관하여 언급한 바와 같이 이를 위한 도구의 하나로 조직을 모델화하는 시스템 다이내믹스(System Dynamics)의 활용을 들 수 있는데, 현재와 가능한 미래 모두를 서로 다른 모델에서 시각화할 수 있게 해준다. 이처럼 토론은 이러한 모델에 의해 진행되고 도움을 받게 될 것이며, 토론 과정에 참여하

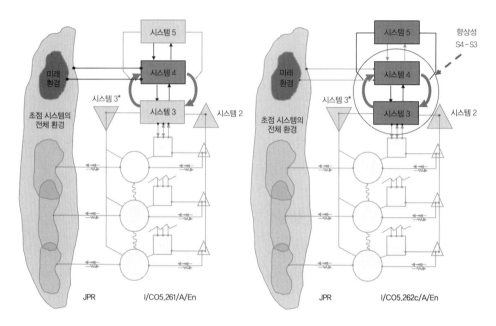

┃ 그림 1.36 시스템 4와 시스템 4-시스템 3 항상성[Beer, 1985 수정(Pérez Ríos, 2008a)]

┃ 그림 1.37 VSMod®의 시스템 4 이미지와 시스템 4-시스템 3 항상성 이미지(Pérez Ríos, 2008c)

는 서로 다른 사람들의 다소간 불명확한 심리 모델(mental model)에 의해 영향을 받지는 않을 것이다. Schwaninger 등(2004)과 Schwaninger와 Pérez Ríos(2008a)의 연구가 이에 대하여 보다 더 자세히 설명하고 있다. 존립가능 시스템 모델은 연구 중인 문제의 '범주(context)'를 모델화할 수 있게 해주는 반면에 시스템 다이내믹스 모델은 개입되는 변수들과 변수들 간의 관계 그리고 결과로 나타나는 행동 다이내믹스 등을 나타내주는 '내용(content)'을 모델화할 수 있게 해준다. 시뮬레이션은 문제에 대한 서로 다른 의사결정(개입)의 가능한 효과들을 평가할 수 있게 해준다.

앞에서 설명한 의사결정 환경(운영실)은 이러한 모델들과 다른 도구들의 통합을 가능하게 해준다.

시스템 3과 시스템 4 사이의 커뮤니케이션의 어려움과 관련해서는 '팀 신테그러티 (Team Syntegrity)[3]'라 불리는 Beer의 최근 혁신에 대하여 살펴보는 것이 중요하다. 이 도구는 커뮤니케이션을 촉진하고, 사람들로부터 가능한 한 많은 지식을 추출하기 위해, 그리고 대안적인 그룹 의사결정 기법들에 의해 불균형적으로 연구되고 있는 문제들에 대하여 일정 수준의 공통의 관심을 이끌어내기 위하여 특별히 설계되었다. 팀 신테그러티에 대한 보다 상세한 정보와 응용 분야에 대해서는 Beer의 *Beyond Dispute*(1994)와 Pérez Ríos(2000)의 연구를 참조하기 바란다. 또한 이 책의 제5장에서 팀 신테그러티의 주요 구성요소와 기본적인 응용 프로토콜에 대하여 살펴볼 것이다.

그러나 시스템 3과 시스템 4가 최선의 행동 방침에 일치한다고 하기에는 우리가 설명한 것이 불충분할 때가 있다. 이럴 때 시스템 5가 개입하게 된다.

1.3.1.7 시스템 5

이 시스템은 조직에서 최대 권한을 가지며, 시스템 3과 시스템 4 사이의 상호작용을 규제할 수 있는 기능을 갖는 유일한 시스템이다(그림 1.38). 시스템 5는 조직의 최종 결정권(권한)을 행사하는 시스템으로 시스템 3과 시스템 4가 흡수(해결)할 수 없는 모든 다양성(문제 영역)들을 흡수(해결)해야 한다(그림 1.39).

시스템 5의 기능은 조직에 영향을 미치는 조직 내·외부의 측면을 고려하면서 조직의 현재와 미래 사이의 균형을 잡는 역할을 한다. 그리고 이 시스템은 조직의 '정체성' 수립, 즉 조직이 어떠한 존재이며, 어떠한 존재가 되고 싶은지를 정의하고, 또한 어떠한 존재가 '되어서는 안 되며 또 되고 싶지 않은지'를 정의하는 책임을 담당한다 (Schwaninger, 2006, p. 151). 조직의 한계가 무엇인지를 명확하게 정의해야 할 때, 즉 환경을 구성하는 부분과 조직 사이의 경계를 확실히 정하고자 할 때 이러한 구분은 중요하다. 이 안에 함축된 의미는 모든 재귀 수준에서 조직 내에 확산되어 스며들어

---

3) Team Syntegrity®는 Team Syntegrity International Inc.(TSI)의 등록상표이며, Syntegration®은 Team Syntegrity International Inc.(TSI)이 등록한 제품 계열이다.

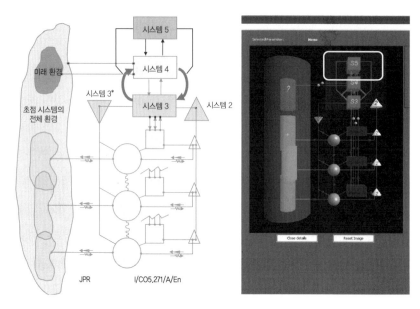

▌그림 1.38 시스템 5[Beer, 1985 수정, VSMod® 이미지(Pérez Ríos, 2008a)]

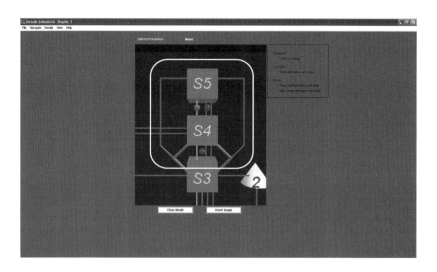

▌그림 1.39 시스템 5와 시스템 4 − 시스템 3의 항상성. VSMod® 이미지(Pérez Ríos, 2008c)

야 하는 행동 가치(values), 규범(norms) 그리고 규칙(rules) 등 다시 말해 조직의 '정신(ethos)'을 설정하는 것이다. 이러한 것이 조직 전체 집단의 응집력을 촉진하게 될 것이다.

시스템 5의 일반적인 임무는 조직의 비전(vision), 미션(mission) 그리고 전략적 목표(strategic goals)를 결정하는 일이다. (시스템 3의 도움으로) 시스템 4에 의해 실행되는 '전략 관리(Strategic Management)' 그리고 시스템 3에 고유한 '운영 관리(Operative Management)' 등과는 달리 이 시스템이 제공해야 하는 관리 유형은 '규범 관리(Normative Management)'이다.

조직의 안정성과 내부 균형 그리고 넓은 범주에서 조직이 운영되는 환경의 요구 사항에 대한 지속적인 적응 등을 감시하는 것과 더불어 시스템 5는 조직이 정체성을 유지하고 있는지를 확인하는 중요한 임무를 수행한다. 그러나 이러한 정체성의 개념은 조직의 단순한 생존을 뛰어넘는다는 의미에서 이해되어야 한다. 이러한 보다 넓은 의미에서의 정체성은 조직의 생존을 뛰어넘는 조직의 존립가능성을 의미한다(Schwaninger, 2006, p. 65). 조직의 구체화 방안 중의 하나를 의미하는 조직의 활동 부문 변경이나 아니면 완전히 다른 조직이 되어 기존의 조직이 사라지는 것과 같은 근본적 변화를 조직이 겪을 수 있다는 것을 의미한다. '구체화(materialization)' 또는 '실체화(instantiation)'(Arie de Geus, 1997, p. 5)의 의미와 함께, 100년, 200년, 그리고 심지어 300년 된 기업들(영국에서는 300년 넘게 운영되어 온 기업만을 '300년 클럽'의 회원으로 인정한다)의 존재는 (환경에서 발생하는 변화와는 독립적으로 존재할 수 있는 능력인) 존립가능성이라는 관점에서 우리가 언급하려는 점들에 대하여 많은 시사점을 제공해준다. '300년 클럽'에 소속된 기업들이 겪은 변화들을 이해하는 것은 놀라운 일이지만 어렵지는 않을 것이다.

마지막으로 시스템 5에 대한 설명을 마치기 전에 조직과 관계된 모든 사람들(이해관계자)을 시스템 5가 어떻게 해서든 고려해야 한다는 것을 강조하고자 한다. 현재 뿐만 아니라 미래의 이해관계자(미래 세대)들도 여기에 포함시키는 것이 중요하다. 사회적, 경제적인 면은 물론 생태 환경 측면에서 조직이 현재 그리고 미래에 미치게 될 영향들에 대한 고려는 이제 불가피한 것이다.

1.3.2 존립가능 시스템 모델의 재귀 특성

존립가능 시스템 모델의 가장 중요한 측면은 존립가능 시스템의 '재귀(recursive)' 특성이다. 모든 존립가능 시스템(조직)은 존립가능한 시스템(조직)을 포함하고 있으며, 이 시스템도 마찬가지로 존립가능한 시스템(조직)의 일부가 될 수도 있다. 규모, 부문, 특성, 지리적 영역, 활동 유형 등과 상관없이 어떠한 조직도 존립가능 시스템 모델이 요구하는 동일한 운영 원리를 항상 반영해야 하기 때문에 이러한 특성은 조직(어떠한 조직이든 상관없이)의 연구에서 존립가능 시스템 모델이 갖는 엄청난 잠재력을 보여준다.

　〈그림 1.41〉에서는 〈그림 1.40〉에서 표현된 조직의 다음 단계의 재귀 수준에 해당하는 상세내용을 보여주고 있다. 이 그림은 기초적 운영 단위(예 : 부서나 프로젝트 1, 2, 3)를 나타내는 타원과 직사각형 내부에서 초점 시스템의 일반적인 구조가 어떻게 실제 모형(90도 회전되어)으로 표현되고 있는가를 보여주고 있다. 존립가능 시스템의 재귀 개념이 특별히 가치를 갖는 측면은 시스템 계열상 그 시스템들이 어디에 위치하고 있더라도 이 시스템들은 모두 '존립가능성'을 결정하는 다섯 개의 시스템 또는 기

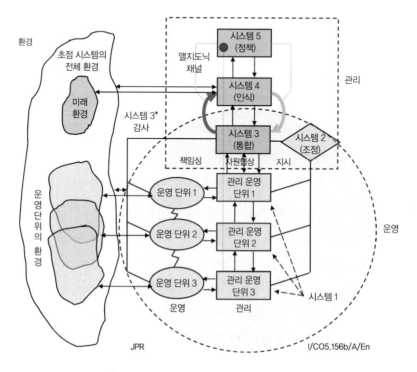

█ 그림 1.40 존립가능 시스템 모델[Beer, 1985 수정(Pérez Ríos, 2008a)]

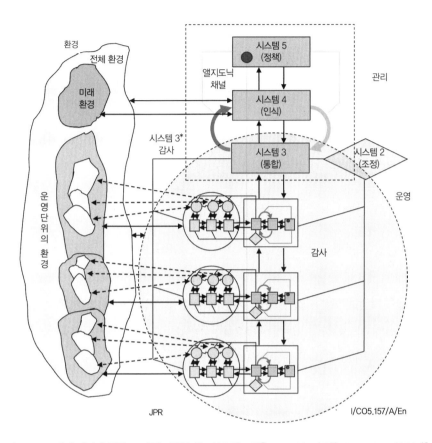

▌ 그림 1.41 두 번째 재귀 수준을 보여주는 존립가능 시스템 모델[Beer, 1985 수정(Pérez Ríos, 2008a)]

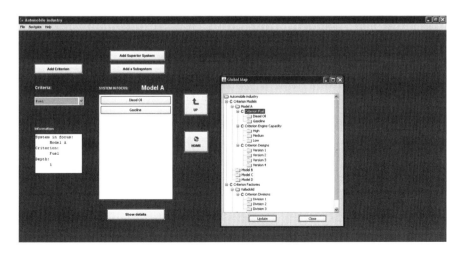

▌ 그림 1.42 완전한 재귀구조를 보여주는 글로벌 지도. 모델 A(연료 기준)가 초점 시스템으로 선택되어 있다.

능을 포함하고 있어야 한다는 것이다. 시스템이 존립가능하기 위해서는 이러한 다섯 개의 기능이 조직의 모든 수준에 재귀적으로 존재해야 하는 것이다. 즉 각 단위(시스템 1)는 구조적인 면에서 볼 때 이 단위를 포함하고 있는 전체 개체를 복제하고 있다는 것이다.

조직을 연구할 때 이러한 재귀 개념은 매우 중요한데, '모든' 시스템은 어느 수준에 위치하고 있더라도 시스템 1, 시스템 2, 시스템 3, 시스템 4, 그리고 시스템 5의 특정 기능을 보유하고 있어야 한다는 것을 의미하기 때문이다. 조직의 구조 설계는 환경의 다양성을 분할하고, 그것을 처리할 수 있는 서로 다른 재귀 수준의 운영 단위들을 설계하는 방식에 의해 결정될 것이다. 어느 정도의 규모와 복잡성을 갖는 조직으로서는 각 수준에서의 수준과 구성요소의 수가 매우 조밀하고 복잡해지는 존립가능 시스템 모델 연구가 될 것이다. 조직 사이버네틱스와 존립가능 시스템 모델의 전체적인 적용을 촉진시켜주는 특징을 구비한 VSMod® 전용 소프트웨어가 이러한 과업의 수행을 위해 개발되었다(Pérez Ríos, 2003, 2006b, 2008c).

〈그림 1.42〉는 자동차 산업 내에 있는 한 기업의 사례로, 우리는 그림의 오른쪽에서 예로 든 조직의 기준(criteria)과 재귀 수준의 전체적인 구조를 나타내주고 있는 VSMod® 화면을 볼 수 있다. 이 책의 제4장에서는 조직의 재귀구조를 어떻게 작성하는지와 VSMod®에 포함된 다양한 내비게이션 지도를 이 구조에 활용하는 방법에 대하여 자세히 설명하겠다.

1.3.3 정보 요구사항과 커뮤니케이션 채널

조직이 존립가능하기 위해 필요충분조건으로 존립가능 시스템 모델이 고려해야 하는 기능들과 이 모델의 재귀 특성에 대하여 살펴보았으므로, 하나의 전체로서 존립가능 시스템 모델에 영향을 미치는 또 다른 중요한 측면에 관하여 살펴보면서 존립가능 시스템 모델에 대한 설명을 마무리하고자 한다. 이는 커뮤니케이션의 채널과 정보 전송의 다양성인데, 이들은 이 모델에 관여하여 연구 중인 조직에 영향을 미치는 내·외부의 구성요소들과 관계되는 모든 기능과 시스템을 연결해준다. 이러한 존립가능 시스템 모델의 응용 측면은 조직이나 기업의 정보 시스템을 설계하는 데 있어서 기본이 된다. 조직의 서로 다른 기능(시스템)과 이것을 연결하기 위한 커뮤니케이션 채널에 대한 깊은 이해는 정보 시스템의 설계는 물론 기존 정보 시스템의 품질과 적정성을 진단하기 위한 종합적인 프레임워크를 제공한다(Pérez Ríos, 2008a).

다음 절에서는 우선 개인들 간 정보 전송 과정에서 역할을 담당하며, 조직의 정보 시스템을 설계하거나 평가하는 데 있어서 유념해야 하는 인지 필터(cognitive filter)에 대하여 살펴보겠다. 두 번째는 개인 또는 조직 단위 사이에서 커뮤니케이션 루프에 개입되는 기본 구성요소들에 대하여 살펴보고자 하는데, 이 구성요소들은 조직의 기존 채널들이 커뮤니케이션의 적절한 수행을 위한 요구사항을 잘 만족시키고 있는지를 평가하기 위한 가이드라인으로 활용될 수 있다. 마지막으로 존립가능성을 보장하기 위해 모든 조직에 존재하면서 적절하게 기능을 수행해야 하는 여섯 가지 일반적인 주요 채널에 대하여 살펴볼 것이다. 이 채널들의 주된 기능은 초점 조직이 직면하게 되는 모든 다양성(복잡성)을 흡수하는 것이다.

여기에서 '커뮤니케이션' 구성요소는 N. Wiener의 저서 *Cybernetics: or Control and Communication in the Animal and the Machine*(1948)과 특히 Beer의 조직 사이버네틱스 (Organizational Cybernetics)에 의해 개발되고 설명된 사이버네틱스의 필수적인 구성 부분이라는 것을 기억해야 한다.

사회 시스템에서의 기업 또는 조직의 경우에 사람들 사이에서 일반적으로 커뮤니케이션이 이루어지는데, 이들은 '결정'을 하고 이를 행동에 옮기기 위해 이러한 커뮤니케이션을 필요로 한다. 즉 개인들 사이의 커뮤니케이션 과정(정보의 전달과 수신)에 영향을 미치는 모든 요소가 고려되어야 함을 의미한다. 한 사람이 보낸 정보가 다른 사람에게 전달되어, 발신자가 바라는 대로 해석이 되었는가를 확인하는 것이 아무 문제 없이 저절로 이루어지는 것이 아니라는 것이다. 나중에 언급하겠지만, 이러한 어려움은 정보의 내용을 이해하고 그것을 처리한 다음 의사결정(행동을 하거나 또는 다른 의사결정자에게 전해야 할 추가적인 정보 생성)을 해야 하는 개인(의사결정자)에게 정보가 실제로 도달하는 데까지 거쳐야 하는 다양한 유형의 필터에서 발생한다고 할 수 있다. 지금부터 가장 중요한 필터들에 대하여 살펴보기로 한다.

1.3.3.1 인지 필터

Morecroft(1988)는 〈그림 1.43〉을 통하여 특정 정보 흐름이 의사결정자의 뇌리(의사결정 기능)에게 어떻게 도착하고, 결과적으로 이 기능에 의해 표현되는 행위자(개인, 그룹, 조직 단위)의 선택과 절차에 어떠한 영향을 미치는가를 보여주고 있다. 중심의 원은 의사결정자에 접근해 가는 정보를 선택하고 제한하는 조직과 인지 필터를 보여준다.

첫 번째 필터는 Simon(1976, 1981)에 의해 정형화된 개인의 인지 한계(individual's cognitive restraints)와 '제한된 합리성(bounded rationality)'을 나타낸다. 사람들은 제한된 양의 정보만 처리할 수 있다. 결과적으로 이들은 몇 개의 정보 원천을 토대로 그리고 단순한 규칙(주먹구구식 결정)에 따라 의사결정을 하게 된다. 두 번째는 운영 목표 그리고 보상 및 인센티브 시스템이 정보의 흐름에 미치는 영향을 보여준다. 기업에서의 결정과 행동은 설정된 목표와 그에 따른 보상에 의해 좌우된다. 따라서 양자가 미치는 영향에 대하여 확인해야 한다는 것이다. 세 번째는 정보, 측정 그리고 커뮤니케이션 시스템의 효과를 나타낸다. 네 번째는 조직과 지리적 구조가 어떻게 이러한 흐름에 영향을 미치는가를 보여준다. 마지막으로 다섯 번째 필터는 정보의 흐름에 대한

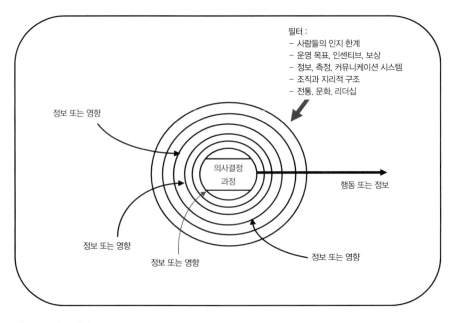

그림 1.43 정보 필터

전통, 문화 그리고 리더십 등의 요인이 미치는 영향으로 이루어진다.

이러한 필터들은 분석가들에게 조직 시스템의 보다 완전한 설명을 하게 하는 데 있어서 두 가지 이유에서 유용하다. 의사결정자들이 실제로 사용하는 정보의 원천에 주목할 것과, 정보가 관련되는 곳에서 결점, 편견 그리고 실수 등이 일상적으로 발생할 수 있음을 고려해야 할 것을 요구한다는 점이다.

〈그림 1.44〉는 정보로 연결되는 의사결정자의 네트워크로서 조직을 시각적으로 보여주는 의사결정자 사이의 연결에 대한 예를 보여주고 있다. 정보가 의사결정자에 의해 일단 처리되고 나면 이 정보는 행동으로 옮겨지거나 아니면 다른 의사결정자에 의해 처리될 수 있는 또 다른 정보로 전환되어야 한다.

개인들 사이의 정보 전송에 개입되는 어려움, 그리고 조직은 정보에 의해 연결되는 사람(의사결정자)들의 집단이라는 점을 살펴보았으니, 지금부터는 존립가능 시스템 모델의 구조 내에서 다양한 기능을 연결하는 커뮤니케이션 채널의 설계와 진단에 대하여 살펴보기로 한다. 사실상 이러한 채널들은 정보를 전송하는 사람과 정보를 수신하기로 되어 있는 사람들(수신자)을 연결해준다.

정보(information)는 조직의 존립가능성을 위해 필요충분한 모든 기능을 수행할 수 있게 해주는 공통 요소이다. 혈액이 다양한 장기들의 기능수행을 돕기 위해 다양한 영양분과 산소를 전달해준다는 점에서 정보는 어떤 의미에서는 인체 내의 혈액과 같다고 할 수 있다.

1.3.3.2 정보 필요

존립가능 시스템 모델을 간략히 보여주고 있는 〈그림 1.11〉에서 주요 기능들(시스템 1, 2, 3, 3*, 4, 5) 그리고 서로 다른 환경들은 물론 이러한 구성요소들을 연결해주는 여러 커뮤니케이션 채널들을 살펴볼 수 있었다. 각 기능은 특정한 종류의 정보(원천, 내용, 빈도 등)를 필요로 한다. 이제 존립가능 시스템 모델을 구성하는 각각의 시스템 또는 기능과 관련된 유형의 정보에 대하여 살펴보기로 한다.

시스템 1에서 요구되는 정보는 시스템의 생산 단위(기초적 운영 단위)의 기능수행과 관계된다. 이 정보는 내부(생산과정 그 자체)와 외부(특정 환경, 예를 들어 시장)

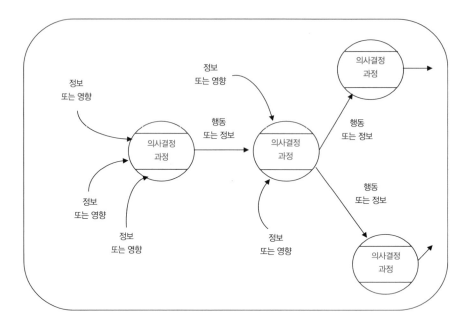

▌그림 1.44 **조직 내에 연결된 의사결정자 네트워크**

정보가 될 것이다.

시스템 2와 관련하여 필요한 정보는 운영 단위들의 기능수행과 이들 간의 현재 또는 미래의 잠재적인 갈등 등과 관계된다.

시스템 3은 다양한 원천으로부터 정보를 받아야 한다. 우선, 시스템 1로부터의 정보는 운영, 목표 달성, 추가적 자원의 필요성 등과 관계된다. 시스템 4로부터의 정보는 수행되어야 할 지시 또는 지침과 관련한 정보는 물론 기업(또는 조직)의 존립가능성을 유지하기 위한 시스템 1에서의 변화에 대한 필요성과 관련된다. 시스템 3*는 시스템 1에서 발생된 다양한 감사에 관한 정보를 제공할 것이다.

시스템 4도 다양한 원천으로부터의 정보를 필요로 한다. 한편으로는 조직의 일반 환경(현재와 미래)으로부터 정보가 오게 될 것이다. 환경(기술, 상거래, 정치, 사회, 인구통계학, 생태적, 기타)에 영향을 미칠 수 있는 측면과 관련하여 지금 발생하고 있는 (또는 미래에 발생할 수도 있는) 것들에 관한 정보를 상시적으로 제공받아야 한다. 시스템 5로부터는 하나의 전체로서의 조직을 위한 일반적인 운영 지침에 관한 정보는 물론 달성해야 할 대상과 목표에 관한 정보를 받게 될 것이다. 시스템 3은 조직 내의 현재 사건과 관련한 정보를 그리고 시스템 4에 의해 제안된 변화를 시스템 1이 흡수할 수 있는 가능성에 관한 정보를 제공할 것이다. 이 시스템은 과거, 현재 그리고 무엇보다도 미래에 관한 정보를 처리하고 그것을 시스템 3을 사용하여 시스템 1을 통해 행동으로 전환해야 하기 때문에 시스템 4에서의 정보처리 요구사항은 매우 엄청나다.

연구 중인 조직의 정체성을 정의하는 것이 주 임무인 시스템 5는 조직이 실질적으로 조직의 목표를 수행하고 있는지 그리고 이 목표를 수정할 필요가 있는지를 평가할 수 있는 정보를 가지고 있어야 한다. 이 경우에 있어서 이 시스템은 모든 관계자들(이해관계자, 근로자, 고객, 공급자, 그리고 조직과 어떠한 형태로든 관계를 맺고 있거나 맺을 수 있는 환경 내의 개인 또는 그룹 등)로부터 필요 정보를 제공할 커뮤니케이션 채널을 필요로 한다. 그리고 조직이 어떻게 운영되고 있는지에 대한 정보는 물론 시스템 4와 시스템 3이 공동으로 제안하고 있는 방향성과 관련한 정보의 제공도 필요로 할 것이다. 마지막으로 조직의 생존에 중요한 정보도 제공받아야 한다. 이러한 종류의 정보는 앨지도닉(algedonic)이라 불리는 특수한 채널을 통해 전송된다. 이들이 전송하는 정보의 원천(비상경계경보)은 시스템 1에 있지만 그 정보를 발생시킨 문제가 이전(시스템 3과 시스템 4)에 해결되지 않는다면 이 정보는 시스템 5에 전달될 수 있다.

조직의 존립가능성을 위해 필요충분한 것으로 존립가능 시스템 모델이 설정하고 있는 기능과, 기능수행을 위해 각 기능이 필요로 하는 정보에 대하여 살펴보았으며, 또한 이 모델의 재귀 특성에 대하여도 살펴보았다. 지금부터는 하나의 기능(개인/의사결정자)에서 다른 기능으로 정보를 전송시키는 커뮤니케이션 채널에 대하여 살펴보면서 이 절을 마무리하고자 한다.

1.3.3.3 커뮤니케이션 채널

존립가능 시스템 모델을 구성하는 주요 커뮤니케이션 채널과 다양성(복잡성)의 흡수에 대하여 살펴보기 전에, 일반적인 정보 전송 채널(information transmission channel)이 갖추어야 하는 구성요소들에 대하여 먼저 살펴보기로 한다.

이미 앞에서 살펴본 바와 같이 존립가능 시스템 모델에서의 커뮤니케이션 채널은 존립가능 시스템 모델에서 설정된 다양한 기능과 환경(들)을 갖는 조직을 연결하는 구성요소이다. 존립가능 시스템 모델의 구조 안에서 이러한 채널들은 이들이 연결하는 두 가지 요소(예를 들어, 기업과 시장, 조직과 고객, 정치인과 유권자, 노동조합과 현재 그리고 미래의 회원 등) 사이의 상호작용에 지속적인 균형을 제공하는 것이 그 목적이다. 예를 들어, 시장에서 조직으로 그리고 다시 조직에서 시장으로 (또는 유권자에게서 정치가로 그리고 반대 방향으로) 전달되는 것과 같이, 오가는 정보(양과 내용 그리고 형식 등의 면에서)가 이 둘 사이의 역동적이고 조화로운 관계에 적절할 때, 즉 이들 사이의 상호관계가 원하는 바대로 기능을 수행할 때 이러한 균형(항상성)이 얻어지는 것이다.

이러한 연결에는(예를 들어, 환경-조직) 여덟 개의 요소가 있다. (1) 발신자(sender) A, (2) '변환기(transducer)'(수신자가 이해할 수 있도록 발신자로부터의 정보를 전환시켜준다), (3) 커뮤니케이션 채널(단위 시간당 일정량의 정보를 전송할 수 있는 능력, 즉 대역폭을 갖는다), (4) 수신자(receiver) B가 이해할 수 있도록 정보를 해독해서 적합한 형태로 전환하는 또 다른 '변환기'가 있다. 그리고 이제 그 역할(발신자-수신자)을 바꿔 역방향(수신자-발신자)으로 우리는 다시 동일한 네 개의 요소를 더 발견할 수 있다.

따라서 먼저 어떤 정보를 수신자 B에게 전달하고 싶어 하는 발신자 A를 첫 번째 요소로 고려하기로 한다. 발신자는 자신의 목적을 위해 정보를 담고 있는 해당 메시지 M1을 전송한다. 이 메시지를 전송하기 위해서 먼저 이 메시지를 부호화해야 한다. 이 일은 변환기 T1(한 형태에서 다른 형태로 변환-전환하는 특별한 사례로 두 언어 사이의 번역을 들 수 있다)에 의해 수행된다. 이어서 변환된 메시지 M2는 채널(채널 1)을 통해 전송되어 메시지의 목적지(수신자 B)로 전달된다. 이렇게 도착한 메시지가 M3이고, 이 메시지는 전송되는 동안에 이 메시지에 추가된 왜곡이나 소음 등으로 인해 M2와 달라질 수 있다. 그 뒤를 이어 수신자 B가 전달된 메시지를 해독하기 직전에 M3는 복호화되어 수신자 B가 이해할 수 있는 형태로 적절히 전환되어야 한다. 이 일 또한 변환기 T2에 의해 이루어지며, 그 결과로 궁극적으로 수신자 B에게 전달되는 메시지는 M4가 된다.

분명 커뮤니케이션 과정의 목적은 발신자 A가 전송한 모든 정보를 수신자 B가 이해할 수 있는 형태로 전달하도록 보장하는 것이다. 다시 말해, 그 아이디어는 M1 =

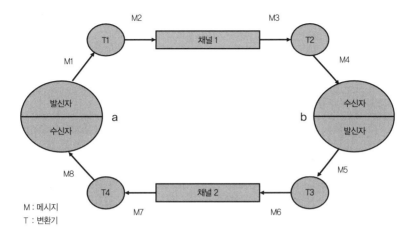

▌그림 1.45 **커뮤니케이션 채널의 요소**

M2 = M3 = M4가 되게 하는 것이다.

지금까지 설명한 일방향(A → B) 경로 이외에도, 좋은 커뮤니케이션은 수신자 B가 수신하고 이해한 정보가 실제로 발신자 A가 의도한 정보와 대응되는지를 수신자 B가 확인할 것을 요구한다. 이러한 확인을 위해서는 이제 수신자 B가 발신자가 되고, 발신 자 A가 수신자의 역할로 바뀌는 대응 경로(B → A)에 의해 커뮤니케이션 루프가 연결 되어야 한다. 이러한 대응 경로의 목적은 M5 = M4 = M6 = M7 = M8인가를 확인하 는 것이다. 이 경로상에서 메시지의 무결성(integrity)을 입증하기 위해 메시지가 전달 되어 온 경로에서 사용된 것과 유사한 요소들(변환기 T3, 채널 2, 그리고 변환기 T4) 을 거쳐 다시 전달되어 마침내 M8이 원래의 전달자에게 전달되어야 한다.

정보가 전달되어 발신자의 의도대로 해석이 되었는지를 확인시켜주는 이러한 반환 경로가 간혹 존재하지 않을 경우 다양한 유형의 조직에서 많은 문제가 발생하는 이유 가 된다. 정보 전송과 관계되는 이러한 어려움들은 인지 필터와 관련한 이전의 고려 사항들에 추가되어야 한다. 즉 커뮤니케이션 채널을 설계하고 그 기능수행을 감독할 때에 이러한 점들이 반드시 고려되어야 한다는 것이다.

지금부터 존립가능 시스템 모델에 내재하는 항상성 연결(homeostatic connections) 에 대하여 살펴본다면, VSMod® 소프트웨어로 작성된(Pérez Ríos, 2003, 2006b, 2008c, 2008e) 〈그림 1.46〉에서 우리는 항상성(Homeostat)을 구성하고 있는 요소들의 집합을 볼 수 있을 것이다. 여기에서 커뮤니케이션 채널의 일반적인 여덟 가지 구성요소도 살펴볼 수 있다. 항상성 루프(homeostatic loops)가 의도하는 바는 두 개의 연결된 부분 또는 요소(예를 들어, 환경과 운영, 운영과 관리 등) 사이의 다양성을 균형 잡아주는 것이다.

우리가 발신자 A와 수신자 B를 연계하는 연결부에서 발신자 A에서 수신자 B로 정보를 전송하고 싶다고 가정하면(예를 들어, 조직-환경의 관계성) 앞에서 언급한 여덟 가지 요소들이 역할을 수행하게 된다. 발신자 A, '변환기'(발신자를 떠난 정보를 수신자가 이해할 수 있도록 변환시킨다), 커뮤니케이션 채널(단위 시간당 일정량의 정보를 전송할 수 있는 능력, 즉 대역폭을 가져야 한다), 그리고 다시 정보를 복호화하고, 적절한 형식으로 변환하여 수신자 B가 이해할 수 있도록 전환해주는 '변환기' 등이 있다. 반면에 반대 방향으로(수신자-발신자) 역할이 바뀌게 되면(발신자-수신자), 동일한 네 개의 요소가 적용될 것이다.

이러한 요소들 각각은 그 기능을 발휘할 수 있도록 설계되어야 하는데, 변환기의 경우에 있어서는 한 형식에서 다른 형식으로 요구되는 시간 단위당 정보의 양을 전환할 수 있어야 하며, 커뮤니케이션 채널의 경우에는 아무런 변경 없이 이 정보를 전송할 수 있어야 한다.

〈그림 1.46〉에서는 여덟 개의 구성요소 각각에 대하여 하나의 요소만을 언급하였지만 이 요소의 수는 증가할 수 있다. 예를 들어, 만일 우리가 하나가 아닌 여러 개의 커뮤니케이션 채널을 이용하는 경우 이러한 일이 발생할 수 있다. 이러한 점이 VSMod® 소프트웨어(그림 1.47)가 커뮤니케이션 채널에 있는 각 요소에 요구되는 많은 구성요소들을 추가할 수 있고, 그리고 각각의 요소에 필요한 만큼 많은 정보 단위를 추가할 수 있게 한 이유이다.

커뮤니케이션 채널과 관련하여 고려해야 할 마지막 측면은 정보의 '소음(noise)'과 왜곡(distortion)에 관련된 것이다. 정보의 전송을 방해하는 이러한 요인들을 회피하기 위한 하나의 방법은 각 구성요소에 이러한 발생을 보상할 수 있게 하는 초과 용량을 할당하는 것이고, 또 다른 방법은 정보를 전송할 때 일정 수준의 중복성(예를 들어, 동일한 정보를 전송하는 데 서로 다른 채널을 사용하는 것)을 이용하는 것이다.

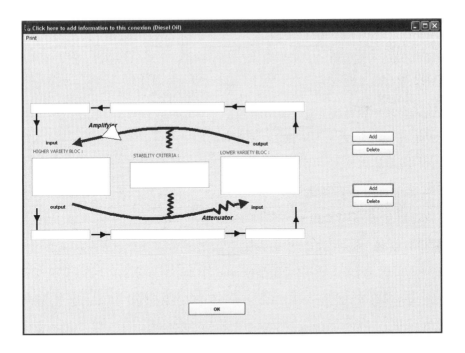

그림 1.46 **항상성**(Pérez Ríos, 2008c)

한편으로 존립가능 조직에 요구되는 다양한 커뮤니케이션 채널을 알아내는 것과,
또 다른 한편으로 시스템의 두 요소 또는 기능 사이의 커뮤니케이션 관계성을 이루고
있는 여덟 개의 구성요소 각각을 식별하는 것은 조직에서 실행되어야 할 정보 시스템
의 설계에 필수적이다. 이러한 다양한 시스템(예 : 거래처리 시스템-TPS, 경영정보
시스템-MIS, 의사결정지원 시스템-DSS, 최고경영자 시스템-EIS 등)은 기업과 조직
에 존재하는 서로 다른 '계층'(논리적, 계층적 또는 조직적 등)에 적합한 특수 정보 시
스템의 구축에 대한 필요성을 이미 보여주고 있는 것이다.

이 문제와 관련하여 존립가능 시스템 모델은 정보 시스템이 특정한 재귀 수준에 위
치하거나 또는 지원하고자 하는 (존립가능 시스템 모델에서 정의되고 있는 의미에서)
시스템/기능에 존재하더라도 모든 정보 시스템에 적용할 수 있는 개념적 프레임워크
를 제공하고 있다. 그러나 하나의 전체로서의 조직에서 수행하는 역할과 이미 존재하
거나 존재할 수 있는 정보 시스템과의 관계를 잊어서는 안 될 것이다. 존립가능 시스
템 모델은 조직 계층은 무엇이며, 각 조직 계층에서 어떠한 기능들이 지원되어야 하는

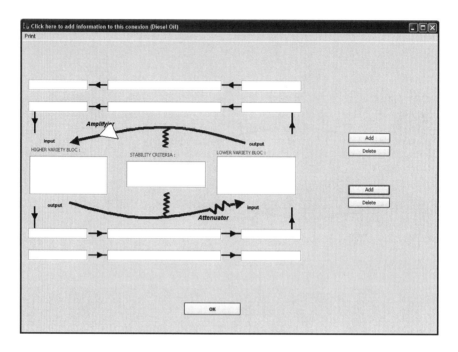

| 그림 1.47 **복수 요소를 포함하는 항상성**(Pérez Ríos, 2008c)

가, 그리고 이러한 기능들과 목적 사이의 관계성 등에 대한 깊은 지식에 기초하고 있는 정보 시스템의 설계를 위한 개념적 지침을 제공하고 있다. 이러한 점에서 존립가능 시스템 모델은 IT 전문가들, 특히 무엇보다도 정보 시스템의 설계 또는 관리를 다루는 이들에게 아주 좋은 개념적 기초를 제공하고 있다고 생각한다.

이러한 조직의 시스템 정보 요구사항에 대한 연구를 마무리하면서, 조직과 관련하여 언급했던 모든 내용이 전체 기업(또는 조직)을 함께 구성하는 (다양한 재귀 수준에 있는) 각각의 그리고 모든 조직 단위에도 적용될 수 있다는 점을 덧붙이고자 한다. 이렇게 하여 다양한 정보 요소들 사이의 연결과 서로 다른 기존의 재귀 수준에 있는 기능들 사이의 연결이 보장되는 것이다. 〈그림 1.48〉은 초점 시스템에 해당하는 특정 커뮤니케이션 채널을 보여주고 있는데, 예로서 두 개의 재귀 수준과 관계되는 시스템 4와 시스템 5 사이의 필수적인 연결을 보여주고 있다. 당연히 요구되는 연결의 양은 각각의 경우에 따라 달라질 것이다.

이러한 점과 관련하여, 사법(과 교도소), 위생, 환경, 기업(예 : 부동산, 금융 부문

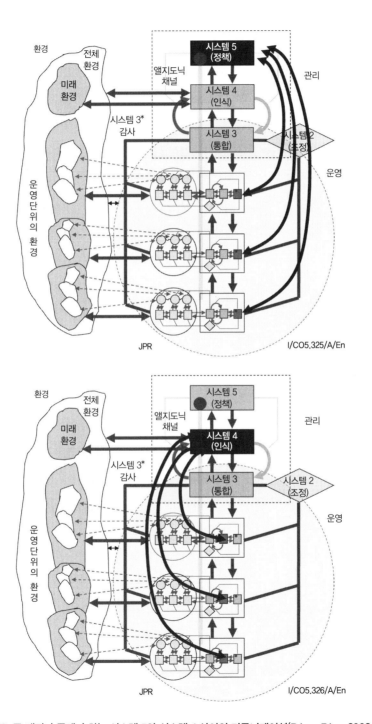

그림 1.48 두 재귀 수준에 속하는 시스템 5와 시스템 4 사이의 커뮤니케이션(Pérez Ríos, 2008e)

등) 등과 같은 시스템에서 나타나는 많은 문제들이 앞에서 설명한 많은 필수 요구사항들을 준수하지 못함으로 인해 발생하고 있다는 점을 지적하는 것도 흥미롭다. 어떤 경우는 결점들이 구조(존재하지 않거나 또는 잘못 표출된 기능들)에서 발견되기도 하고, 반면에 또 다른 경우에는 통합 정보 시스템이 존재하지 않기도 하며, 또는 기능을 연결하는 커뮤니케이션 채널의 수가 부족하거나 아니면 이러한 채널이 존재하더라도 모든 커뮤니케이션 채널에 존재해야 하는 기본 요소 가운데 일부를 갖추고 있지 못한 경우 등을 들 수 있다. 또 다른 경우는 해당 시스템에서 시간 변수의 결합을 허용하는 도구를 사용하지 않는 경우이다. 하나의 예로 의료 시스템을 든다면 시간의 경과에 따른 인구(연령별)의 의료 요구와 의료진(수련의사, 현역의사, 은퇴의사, 그리고 다른 지역으로 이동하는 의사 그리고 각각의 의료 전공에서의 이러한 모든 이슈들, 기타)의 이용가능성 사이의 지속적인 균형을 얻기 위하여, 의료진을 위한 직원 설계에 시간 변수를 포함할 때의 효과와 그로 인해 발생하는 역동적 복잡성을 고려해보자. 유사한 문제를 가지고 있는 시스템의 예는 무수히 많다. 이러한 시스템들의 부적절하고 때로는 매우 불만족스러운 작업방식은 명백하고 잘 알려져 있다.

이러한 시스템의 역동적 복잡성과 관련한 좋은 소식은 오늘날 이를 해결할 수 있게 해주는 기술들이 존재한다는 것이다. 조직 사이버네틱스, 존립가능 시스템 모델 그리고 시스템 다이내믹스 등과 같은 방법론적 도구들은 이러한 방법론들의 적용을 도와주는 소프트웨어(Vensim®, Ithink®, VSMod®, 기타)들에 대한 접근성과 함께 (완전히 사이버네틱 의미에서) 적절한 방식으로 어떠한 복잡 시스템(complex systems)도 관리할 수 있도록 도와주는 (이 책에서 다루고 있는) 시스템 개념과 도구의 적용을 가능하게 해준다.

1.3.3.4 다양성(복잡성)을 흡수하기 위한 수직 채널

일반적인 커뮤니케이션 채널을 구성하는 기본 구성요소(발신자-수신자-변환기-채널-내용)에 대하여 분석하였으므로 이 마지막 절에서는 존립가능 조직의 설계/진단에서 다루어야 하는 커뮤니케이션 채널에 대하여 살펴보기로 한다. 여기에서는 여섯 가지 기본적인 채널에 집중하도록 하겠다. 물론 두 요소 사이를 연결해주는 모든 요소는 사실상 커뮤니케이션 채널이기 때문에 존립가능 시스템 모델에 있는 기능을 연결하는 채널의 수는 매우 많다고 할 수 있다. 따라서 우리는 여섯 가지 핵심적인 '수직' 채널에 대하여 살펴볼 것인데, 이들의 기능은 초점 시스템이 직면하고 있는 모든 다양성(복잡성)을 공동으로 흡수하는 것이다(Beer, 1985).

이러한 채널들은 다음과 같다(그림 1.49).

- 채널 1(C1). 각 기초적 운영 단위의 환경 간의 다양성을 연결하고 흡수하는 채널
- 채널 2(C2). 다양한 기초적 운영(시스템 1을 구성하는 운영 단위)을 연결하는 채널
- 채널 3(C3). 기업 개입 채널(시스템 3 – 시스템 1)
- 채널 4(C4). 자원 협상 채널(시스템 3 – 시스템 1)
- 채널 5(C5). 동요방지 채널(조정)(시스템 2)
- 채널 6(C6). 감시 채널(감사자)

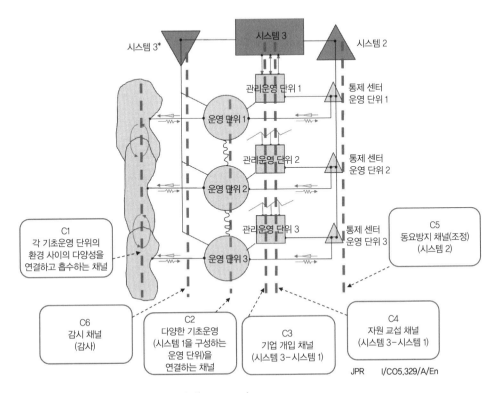

그림 1.49 다양성을 흡수하는 수직 채널(Beer, 1985)

특별히 고려해야 할 또 다른 채널이 앨지도닉 채널이다.

여섯 개의 채널 그룹(C1, C2, C3, C4, C5, C6) 중에서 C1과 C2는 모든 조직에서 항상 발견된다. 즉 그것들은 단순히 존재한다. 각각의 기본 운영 단위의 특정 환경 사이의 관계들(C1)은 경우에 따라 강도가 다를 수는 있지만 그 관계는 결정되어 있다. 반드시 그런 건 아니지만 아마 우리의 개입 가능성이 존재하지 않는 그러한 관계들이다. 그러나 그럼에도 불구하고 환경 내에서 어느 다양성 부분이 이들의 연결 결과로서 흡수되는가를 평가함으로써 우리는 이들의 존재와 이들이 어떻게 기능을 수행하는지 파악하고 있어야 한다.

채널 2(C2)와 관련해서도 비슷하다. 운영 단위 사이의 관계들은 어떤 경우에는 생산 과정 그 자체에 의해 그리고 다른 경우에는 단위들이 속하는 시스템의 구조로부터 도출되는 단위들 사이의 관계(예를 들어, 한 나라의 자율적 지역사회 사이에서, 한 지역사회의 대학 사이에서 또는 자동차 회사의 사업부서 사이에서 등)에 의해 결정된다. 이러한 관계에 개입할 수 있는 가능성은 제한적이거나 또는 여지가 없을 수 있다. 그렇지만 그것들이 존재하고 있음을 알아야 하며 커뮤니케이션 채널을 통해 이들 각각의 관계에서 흡수되는 다양성을 평가할 필요가 있다.

C3와 C4의 경우, 이 채널들은 이 채널들의 설계에 개입을 허용하는데, 그 이유는 이 채널들은 기업 관리(시스템 3)가 과업을 수행하고 관리 유형을 정의하는 데 사용하는 수단의 일부를 형성하기 때문이다. 시스템 3의 명령 채널을 통한 개입이라는 측면에서 C3는 활동해야 할 특정 방식을 설정함으로써 시스템 1에 허용된 다양성을 흡수하게 된다. '자원의 협상'을 담당하는 채널 4도 설계될 수 있으며, 협상 수행을 위한 수단을 설정할 수도 있다(대상의 설정, 자원의 할당 또는 책임성).

채널 5(동요방지, Anti-oscillatory)도 마찬가지로 특정 조직을 위해 우리가 설계해야만 하는 채널이다. 시스템 1에서의 다양한 기초적 운영 단위의 상호작용 동안에 일어나는 잠재적인 갈등에서 발생하는 다양성/복잡성을 흡수하는 능력은 이미 고려되어 왔다.

마지막으로 논의할 채널은 채널 6(감사 채널, Auditing Channel)이다. 이 채널의 목적은 초점 시스템의 수평차원에서 다루어져야만 하는 모든 다양성, 다시 말해 운영 단위가 처리할 수 있어야 하는 모든 복잡성(특정 환경에 유관한 복잡성)에 대해 여섯 가지 수직 채널이 흡수해야 하는 다양성의 균형을 이루는 평형상태를 완성하는 것이다. 채널 6에 의해 흡수되어야 할 다양성은 다른 다섯 개의 채널이 흡수할 수 없는 모든 것이다. 이렇게 하여 수직과 수평 복잡성 사이의 균일한 균형이 확보되는 것이다.

이 질문은 우리가 높은 단계의 재귀 수준에 위치한다면 더 잘 이해할 수 있다. 다섯 개의 시스템 대신에 대응되는 환경과 일반 환경을 모두 다 가지고 있는 구성되는 기초적 운영 단위인 시스템 1 내에서 우리는 하나의 환경, 운영 그리고 관리를 쉽게 접하게 된다. 우리가 알고 있듯이 다양성은 이들 세 가지 구성요소에서 동등해야 한다. 따라서 운영에서의 다양성은 관리에서의 다양성과 같아야 한다(Ashby의 법칙). 그러나 우리가 다음 단계의 재귀 수준으로 내려가게 되면 이 수평 관계성은 앞에서 언급했던 수직 관계성이 될 것이다.

이러한 특성은 Beer가 언급한 '제1의 경영 공리(First Axiom of Management)'로 설명되고 있다. 이 공리는 "n개의 운영 요소들에 의해 처리되는 수평적 다양성의 합은 기업 응집력의 여섯 가지 수직 구성요소상에서 처리되는 수직적 다양성의 합과 같다."는 것이다(부록 II 참조).

1.3.3.5 앨지도닉 채널

지금까지 살펴본 수직 채널 이외에도 특별히 고려해야 할 추가적인 채널로서 **앨지도닉 채널(algedonic channel)**이 있다. 'algos(고통)'와 'hedos(기쁨)'라는 단어[4]에서 이름 붙여진 이 채널은 사실상 지금까지 언급된 모든 수직 채널들과 평행하게 실행되는 정보 시스템을 말하는데, 이 채널의 목적은 조직을 심각한 위험상태에 빠뜨릴 수 있게 하는 사건 또는 상황과 관련한 경보 신호(alert signals)를 전송하는 것이다.

이 채널은 조직의 진단과 설계를 다루고 있는 특징들을 가지고 있는데, 이에 대하여는 제2장에서 좀 더 자세히 분석할 것이다. 여기서는 단순히 이 채널이 존재해야 하는 필요성에 대하여 언급할 것이며, 또한 최초의 신호(시스템 1)로부터, 시

---

4) 역자주 : 고대 그리스어 ἄλγος(algos, 'pain') + ἡδονή('pleasure')에서 유래함. (http://www.wordsense. eu/algedonic/).

스템 3 그리고 필요하다면 환경으로부터의 경계 신호(warning signal)를 받아들일 수 있는 시스템 4를 거쳐, 결국 최종적으로 주의를 끄는 목적을 갖는 시스템 5에 도착할 때까지의 존립가능 시스템 모델의 수직 구조 전체를 아우르고, 이 채널을 요구하는 상황에서 조치를 강구하기 위해 갖추고 있어야 할 능력 등에 대하여 살펴볼 것이다(그림 1.50과 그림 1.51).

이 채널은 모든 유형의 신호들이 상황의 심각성과 상관없이 모두 다 나타나는 것을 방지하기 위해 자체에 필터를 보유하고 있어야 하는 채널이다. 이 필터들은 조직의 생존에 중요한 것으로 여겨지는 신호들의 전송만을 허용한다. 실무에서는 허용가능 범위를 초과할 때 나타나는 주요 변수들의 값을 탐지하기 위한 통계적 필터링 기술(statistical filtering techniques)이 이용될 수 있다.

〈그림 1.51〉은 왼쪽에 시스템 1에서 시작해서 시스템 3과 시스템 4를 거쳐 시스템 5에 도달하는 앨지도닉 채널을 보여주고 있다. 그림의 오른쪽 부분은 문제의 조직에 존재하는(또는 설계되어야 할) 앨지도닉 채널에 대응되는 정보 입력 행렬 (information‑capturing matrix)을 보여주고 있다. 그림에서 보는 것처럼, 경보 신호는 시스템 1에 있는 기초적 운영 단위(행렬의 행 부분)들 어디에서도 발생할 수 있다. 행렬의 열에는 시스템 3~시스템 5가 있다. 이 행렬의 각 요소(셀)들은 각각의 행과 열을 연결해주는 특정 채널을 나타낸다. 이 행렬 요소 내에 우리가 원하는 만큼의 많은 수의 앨지도닉 채널들을 도입할 수 있다.

VSMod®에 이러한 옵션을 추가한 이유는 앨지도닉 신호에 의해 경고된 주요한 문제가 시스템 3에서 아니면 시스템 4의 도움으로 아니면 사전에 처리되지 않은 경우에는 궁극적으로 시스템 5에 처리될 수 있어야 한다는 것을 고려하고 있는 것이다. 제4장에서 이러한 측면과 관련되는 또 다른 측면들에 대한 VSMod® 역할에 대하여 좀 더자세히 살펴볼 것이다.

지금까지 조직 사이버네틱스의 여러 필수 요소들을 살펴보았으며, 제2장에서는 이 방법론의 서로 다른 구성요소들이 어떻게 다양한 유형의 조직 설계와 진단에 적용될수 있는지 살펴볼 것이다.

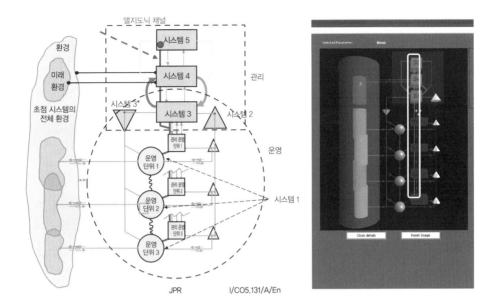

그림 1.50 **앨지도닉 채널과 VSMod® 이미지(Pérez Ríos, 2008c)**

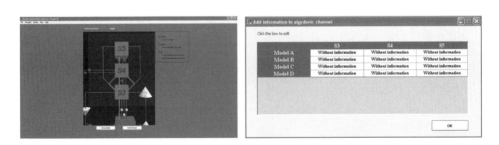

그림 1.51 **상세한 앨지도닉 채널과 S5와의 연결 그리고 VSM에서 가능한 모든 앨지도닉 채널에 관한 정보를 이용하는 스크린. VSMod® 이미지(Pérez Ríos, 2008c)**

제 2 장

조직의 진단과 설계

지금까지 조직 사이버네틱스의 기본 개념에 대하여 살펴보았으며, 지금부터는 이러한 개념들을 기존의 조직을 진단하는 데 그리고 새로운 조직 설계를 위한 하나의 지침으로 어떻게 적용할 수 있는가에 대하여 살펴보기로 한다. 두 경우 모두 기본적인 연구 분야는 조직의 존립가능성을 평가할 수 있게 하거나 아니면 새로운 조직의 설계 시 조직의 존립가능성을 확보하는 데 필요한 요소들을 갖추어 시작할 수 있도록 돕는 것이다.

나는 이러한 연구 과정을 네 가지 주요 단계로 구분하고자 한다. 첫째, 조직의 정체성(identity)과 목적(purpose)을 강조할 것이다. 이렇게 함으로써 조직의 정체가 무엇이며(또는 아니며), 그리고 조직의 목적과 목표가 무엇이어야 하는지(또는 무엇이 되어서는 안 되는지)에 대하여 분명한 생각을 가질 수 있다.

둘째, 조직이 환경의 모든 복잡성에 어떻게 대응하는지 분석할 것이다. 특히 이 두 번째 단계에서 우리는 환경과 조직의 수직 분해(vertical break-down)가 조직에 있는 더 작은 조직 단위들의 수직 구조를 어떻게 만들어내는지 그리고 각 서브 조직이 해결해야 할 복잡성을 줄여주어 각 단계에서의 활동을 촉진할 수 있게 하는지 살펴볼 것이다.

J. Pérez Ríos, *Design and Diagnosis for Sustainable Organizations*,
DOI 10.1007/978-3-642-22318-1_2, © Springer-Verlag Berlin Heidelberg 2012

세 번째 단계에서는 이전 단계에서 만들어진 다양한 수직 수준들을 검토하고, 각각에 대하여 상세히 소개할 것이다. 좀 더 구체적으로는, 각 수준별로 그 수준을 구성하고 있는 구성요소(수평 차원)들을 분석할 것이다. 즉 선택된 수준의 특정 환경(environment), 이 환경에 대응하는 활동이 배정된 조직(organization), 이 조직에 대응하는 '관리(management)', 그리고 마지막으로 조직의 존립가능성을 확보하기 위하여 존립가능 시스템 모델이 필요(그리고 충분) 조건으로 식별하고 있는 요소들에 대하여 상세히 설명할 것이다.

네 번째 단계에서는 하나의 전체로서 조직의 정체성과 목적을 고려하며 모든 요소들 사이의 응집력을 평가하면서 다양한 재귀 수준에서의 서로 다른 조직(과 서브 조직)들이 어떻게 연결되는가를 검토할 것이다.

Beer가 처음으로 존립가능 시스템 모델을 소개하면서 조직의 진단과 설계에 있어서 이 모델이 매우 효용이 있을 것이라고 강조한 바 있다. 이후 다양한 연구자들이 기여도의 차이는 있지만 존립가능 시스템 모델 개념을 보다 더 쉽게 실무적으로 적용할 수 있는 방안을 모색하고자 하는 연구들을 수행해 왔다.

Beer가 수행한 연구(1975, 1979, 1981, 1985) 이외에도 우리가 강조할 수 있는 연구 성과들로는 Clemson(1984), Espejo와 Harnden(1989), Flood와 Jackson(1991), Espejo와 Schwaninger(1993), Espejo 등(1996), Yolles(1999), Schwaninger와 Pérez Ríos(2008b) 그리고 Jackson(Using the VSM for Diagnosis and Design, Jackson, 2000, pp. 163–166 참조) 등을 들 수 있다.

많은 발전들이 광범위하게 이루어져 왔는데, Espejo 등(1999)이 개발한 VIPLAN 소프트웨어의 경우가 한 예로, 여기에서 Espejo는 조직의 설계 혹은 조직 진단을 위한 존립가능 시스템 모델의 이용방법을 두 가지로 구분하고 있다(Espejo, 2009; Espejo and Reyes, 2011; Reyes, 2001).

우리가 언급한 연구자들 이외에도 많은 사람들이 조직 사이버네틱스와 존립가능 시스템 모델의 확산과 응용에 대한 지침을 제공하는 데 기여해 왔다. 다양한 과학 저널들이 이러한 이슈와 관련하여 여러 권의 특별호를 발간하기도 하였다. 이 가운데서도 *International Journal of Applied Systemic Studies*(초청 편집위원장 : Pérez Ríos and

Schwaninger, 2008)가 '사이버네틱스 집중 조명(Cybernetics in Focus)'이라는 주제로 두 번 발간되었고, *Systemic Practice and Action Research Journal*(초청 편집위원장 : A. Espinosa and A. Leonard, 2009)은 '조직 사이버네틱스의 실천 연구(Action Research in Organisational Cybernetics)'라는 주제로 특별호를 발간하였으며, 그리고 가장 최근에는 *Kybernetes*(초청 편집위원장 : Schwaninger and Pérez Ríos, 2010)가 '모델 기반 관리(Model‒Based Management)'라는 주제로 학술지를 복호 발간한 것 등을 들 수 있다.

2.1 정체성 인식

확실히 첫 단계는 연구 또는 설계할 조직의 식별, 즉 조직의 **정체성**(identity)과 목적 (purpose)을 명시화하는 일이다(그림 2.1). 사실상 연구되는 조직 또는 시스템(조직/회사)의 정체가 정확히 무엇인가라는 질문에 대한 답변은 중요할 수 있다. 이러한 질문에 명백하게 답하는 것은 기업 또는 조직의 정체가 무엇이 아닌지를 정확히 이해하고 있음을 의미한다(Schwaninger, 2006, p. 151). 이러한 두 질문에 답변하는 것은 조직을 구성하는 것이 무엇이며, 또 다른 한편으로는 조직의 환경에 속하는 것이 무엇인지를 우리가 정의할 수 있게 해줄 것이며, 이렇게 함으로써 조직이 운영되고 있는 환경과 조직을 어떻게 떼어 분리할 수 있을지에 대한 해결의 실마리를 제시할 수 있을 것이다. 오늘날 기업 분야에서는 복수의 활동(연구, 설계, 생산, 배송, 기타)들이 자주

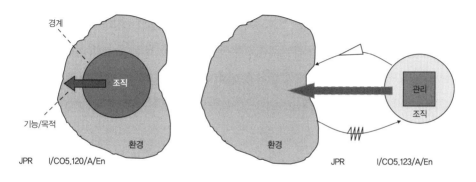

그림 2.1 **환경 속의 조직. 관리를 갖는 조직과 환경의 상호작용**

분산되고 전 세계로 퍼져 나가고 있어서, 기업을 구성하고 있는 것이 무엇인지 — 즉 기업의 영역이 끝나는 부분과 환경이 시작되는 부분 사이의 구분 — 를 정확히 규명하는 문제가 언제나 쉬운 것만은 아니다. 기업의 목적을 명확히 식별해내는 것도 마찬가지다. "시스템의 목적은 그 시스템이 하는 것이다."라는 Beer의 잘 알려진 표현은 관찰자가 어떠한 답변을 하느냐에 따라 기업의 목적에 대하여 다양한 견해를 가질 수 있음을 보여주는 것이다. 서로 다른 관찰자들이 동일 기업 또는 조직에 대하여 서로 다른 '목적'을 정의할 수 있다. 특히 Checkland(1981), Checkland와 Scholes(1990), Espejo 등(1999)이 수행한 연구들에서 이러한 측면을 더 자세히 살펴볼 수 있다.

조직의 목적과 한계를 가능한 한 명확하게 이해하는 것은 매우 중요한데, 이 두 사안이 조직의 설계방법이나 기존 조직의 진단방법을 결정하기 때문이다.

시스템 5를 검토할 때, 조직의 목적과 정체성을 정의하는 질문에 대하여 자세히 살펴볼 것이다.

2.1.1 현재와 미래의 환경

일단 조직의 목적뿐만 아니라 그 한계가 확인된 이후의 두 번째 단계는 조직이 운영되고 있는 환경을 보다 자세히 확인하는 것이다. 이러한 환경, 환경의 구성요소들, 개입되는 관계성 그리고 그 안에서 조직의 역할 등을 이해하는 것은 우리가 기업/조직과 관련하여 가장 적절한 환경 측면을 평가할 수 있게 해줄 것이다. 이러한 측면들 중에서도 현재 처리되어야 할 측면, 즉 현재의 동향 또는 대리인들(고객, 공급자, 법률, 규제, 경쟁자, 제도, 기타)과 미래와 관계된 측면을 구분할 것이다. 여기에서는 우리가 고려하고 있는 조직에 큰 영향을 미칠 수 있는 변수들(기술적 변화, 새로운 시장, 경쟁자, 법률, 규제, 생태적 제한 등)을 강조할 것이다. 이들 모두가 전체 환경을 구성하는 요소가 될 것이며, 직면하는 어떠한 환경적 변화에도 조직이 독립적 존재(정체성)를 유지하려면, 즉 존립가능성(viable)을 지속하려면 조직은 해당되는 환경의 복잡성(다양성)을 처리해야 한다.

이 단계와 관련하여 우리가 진단 또는 설계 시 상세하게 고려해야 할 요소들을 정리하면 다음과 같다.

1. 첫째, 환경에서 고려되어야 할 기본 영역의 식별. 이러한 영역들은 다음과 같은 측면들과 관련될 것이다.

- 경제적
- 사회학적
- 정치적
- 법률적
- 제도적
- 시장

- 공급자
- 경쟁자
- 기술적
- 생태적
- 교육적
- 인구통계적

분명 각각의 특별한 경우에 따라 조직에 가장 적절한 영역들은 그 수적으로나 중요도 면에서 다양할 수 있다.

2. 둘째, 이러한 영역 각각에 대하여 현재와 미래에 관계되는 정보의 구분

3. 셋째, 다음 사항에 대한 정의

- 이전 시점과 관련한 지속적인 정보 검색을 위해 이용할 '센서(sensors)'
- 사용할 정보 원천
- 각각의 경우에 정보가 수집되어야 하는 속도(rate)
- 현재와 미래 정보의 전송을 위해 사용할 커뮤니케이션 채널(그림 2.2)

정보의 수집과 전송을 다루고 있는 이 절과 관련하여, 항상성 루프(homeostatic

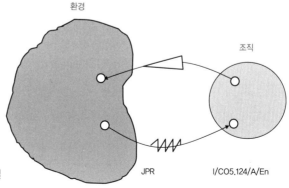

그림 2.2 조직-환경 커뮤니케이션 채널

loop)와 커뮤니케이션 채널을 구성하고 있는 필수적인 여덟 가지 구성요소(발신자-수신자 채널에서 : 발신자, 변환기, 채널, 변환기, 수신자, 그리고 역으로 발신자와 수신자의 역할을 바꿔 동일하게)(그림 2.3)를 상기할 필요가 있다.

잊지 말아야 할 또 다른 중요한 점은 정보를 시각화/표현하는 방법이다. 예를 들어, 시스템 3, 시스템 4, 그리고 시스템 5의 경우(그리고 다른 시스템/기능에서도) 가능하면 언제나 수치 정보와 그래프/시각 정보를 결합하는 것이 바람직하다. 컴퓨터 이외에 거대한 전자 터치스크린을 사용하는 것도 좋은 선택이 될 수 있다.

지금까지 조직, 조직의 한계 그리고 조직이 운영되는 (현재와 가능한 미래의) 환경 등을 식별하였고, 그리고 관련 환경 측면들(잔여 다양성, residual variety)에 대한 정보의 수집, 전송 그리고 표현에 대응하는 모든 요소들에 대하여 검토하였으므로, 지금부터는 조직에 대한 연구를 계속해 나갈 수 있는데, 조직이 목적 달성할 수 있는 가능성의 평가(조직의 진단)와 또는 새로운 조직의 설계의 경우 이러한 능력을 갖춘 조직의 설계에 대하여 살펴볼 것이다.

이러한 과업의 수행을 지원하기 위해 수직과 수평이라는 두 가지 공간 차원을 사용할 것이다(그림 2.4). 수직 차원(vertical dimension)에 있어서 우리의 목적은 전체 환경에 대하여 조직이 직면하고 있는 복잡성을 처리하고자 하는 것으로, 이 환경을 그 안

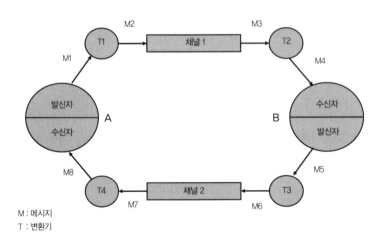

M : 메시지
T : 변환기

▌그림 2.3 **커뮤니케이션 채널의 구성요소**

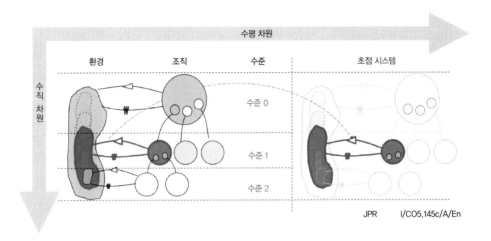

■ 그림 2.4 **초점 시스템의 수직과 수평 차원**

에 있는 좀 더 작은 환경들로 반복적으로 분할해 간다. 이러한 분할 이면의 이유는 서로 다른 부분적 환경을 식별하는 동안 이 환경들 안에서 운영될 수 있는 조직들을 설계하려는 것이다. 이 조직들도 마찬가지로 유사한 분할과정에 의해 점점 더 규모가 작아질 것이다. 이렇게 하는 목적은 이러한 조직들과 서브 조직들 각각이 복잡성(다양성)을 더 쉽게 처리할 수 있게 하려는 것으로, 그렇게 함으로써 환경에 좀 더 접근해 갈 수 있게 하려는 것이다. 분명 이들 각각은 앞 단계 조직의 일부를 구성하며, 이 과정은 이들이 속하는 전 조직에 도달할 때까지 계속될 것이다.

　수평 차원(horizontal dimension)과 관련해서는 우리가 수직으로 환경과 조직을 분할한 서로 다른 각각의 수준에 위치하여 각 수준에서 작업을 할 수 있게 해준다. 일단 특정 수준이 선택된 다음에는 그 수준에서 운영을 담당하는 조직은 물론 해당 환경을 식별할 것이다. 특정 시점에서 상세 연구를 위해 선택된 조직을 **초점 조직**(system-in-focus) 또는 **초점 시스템**(system-in-focus)이라고 부를 것이다. 이는 조직이 존립가능성을 위한 필요충분조건을 보유하고 있는지와 관련하여 조직을 설계하거나 또는 경우에 따라서는 조직을 진단할 때 우리가 관심을 집중하게 되는 조직을 의미한다. 우리가 이 수평 차원을 연구할 때에는 환경, 대응하는 조직, 관리, 그리고 이들 간의 관계성을 검토하게 된다.

여기서 우리는 존립가능성을 위한 필요충분기능이 존재하고 있는 것에 대하여 그 우수성과 범위를 면밀히 살펴보기 위해 조직의 내부도 조사하게 될 것이다. 따라서 존립가능 시스템 모델이 요구하고 있고 조직에서 적절하게 기능수행을 해야 하는 모든 구성요소들에 대하여 살펴볼 것이다.

이러한 구성요소들 각각(시스템 1, 시스템 2, 시스템 3, 시스템 3*, 시스템 4, 시스템 5, 커뮤니케이션 채널, 앨지도닉 채널, 채널 각각의 구성요소, 현재와 미래의 환경 내용 또는 정보 수집 시스템 등)에 대하여 세 가지 주요 측면에서 살펴볼 것이다. 무엇보다도 먼저, 이 요소들이 조직 내에 존재하고 있으며 잘 표현되고 있는가를 살펴볼 것이다. 둘째, 요소의 존재가 확인이 되면 이 요소들의 우수성을 살펴볼 것이다. 즉 이 요소들의 적절한 기능수행을 위해 필요한 요소들을 획득하는 데 있어서 그 요소가 어느 정도로 잘 개발되어 있는가를 살펴볼 것이다. 셋째, 제 기능을 수행하기 위해 필요한 모든 수단을 이용하여 성과를 잘 내고 있는지, 다시 말해 목표(효율성, 효능 그리고 효과성) 달성을 위해 이들이 잘 작동하고 있는지를 확인할 것이다.

지금부터는 먼저 수직 차원을 시작으로 이러한 두 가지 차원을 이용하여 조직을 분석하는 방법에 대하여 살펴보기로 한다.

2.2 수직 차원 : 기준과 재귀 수준 ― 복잡성 전개

앞에서 언급했던 것처럼, 조직의 목적과 조직이 운영되거나 운영될 환경 등에 대하여 살펴보았으므로 지금부터 우리는 환경과 조직이라는 두 가지 기본 요소를 다룰 수 있게 되었다. 조직과 직접적으로 관계되는 환경으로만 한정한다 하더라도 환경에서 발생할 수 있는 모든 가능한 상황을 받아들이기 위해 조직이 전개할 수 있는 복잡성에 비해 환경의 복잡성이 훨씬 더 크다는 것을 한 번 더 강조하고자 한다.

복잡성과 다양성을 다루었던 1.2.3절에서, 여기에 사용할 수 있는 하나의 잠재적 방법이 수직적 복잡성 전개(vertical unfolding of complexity)라고 설명한 바 있다. 이는 원래의 환경에 포함되어 있는 환경을 보다 작은 환경으로 분할하는 작업을 수반한다. 따라서 이러한 보다 작은 환경들에 대응되는 줄어든 복잡성이 원래 조직을 형성하는

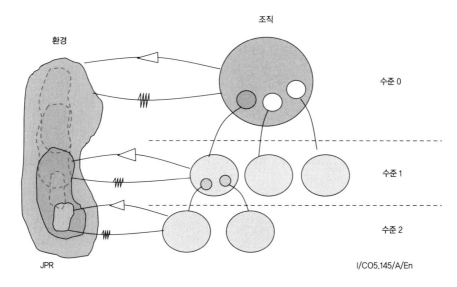

환경

조직

수준 0

수준 1

수준 2

JPR

I/CO5.145/A/En

┃ 그림 2.5 수직적 복잡성 전개

보다 작은 조직들의 관심이 될 것이다(그림 2.5).

2.2.1 기준과 재귀 수준

이러한 방식으로 사물을 전개하는 것과 같이, 우리가 조직을 설계할 때 대응되는 부분적 환경과 조직 모두를 정의할 수 있는 하나 이상의 기준(criteria)을 선택해야 한다. 이러한 수직 분할 과정에서 생성되는 각각의 수준을 재귀 수준(level of recursion)이라고 부를 것이다. 각각의 수준에는 그에 상응해야 하거나 또는 사실상 상응하는 환경과 조직이 존재할 것이다.

수직 전개를 하면서 나타나는 각각의 조직들이 하나의 완전한 존립가능 시스템이라는 것을 인식하는 것도 중요하다. 여기서는 조직 이미지의 정밀도(degree of resolution)를 단순히 증가시키는 것과 이러한 분할 과정을 혼동해서는 안 되는데, 이러한 개체들은 기능적인 면이나 다른 면에서도 원래 개체의 단순한 부분들이 아니라 존립가능 시스템 모델이 제시하는 존립가능성을 보장하기 위한 모든 특성을 갖춘 완전한 존립가능 조직들이기 때문이다.

특정 시점에서 상세 연구를 위해 선택된 재귀 수준을 1.3절에서 언급했던 것처럼 초점 시스템 또는 초점 조직이라고 부른다. 다시 한 번 더 설명하면, 수직 분해를 위해 여러 개의 추천 가능한 기준들(재귀 기준, recursion criteria)이 있을 수 있다는 사실에서 볼 때, 초점 시스템은 하나 이상의 재귀 기준에 따라 재귀 수준들의 하향 사슬 중에서 (이 시스템이 해당되는 사슬의 첫 번째 혹은 마지막 수준에 있지 않다면) 중간 단계를 차지하고 있을 것이다. 다차원 구조(재귀 기준)를 갖는 원형체(sphere)의 중심으로 초점 시스템을 생각하면 전체적인 조직 구조를 쉽게 시각화할 수 있다. 물론 많은 경우

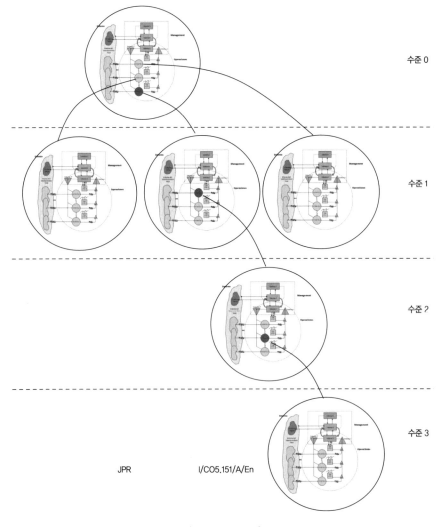

┃ 그림 2.6 존립가능 시스템 모델의 재귀 구조(Beer, 1979 수정)

에 이러한 구조는 반드시 그렇게 복잡할 필요는 없으며, 몇 개 아니면 단지 하나의 재귀 기준만을 사용하는 것으로도 충분할 수 있다. 그러나 어떤 조직에서는 이러한 구조가 매우 복잡하거나 또는 심지어 2차원의 이미지로 시각화하는 것이 불가능한 경우도 있을 수 있다. 이런 경우를 위하여, 요구되는 구조적 복잡성을 무제한적으로 포함시킬 수 있도록 해주는 VSMod® 소프트웨어를 사용한다면 아주 편리할 것이다.

〈그림 2.6〉은 존립가능 시스템 모델의 재귀 구조의 한 예를 보여주고 있다. 수준 0(관례적으로 첫 번째 수준에 0을 배정)에서 세 개의 기초적 운영 단위(시스템 1)로 구성되는 하나의 조직이 재귀 수준 1에서 어떻게 완전하게 표현되고 있는지 쉽게 알 수 있다. 이 수준에서 두 번째(중간에 위치한) 단위를 선택하여 두 수준 더 아래 방향으로 수직 분할을 이어 나가고 있다. 이 예에서 또 다시, 이 조직에 포함되어 있는 세 개의 기초적인 운영 단위 중 첫 번째 운영 단위를 선택하여 재귀 수준 2에서 완전한 확장을 보이고 있다. 동일한 방법으로 이 조직(이 예에서도 세 개의 기초적 운영 단위를 보유)으로부터 두 번째 운영 단위를 선택하여 재귀 수준 3에서 완전하게 보여주고 있다.

이렇게 우리가 시각화를 위해 선택했던 조직 내에서 네 개의 재귀 수준을 관찰할 수 있었다. 분명 재귀 수준 1의 첫 번째와 세 번째 조직에 대해서도 똑같은 작업을 할 수 있고, 그렇게 함으로써 그에 상응하는 수직 분해를 보여줄 수도 있을 것이다. 그러나 여기에서는 간략한 설명을 위해 이에 대한 자세한 내용은 보이지 않았다. 다시 한 번 더, 전체 조직을 하나의 그래프로 표현하는 것이 얼마나 어려운지, 즉 모든 조직을 모든 수준에서 모든 가능한 재귀 기준에 따라 표현한다는 것이 얼마나 어려운가를 판단하기는 그리 어렵지 않다. 따라서 이처럼 완전한 구조적 지도(기준-수준-조직)의 시각화를 가능하게 하는 VSMod®와 같은 소프트웨어가 필요한 것이다.

또 다른 예로 재귀 기준 2에 의해서 수준 0에 있는 조직의 수직 분할 사슬을 〈그림 2.7〉에서 보여주고 있다. 그러나 같은 수준(수준 0)에는 재귀 기준 1과 재귀 기준 3에 따른 두 개의 수직 분해 사슬(vertical disaggregation chains) 내에 또 다른 두 개의 조직이 나타나 있다. 그리고 이러한 전체의 세 개 조직에서 (이 예에서는) 첫 번째 조직의 첫 번째 기초적 운영 단위, 두 번째 조직의 두 번째 기초적 운영 단위 그리고 세 번째 조직의 두 번째 기초적 운영 단위들이 재귀 수준 1에서 하나로 완전하게 표현되고

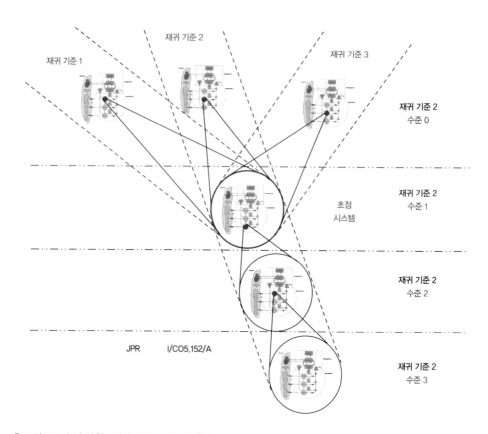

│ 그림 2.7 수직 차원 : 여러 개의 재귀 기준(Pérez Ríos, 2008e)

있는 동일한 조직임을 발견할 수 있다. 이 예에서는 이 분해 사슬만이 재귀 기준 2에
의해 (재귀 수준 2와 재귀 수준 3의 방향으로) 아래 방향으로 계속 분할되고 있다.

재귀 수준 1에 나타난 조직으로부터 재귀 기준 1과 3에 의해 수직 분할을 계속해 나
간다면, 재귀 수준 1에 위치한 조직이 분해 사슬의 교차하는 중심에 있음을 발견하게
된다. 여기서 과정의 이미지가 2차원으로 표시되어 있지만, 복수 개의 재귀 기준을 적
용하는 경우 우리는 3차원 표현을 적용할 수 있게 된다. 〈그림 2.8〉에서는 이러한 경
우의 가설 분석을 위해 우리가 선택한 초점 시스템 또는 초점 조직을 보여주고 있다.
그리고 이 그림의 왼쪽에서 우리는 기준과 재귀 수준의 중심 또는 교차 공간을 차지
하고 있는 초점 시스템의 3차원적 표현을 볼 수 있다.

방금 지적한 바와 같이 하나 이상의 재귀 기준을 선택한다면, 우리는 여러 개의 수

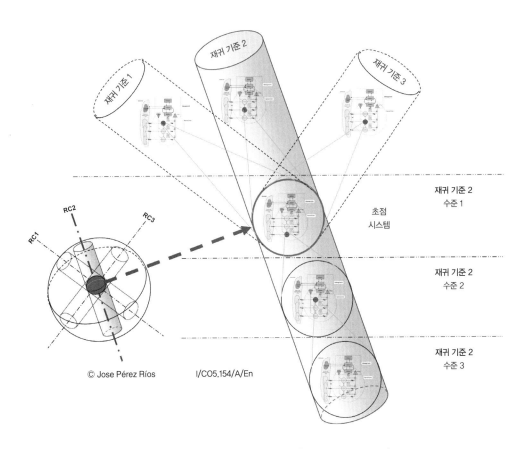

I/CO5.154/A/En

▌ 그림 2.8 **다차원(기준과 재귀 수준)의 중심으로서 초점 시스템(Pérez Ríos, 2008e)**

직 분해 경로를 가지게 될 것이다. 그러나 특정 기준선 상에서 하향으로 내려가고, 특정 지점(하나의 재귀 수준)에 도달할 때 복잡성 전개 과정을 이어 나가는 데 다른 기준을 사용하는 데 관심을 갖게 될 가능성도 있다. 이는 그 지점에서 우리는 '차원'을 변경(새로운 재귀 기준의 선택)할 수 있고, 다른 경로를 따라 수직 분해를 계속해 나갈 수 있음을 의미한다. 이 단계는 이후의 어느 단계에서도 무한정 반복될 수 있다. 조직의 규모가 크고 기준의 수가 많다면, 우리의 연구가 매우 복잡해질 것이라는 점은 쉽게 이해할 수 있다. 따라서 우리가 작업하게 되는 완전한 시스템에 대한 전체 지도에 항상 접근할 수 있게 해줄 뿐만 아니라 수직 분해가 어떻게 생성되고 있는가와 관련한 모든 정보를 제공하는 VSMod®와 같은 특수 소프트웨어를 사용하는 것은 적절하다고 할 수 있다.[1] VSMod®에 포함되어 있는 '글로벌 지도(Global Map)', '지도 1(Map 1)'과 '지도 2(Map 2)' 등의 세 가지 내비게이션 지도가 이러한 정보(그림 2.9 ~ 그림 2.11)를 제공하고 있다.

〈그림 2.9〉의 오른쪽에서는 자동차 부문을 예로 보여주는 존립가능 시스템 모델의 응용에 대한 글로벌 지도를 보여주고 있다. 이 이미지의 목적은 우리가 연구하고 있는 조직(이 경우에는 자동차 회사)의 완전한 전체 구조를 볼 수 있게 하는 것이다. 우리는 여기에서 재귀 기준, 각 기준에 해당하는 재귀 수준 그리고 각 재귀 수준에 있는 조직(또는 시스템)들을 볼 수 있다. 그림이 보여주고 있듯이 VSMod®는 아무리 복잡하다 해도 하나의 그림으로 전체 구조를 시각화할 수 있다는 것이다.

〈그림 2.10〉과 〈그림 2.11〉은 VSMod®가 제공하고 있는 또 다른 두 가지 내비게이션 지도('지도 1'과 '지도 2')를 보여주고 있다. 이 지도들은 세 가지 재귀 수준만을 보여주고 있는데, 즉 초점 시스템(초점 조직)에 대응하는 수준과 이 수준의 이전 수준(부모 수준) 그리고 이 수준의 이후/아래 수준(자식 수준)만을 보여주고 있다. 지도 1

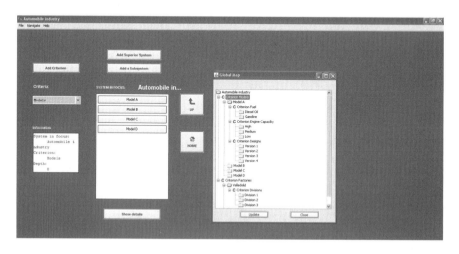

그림 2.9 **모델의 완전한 구조를 보여주는 '글로벌 지도'(VSMod®)**

---

1) 이 책의 제4장에서 VSMod® 소프트웨어의 주요 특징과 2001년에 처음으로 개발된 이후의 발전과정에 대하여 자세히 살펴볼 것이다.

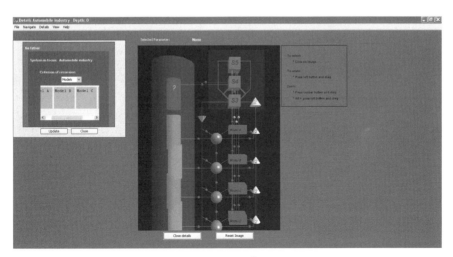

그림 2.10   세 가지 재귀 수준을 보여주는 '지도 1'(VSMod®)

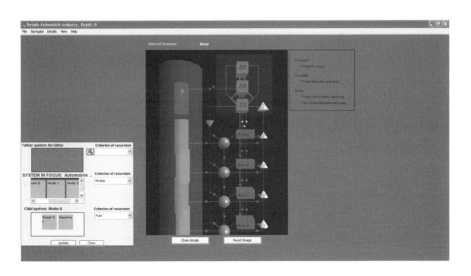

그림 2.11 세 가지 재귀 수준을 보여주는 '지도 2'(VSMod®)

과 지도 2의 차이는 포함되는 정보의 상세성에 있는데, 지도 2가 좀 더 완전한 정보를
제공하며 세 개의 수준에 있는 모든 시스템(조직)들을 이들 각각의 가능한 재귀 기준
들과 함께 보여준다.

많은 존립가능 시스템 모델의 응용을 위해 항상 이러한 세 개의 수준을 가시적
으로 운영할 것을 추천한다(그림 2.12). 사실 존립가능 시스템 모델을 이용한 이러

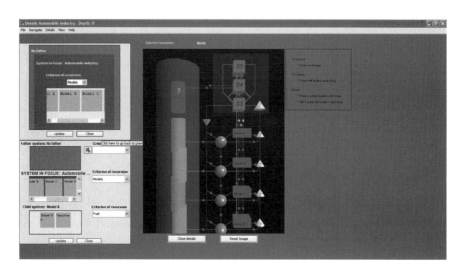

▌그림 2.12 세 재귀 수준을 보여주는 지도 1과 지도 2(VSMod®)

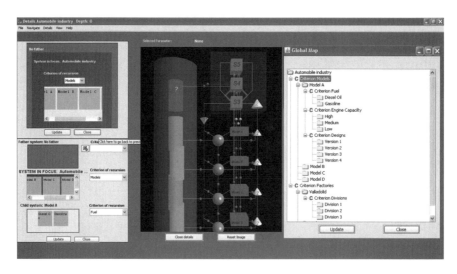

▌그림 2.13 지도 1과 지도 2 그리고 글로벌 지도(VSMod®)

한 작업 방식은 이 모델과 관련한 Beer의 마지막 저서인 *Diagnosing the System for Organizations*(Beer, 1985)에서 Beer가 제안한 방식이다.

〈그림 2.13〉은 세 개의 내비게이션 지도를 동시에 보여주고 있는 VSMod® 화면이다.

2.2.2 재귀 수준-주요인 행렬

이러한 수직적 분해 수행의 다음 단계는 각각의 재귀 수준에서 고려해야 할 기본적인 요소들을 식별하는 것이다. 이 목적을 달성하기 위해 우리는 사용하고자 하는 재귀 기준을 선택하고, 각 행(rows)에는 서로 다른 재귀 수준을 그리고 각 열(columns)에는 각 수준에서 고려해야 할 주요 관련 내용을 담고 있는 '재귀 수준-주요인 행렬(Recursion Levels-Critical Factors Matrix)'이라는 행렬을 작성한다.

다음 목록은 '재귀 수준-주요인 행렬'에서 열의 (존립가능 시스템 모델의 응용을 도와주는 기본 10계율로서 고려해야 하는) 구성요소로 자주 포함되어야 하는 측면들을 보여주고 있다.

1. 수준의 식별(개수와 설명)
2. 각 수준에 대응되는 특정 환경의 식별
3. 각 수준별로 특정 조직의 목적을 명확히 설명하고, 고려되어야 할 특정 환경과 특별히 관계되는 측면들. 분명 이러한 설명은 전체 조직의 목적과 일관성이 있어야 한다. 그러나 각 수준별로 특별한 측면들이 있을 수 있다.
4. 전체 조직의 부분으로서 각 수준에서 지정된 특정 환경 안에서 운영되고 있는 특정 조직의 확인
5. 각 수준에서의 모든 관련되는 '이해관계자'들에 대한 확인. 수준에 따라 이들은 다른 수준에서보다 특정 수준에서 더 의미를 가질 수 있다.
6. 각 수준에서 조직의 목적을 만족시키기에 적절하다고 여겨지는 활동들을 조직이 수행하는 데 호의적이거나 또는 역효과를 가져오게 할 수 있는 의사결정을 내리는 '외부 대리인(external agents)'의 식별. 이 그룹에는 개인 활동가나 대리인 이외에도 조직에 영향을 미칠 수 있는 능력을 보유한 기관, 기업 또는 일반적인 조직이 포함될 수 있다.
7. 각 수준에서 활동 프레임워크를 수립하고 규제하는 규범, 법률 또는 규제 사항 등에 대한 구분과 설명
8. 각 수준에서 수행되어야 할 조치들에 대한 설명. 그런데 여기에서 조직의 설계를

위한 사이버네틱 연구라면 조직의 목적을 달성하기 위해 이러한 조치들이 선택되고 준비될 것인지, 아니면 조직 진단이 목적으로서 조직 진단의 성과 향상을 위한 지속적인 조치들과 이들의 적정성을 평가하고자 하는 것인지를 밝혀야 한다.

9. 조치가 성공적이기 위해서는 조치에 대한 설명이 필요한 모든 구성요소들(무엇을, 누가, 어떻게, 언제, 어디서, 어떤 수단으로, 어느 정도의 비용으로, 어떤 요구사항/사양으로 등)과 서로 밀접하게 연관되어야 한다.

10. 연결을 위해 사용될 주요 커뮤니케이션 채널에 대한 설명. 이와 관련해서는 (1) 전송되어야 할 정보의 내용을 명확히 식별하는 것, (2) 전송 수단, (3) 커뮤니케이션 채널의 존재 확인, 그리고 (4) 각 채널이 기능을 적절히 수행하기 위해 필요한 필수 구성요소들을 보유하고 있는지를 확인하는 것 등이 필요하다. 이러한 요소 각각은 그 기능을 수행할 수 있도록 설계되어야 하고, 변환기의 경우 단위 시간당 요구되는 양의 정보를 한 형식에서 다른 형식으로 전환하는 것을 의미하며, 반면에 커뮤니케이션 채널에 대해서는 무결성의 손상 없이 정보를 전송하는가에 대한 것이다.

이러한 요소들 각각이 제 기능을 수행할 수 있도록 설계되어야 함을 잊어서는 안 된다. 변환기의 경우, 단위 시간당 요구되는 양의 정보를 한 형식에서 다른 형식으로 전환해야 하며, 반면에 커뮤니케이션 채널의 경우는 무결성(integrity)을 잃지 않으면

수직 차원 \ 수평 차원	1. 재귀 수준	2. 공간 범위	3. 관련 이슈/목적	4. 조직	5. 이해관계자	6. 영향력있는 기관/조직	7. 적용가능 법규	8. 공식화된 조치	9. 수단	10. 커뮤니케이션 채널
수준 0										
수준 1										
수준 ...										
수준 n										

© José Pérez Ríos   I/CO5.145e/A/En

그림 2.14 **재귀 수준-주요인 행렬**(Pérez Ríos, 2008e)

서 정보를 전송할 수 있도록 요소들을 설계해야 함을 의미한다.

마찬가지로 커뮤니케이션 채널과 관련해서는 '소음(noise)'과 정보의 왜곡이 있을 수 있다는 것을 명심해야 한다. 앞에서 언급했던 것처럼, 전송과정에서의 변경을 방지하기 위한 하나의 방법은 각각의 구성요소들에 이러한 변경을 보상할 수 있는 것 이상의 충분한 능력을 제공하는 것이고, 또 다른 방법은 데이터 전송 시 어느 정도의 중복성(예를 들어, 같은 정보를 서로 다른 채널을 이용하여 전송)을 가지도록 하는 것이다.

마지막으로 **재귀 수준-주요인 행렬**과 관련하여 이 행렬은 〈그림 2.14〉에서와 같이 2차원적임을 지적하고 싶다. 그림에서 보는 바와 같이 행에서는 단일 재귀 기준(그림에는 나타나 있지 않음)에 대한 재귀 수준들을 파악할 수 있고, 반면에 열은 각 수준에서의 단일 조직을 나타낸다. 그러나 실제로 좀 더 복잡한 경우에는 행렬로 표시하기가 아주 어려운 상황들을 접할 수 있을 것이다.

(1) 이러한 예의 하나로, 하나 혹은 여러 개의 재귀 수준에 하나 이상의 조직이 있는 경우이다. 이런 경우, 행렬은 해당 수준에 존재하는 조직 또는 서브시스템만큼의 많은 레이어(행렬)에 대응되는 이 수준의 '깊이(depth)'를 가지게 될 것이다. 2차원 표현의 문제는 수준 내에 서브요소(여러 개의 내포된 조직)들을 도입함으로써 해결할 수 있다.

(2) 다른 경우는, 다양한 재귀 기준을 도입하는 경우이다. 이 경우 그 해결책은 각 재귀 기준별로 상이한 행렬을 만드는 것이다. 좀 더 복잡한 변형으로는 재귀 기준 RC1에 의해 수직 분해를 시작하고, 여러 개의 수준을 찾을 수 있도록 허용하는 것으로, 이들 중 우리가 이러한 분해 과정을 계속해야 하지만 다른 재귀 기준 RC2를 사용하는 것이다. 다른 수준들은 이 두 번째 차원 또는 재귀 기준에서 나타나게 될 것이다. 말할 것도 없이, 이러한 경우에는 2차원 그래픽 표현은 더 복잡해질 것이다.

이러한 사례들을 언급하는 이유는 **재귀 수준-주요인 행렬**의 경우와 같이 우리가 표현하고자 하는 복잡성을 해결해주는 올바른 도구의 필요성을 강조하고자 함이다. VSMod® 소프트웨어(버전 1.4에서)는 이러한 목적을 달성할 수 있도록 해준다. 어떠한 제한도 없이 컴퓨터 화면에 행렬 구조를 쉽게 시각화할 수 있게 개발되어 있다. 재귀 기준의 변경 또는 특정 재귀 수준에 속하는 조직의 시각화는 화면 위에서 해당하는 곳을 마우스로 간단히 클릭하여 시행할 수 있으며, 이러한 기능은 우리가 원하는 행렬의 시각화를 허락하는 것은 물론 입력된 최신 정보를 표시할 수 있게 해준다.

2.2.3 구조적 병리

앞의 행렬에서 행에 우리가 시각화할 수 있는 조직 그리고 조직의 운영 범위와 관계되는 적절한 환경 수준을 식별하는 것 이외에도, 수직 전개는 '구멍(holes)'을 진단하는 데도 유용할 수 있는데, 이러한 구멍은 대응되는 복잡성과 문제 영역을 해결하는 임무를 수행하는 조직이 존재하지 않거나 존재하더라도 제대로 기능을 갖추지 못하고 있는 부분이다.

이 책의 제3장에서는 "조직의 병리"라는 제목으로 수직적 복잡성 전개와 관계되는 일반적인 유형의 병리에 대하여 살펴볼 것이다. 일반적으로 조직에 영향을 미치고 있는 세 부류의 병리(pathologies)에는 구조적(structural), 기능적(functional) 그리고 정보(information)와 관련된 병리가 있다. 구조적 병리는 특정 수준에 조직이 존재하지 않는 것으로, 여기에서 우리가 살펴보고 있는 수직 전개와 직접적으로 관계된다. 구조

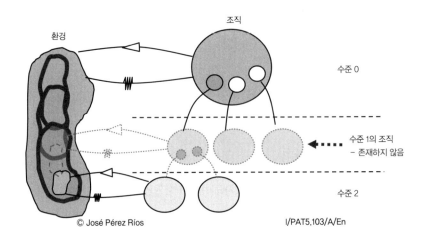

▌그림 2.15 병리 P1.3. 재귀 수준(중간 수준)의 부족(Pérez Ríos, 2008b)

적 병리로 확인되는 것들은 다음과 같다.

1. 수직 전개의 부재
2. 재귀 수준(첫째 수준)의 부족
3. 재귀 수준(중간 수준)의 부족
4. 꼬여버린 수직 전개. 다양하게 상호 연계된 요소들

예를 들어, 이 중 세 번째 재귀 수준의 부족(중간 수준)에 대하여 살펴보기로 하자.

이 특정한 병리는 문제 조직에 대한 관련 환경의 영역이 어떠한 조직 요소와도 대응되지 않는 부분이 존재할 때 발생한다. 따라서 이러한 환경 영역에 속해 있는 문제들은 조직에 의해 구체적으로 또는 집중적으로 처리되지 않는 것이다. 이러한 문제들은 다음 단계 또는 이전 단계의 재귀 수준에 있는 조직에 의해 부적절하게 처리되거나 아니면 미해결상태로 남아 있을 가능성이 높다(그림 2.15).

이 병리의 전형적인 예를 들면, 지역경계를 넘어서는 수송 시스템 또는 물 공급이나 쓰레기 처리 등과 같은 서비스 제공의 문제에서 발견할 수 있다. 이러한 서비스는 종종 지역의 경계선을 뛰어넘는다. 지역의 경계를 초월하는 이러한 필수 서비스를 적절하게 처리하기 위해서는 이러한 재귀 수준에 대응하는 조직의 설립을 필요로 한다. 그러나 종종 이러한 조직들은 존재하지 않으며, 만일 만들어진다 하더라도 주변의 지방자치단체들의 단순한 모임으로 구성되는 경향이 있다. 그러나 해결해야 할 사안들은 서로 다른 공간적 그리고 제도적 프레임워크의 고려를 은연중에 요구할 수 있다. 광역권역과 관계되는 현안들, 또는 수많은 지역, 도시 그리고 다른 행정구역과 심지어는 국경을 가로지르는 하천 등과 관계되는 현안들이 이러한 문제 영역의 예라 할 수 있다.

지방자치단체와 그 하위 수준 또는 지역 수준과는 다르게 영토 범위의 문제에 대한 고려는 물론 이러한 중간 단계에 조직을 구축함으로써 얻어지는 효익의 예는 지역단위를 넘어서는 대학에서의 공간 처리에 이러한 개념을 적용한 Pérez Ríos와 Martínez의 연구에서 확인할 수 있다(Pérez Ríos and Martínez, 2007). 〈그림 2.16〉은 이 연구에서 확인된 재귀 수준과 VSMod® 소프트웨어에 의한 2차원, 3차원 존립가능 시스템 모

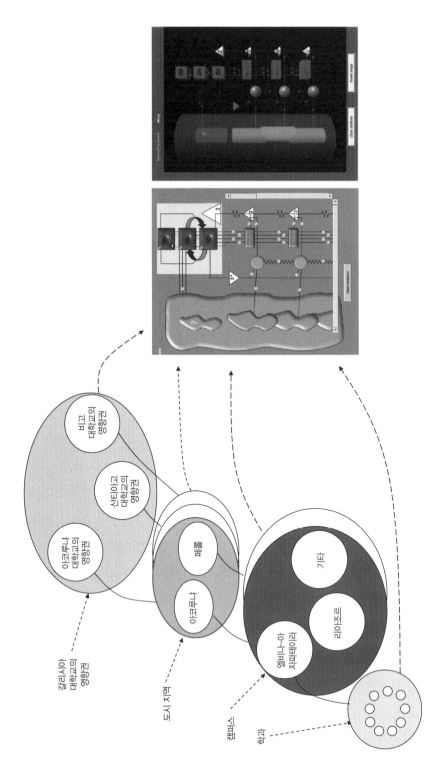

그림 2.16 UDC에 있는 재귀 수준과 VSMod® 소프트웨어에 의한 2차원과 3차원의 VSM 이미지(Pérez Rios, 2008c)

1. 재귀 수준	2. 공간 범위	3. 관련 이슈/ 목적	4. 조직	5. 이해 관계자	6. 영향 기관 조직	7. 적용 법규	8. 행동	9. 수단	10. 커뮤니 케이션 채널
0	갈리시아 영역범위 1	• 대학의 사회적 기능 • 도시 계획과의 관련성			• 갈리시아 자치주 정부 • 자치 정부의 부 : 교육, 국토정책, 주택, 환경과 지속 개발 • 대학 : 아코루냐(UDC), 산티아고 데 캄포스텔라, 비고	1. 갈리시아의 도시와 토지계획에 관한 법령 10/1995 2. 갈리시아 지반건축법 (2002.12) 3. 갈리시아 대학시스템 계획에 관한 법령 11/1989 4. 대학 법령 6/2001 5. UDC 정관	• 갈리시아에서의 도시 계획 지침에 대한 UDC의 기여(진행 중) • URB16(엘비나 캠퍼스) • 대학 주거 지역		
1	도시지역 아코루냐 페롤 영역범위 2	• 접근성 • 범위(잠재 학생 수) • 시내, 소도시, 그리고 동네에서 UDC의 가시성 • 도시 지역의 경제적·사회적 개발 • 비즈니스 네트워크와의 연결			• RENFE(스페인 국영 철도청) • 도시 : 아코루냐, 페롤과 나머지 도시 지역 • UDC • 갈리시아 자치주 정부(재택근무)		• URB1. 국토 접근성 : 샤이어 대중교통 근교도시 철도와 코치 네트워크 • URB12. 주차장 • 전철역의 주차장 • URB13. 버스, 기차역 엘비나 캠퍼스 • URB15. 연구지역, 신기업 창업		
2	a) 도시 아코루냐 b) 도시 페롤	• 접근성 • 대학/도시 통합 • 대학/도시 응집력 • 대학과 공공장비 그리고 도시 서비스의 구조화			• 아코루냐 시 • UDC • 페롤 시	아코루냐의 도시 마스터 플랜(1995) 페롤의 도시 마스터 플랜	• URB2. 도시 코치 네트워크 확충 • URB17. 도시 중심부에서 캠퍼스까지 자전거도로 인도		
3	a) 캠퍼스 아코루냐	• 대학 학위과정의 EU관리지침 적용 • 도시 매력도 • 도시와 건축학적 관련성(지속가능 개발 모델)			• UDC • 아코루냐 시	• 엘비나아 자파테이라 캠퍼스를 위한 도시계획(1991)과 2002년의 수정 계획 • 환경 계획	• URB11. 캠퍼스 센터 • URB10. 30지역, 엘비나 캠퍼스 코치 • URB8. 자파테이라 광장 재설계 • URB9. 과학기술 공원, 식물공원 • URB16. 대학 주거 지역(엘비나 캠퍼스)		
4	단독 빌딩	• 기능성 • 편안함과 환경 관리 • 공간 최적화			• UDC • 기관위원회		각 개별 센터에서의 행동		

그림 2.17 **재귀 수준−주요인 행렬**(Pérez Ríos and Martínez Suárez, 2007)

델의 그래픽 표현 이미지를 강조하여 보여주고 있다(Pérez Ríos, 2003, 2006b, 2008c, 2008e). 이미지에서 보여주고 있는 사용된 재귀 기준은 공간(이것은 대학의 맥락에서 본 도시계획 프로젝트)임을 주목해야 한다.

또한 〈그림 2.17〉에서는 앞에서 언급했던 Pérez Ríos와 Martínez의 연구에서 사용되었던 재귀 수준-주요인 행렬의 예를 볼 수 있다. 우리는 서로 다른 행(row)(연구에서 적절한 것으로 확인된 재귀 수준)과 그에 상응하는 설명, 그리고 관련된 정보를 얻기 위한 요인들을 나타내는 열(column) 모두를 관찰할 수 있다. 마찬가지로 행렬의 요소들에서 연구 전반에 걸쳐 필요한 것으로 여겨지는 유형의 자료들을 확인할 수 있다. 이것은 현재 진행 중인 프로젝트이기 때문에 다양한 행렬 구성요소들이 연구 진척과 함께 더욱더 강화될 것이다.

이 연구는 지금까지 설명해 온 수직 분해 과정과 **재귀 수준-주요인** 행렬의 도움으로 각 재귀 수준에서의 주요 문제(그리고 기회)들을 진단하는 데 있어서 존립가능 시스템 모델이 갖는 엄청난 적용가능성을 보여주고 있다. 무엇보다도 주 조직에 대한 관련 영역(이 사례에서는 스페인 공립대학과 이 대학의 지리적 영향권)을 커버하는 조직을 만들어야 하는 필요성을 확인하는 데 존립가능 시스템 모델이 얼마나 유용한지를 보여주고 있다. 이 사례에서는 존립가능 시스템 모델을 적용함으로써 도시계획 문제들과 관련한 17개의 구체적인 조치들을 확인할 수 있었다. 이러한 조치들 중 몇몇은 그 차원뿐만 아니라 대학의 목적(예를 들면, 더 많은 학생 유치와 지역사회를 위한 보다 나은 서비스 제공), 이 대학이 위치한 도시의 일부(사회학적 그리고 인구통계학적) 변화, 다양한 운송 시스템(버스, 지역 내 철도 그리고 자전거 도로)의 조정, 학생 숙소 공급의 확대, 또한 이러한 조치들의 간접적 효과로서 임대 아파트의 공급 증가에 의한 가격 하락이 향후 미치는 영향, 지속가능 개발을 위한 준거지점으로서의 대학의 변화 등과 같은 다양한 측면에도 영향을 미치고 있다. 이러한 결과들은 이 연구가 보여준(이 책이 쓰이고 있는 시점에서도 계속해서 발생하고 있는) 광범위한 효과들 중의 일부에 지나지 않는다.

지금까지 우리는 존립가능 시스템 모델의 적용과정에서 수직적 복잡성 분해 단계만을 살펴보았다. 지금부터는 수평적 차원에서의 존립가능 시스템 모델을 이용한 연구가 갖는 의미에 대하여 살펴보겠는데, 이 수평적 차원은 (다양한 내부 구성요소를 가지고 있는) 구조 내에 있는 기존의 조직들 모두와 관련되는 차원이다.

2.3 수평 차원 : 초점 시스템의 선택 : 전체 시스템과 기능

앞 절에서 우리는 기존의 조직이나 또는 새로운 조직을 설계할 때 선택된 재귀 기준과 적절한 재귀 수준에 따라 수직 차원으로 환경을 분할함으로써 각 수준에서 권장되는 복잡성들을 확인하고 그 환경 안에 있는 다양성(복잡성)을 지속적으로 흡수해 나가는 방법에 대하여 살펴보았다. 그리고 재귀 수준-주요인 행렬에 대하여도 살펴보았는데, 이 행렬의 행(row)은 각각의 재귀 수준에 대응되고, 이 행렬의 열(column)은 조직 연구를 위한 필수적인 요인 혹은 측면들을 보여주고 있음을 알 수 있었다.

특정 시스템(조직)의 일반적인 구조를 설계하거나 진단하고 서로 다른 관련 재귀 수준을 확인하고 나면 이제 다양한 환경에 포함되는 각각의 조직에 대한 분석을 실시할 수 있다. 앞에서 언급한 것처럼 이러한 상세 연구를 위해 선택된 조직을 초점 조직 또는 초점 시스템이라고 부른다.

초점 수준/조직(Level/Organization-in-focus)에 대응하는 행렬의 행에 있는 구성요소에 주된 관심을 갖는 수평 차원은 비록 선택된 초점 수준/조직의 일부이지만 이 부분의 환경 다양성(복잡성)을 지속적으로 흡수할 수 있도록 해주는 차원이다. 이 차원에서 기본적으로 세 가지 요소 — 초점 조직의 구체적 환경, 초점 조직 그리고 관리 — 에 대하여 분석할 것이다. 〈그림 2.18〉의 제일 위에 있는 그림은 조직을 포함하고 있는 환경의 전체적인 윤곽을 보여주고 있는데, 조직의 관리가 조직의 일부분으로 포함되고 있음을 보여준다. 가운데 그림은 위의 그림과 같은 특성을 보여주고 있지만 조직과 관리가 함께 운영되고 있으며 이들이 환경과 분리되어 표시되어 있다. 이렇게 함으로써 이 그림은 환경의 다양성을 약화시키고 증폭시키는 채널을 보다 더 시각적으로 잘 표현하고 있는데, 이는 앞에서 언급한 바 있는 Ashby의 법칙에 따라 조직이 특정한 환경 다양성에 접근할 수 있음을 보여준다. 이제 제일 아래쪽 그림에서는 이러한 복잡성을 해결할 수 있게 해줄 증폭/감쇄 채널을 보여주기 위해 조직으로부터 관리를

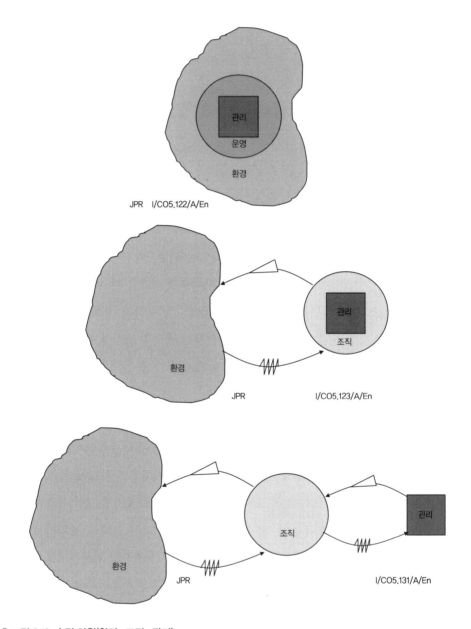

JPR   I/CO5.122/A/En

JPR   I/CO5.123/A/En

JPR   I/CO5.131/A/En

▌그림 2.18 **수평 차원(환경－조직－관리)**

분리하고 있다.

　이제 선택된 재귀 수준과 그 안에 있는 초점 조직에 상응하는 세 가지 기본적인 구
성요소를 식별하였으므로 다음 단계는 초점 조직의 구조에 대하여 살펴보기로 한다.

이렇게 함으로써 앞에서 언급한 바 있는 존립가능 시스템 모델이 필요/충분한 것으로 간주하고 있는 다섯 개의 시스템 또는 기능들 그리고 이들을 연결해주는 커뮤니케이션 채널 네트워크의 실질적인 존재와 발달 정도를 평가할 수 있게 될 것이다.

〈그림 2.19〉의 오른쪽에서는 세 가지 필수 구성요소(환경, 조직/운영과 관리 또한 환경에서 볼 때의 시스템과 메타시스템)의 내용을 볼 수 있다. 전체적인 존립가능 시스템 모델은 모든 필수적인 기능 또는 시스템(시스템 1, 시스템 2, 시스템 3, 시스템 3*, 시스템 4 그리고 시스템 5), 현재 환경, 미래 환경 그리고 커뮤니케이션 채널 등을 갖추고 있는 것으로 볼 수 있다. 이 그림을 통해 운영/시스템을 나타내는 원 안에 세 개의 구성요소가 있음을 알 수 있고, 또 각각의 요소들이 자체의 운영과 관리를 보유하고 있음을 알 수 있다. 이 요소들이 시스템 1을 구성하는 기초적 운영 단위들이다. 이 그림에서 보여주고 있는 예에서는 세 개의 운영 단위가 있지만, 운영 단위의 수는 경우에 따라서 변동될 수 있다. 다음의 재귀 수준을 따라 아래 방향으로 내려가게 되면 이들 각각이 초점 조직이 된다.

지금까지 수평 차원의 구성요소가 무엇이며, 이 요소들이 어떻게 조직의 존립가능 시스템 모델로 우리를 유도하고 있는지에 대하여 살펴보았으며, 지금부터는 존립가능 시스템 모델에 있는 각각의 특정 요소들, 즉 이 모델에 의거하여 조직 내에 적절하게 표현되고 운영되어야 하는 기능과 시스템에 대하여 살펴보기로 한다.

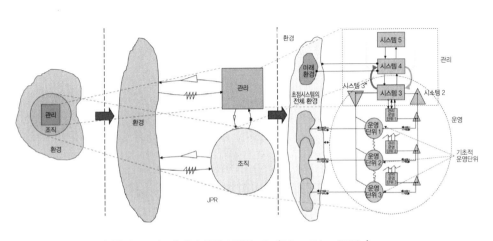

▌그림 2.19 **수평 차원(환경-조직-관리)과 초점 조직의 VSM**(Pérez Ríos, 2008a)

우리의 관심을 초점 조직/시스템에 두었을 때 이에 대한 분석 순서는 다음과 같다.

- 특별히 시스템 1에 역점을 두고, 앞에서 설명한 것처럼, 이 시스템에 대하여 다음 단계의 재귀 수준으로 분할해 내려갈 때 그다음의 초점 시스템을 포함하는 다양한 운영 단위들을 이 시스템이 담고 있다는 시각에서 각각의 개별적인 시스템 또는 기능에 대하여 검토할 것이다.
- 각 구성요소에 대한 개별적인 연구에 이어 초점 조직들의 수직적 연결을 살펴봄으로써 진단을 마무리할 것이다.

초점 시스템의 기능/시스템(그림 2.20)에 대한 고려는 다음과 같은 범주에 기초할 것이다.

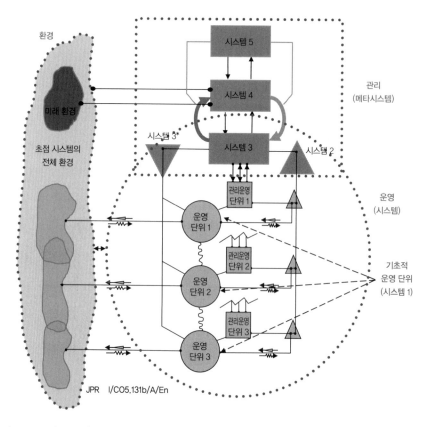

그림 2.20 **초점 시스템(환경 – 시스템/운영 – 메타시스템/관리)**(Pérez Ríos, 2008e)

- 무엇보다 먼저, 관리 메타시스템(시스템 5, 시스템 4 그리고 시스템 3)과 초점 시
  스템 환경과의 관계성을 분석할 것이다.
- 그다음, 특별한 시스템 3*과 함께 시스템 1, 시스템 2, 그리고 시스템 3 등으로 구
  성되는 초점 시스템의 운영 집합(시스템)을 다룰 것이다.

우선 대개 시스템 1을 분석하는 데 집중하고 시스템 번호의 역순으로 시스템에 대
한 분석을 진행해 나가는 이유는 조직을 설계할 때 조직(초점 시스템)의 특성과 목적
을 알지 못한 채 운영 단위의 세부 내용을 파악한다는 것이 의미가 없기 때문이다. 이
책의 전반부에서 설명한 시스템 접근방법은 시스템 연구 단계의 순서를 명확하게 하
고 있다. 첫째, 초점 시스템을 포함하는 시스템을 식별하는 것, 둘째, 포함되는 시스
템 내에서의 초점 시스템의 목적/목표를 확인하는 것, 그리고 마지막으로 분석될 조
직의 설계 또는 진단의 상세내용을 살펴보는 것 등이다.
그러면 관리 메타시스템에 대한 검토를 시작하기로 한다.

2.3.1 관리 메타시스템(시스템 5, 시스템 4 그리고 시스템 3)

존립가능 시스템 모델을 구성하는 모든 시스템 또는 기능에 대하여 우리는 기본적으
로 두 가지 질문을 생각할 수 있다. 첫째는 바로 그 시스템의 존재와 구성(existence and
constitution)을 결정하는 것이 목적인데, 다시 말하면 시스템/기능이 존재하고 있는
지를 확인하고, 존재한다면 요구되는 기능의 수행 능력 측면에서 그 구체적인 전형을
평가하는 것이다. 두 번째 질문은 적재적소에서 이 시스템이 갖추고 있어야 하는 다른
시스템들과의 관계성 그리고 환경과의 관계성을 분석하고자 하는 것이다. 이러한 범주
에서 이 관계성이 직면하게 되는 두 가지 주요 차원이 있다. 하나는 수평 차원(무엇보
다도 환경과의 관계, 또는 시스템 3과 시스템 1의 경우 시스템 2와 관계)이고, 또 다른
하나는 수직 차원으로 상이한 시스템 또는 기능들 사이의 연결과 관계되는 것이다.

2.3.1.1 시스템 5

제1장의 3절에서 이 시스템의 특성과 목표 그리고 조직의 '경계(closure)'로서의 역할
에 대하여 설명한 바 있다(그림 2.21). 따라서 이 시스템의 존재와 발달의 정도를 '진

단'하게 될 때, 이러한 측면들과 관련한 가장 타당한 질문들을 고려해야 한다.

여기에 모든 것을 다 나열할 수 없지만 다양한 필수적인 사항들과 관련하여 제기할 수 있는 질문의 예를 살펴보고자 한다.

시스템 5 요소의 존재와 관련하여

- 조직의 영감을 주는 비전에 관한 (외형적 혹은 문서상의) 공식적인 선언이 있는가?
- 조직의 미션에 관한 (문서상의) 공식적인 선언이 있는가?
- 이러한 미션을 조직에 대한 전략적 대상과 목적 등의 실제적 표현으로 기록한 문서들이 있는가?

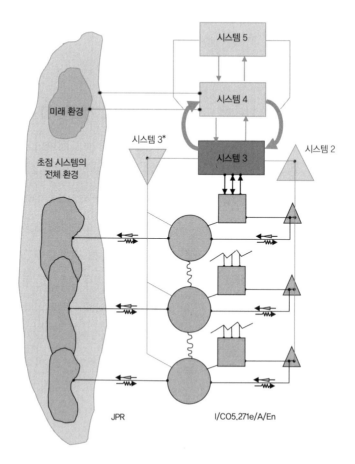

▌ 그림 2.21 시스템 5(Pérez Ríos, 2008e)

시스템 5 요소들의 특성과 관련하여

- 전략적 목표와 목적의 내용이 조직의 모든 기본적인 측면을 담아내고 있는가? 기업의 경우 이러한 예로, Drucker가 제시하고 있는 것들을 여기에 옮기면 고객과 대상 시장, 지리적 영역, 생존과 성장 그리고 수익성과 관계되는 사안들, 기업의 철학, 그리고 바람직한 대중 이미지 등을 들 수 있다(Drucker, 1954).

시스템 5에서 역할을 갖는 유기적 조직체/사람의 존재와 관련하여

- 위의 사항들과 관계된 기능을 갖는 개인 그리고 집단적 유기적 조직체로는 무엇이 있는가?
- 특정한 시스템 5의 기능을 가지고 있는 (또는 가지고 있어야 하는) 유기적 조직체의 예 : 기업의 이사회, 대학의 사회 이사회(Social Council), 자율적인 지역사회의 경제 사회 이사회(Economic and Social Council), 기업이나 조직의 관리 팀.

시스템 5 기능을 가진 유기적 조직체의 운영방식 그리고 효능과 관련하여

- 조직의 정체가 무엇이며 또는 무엇이 되고자 하는지(즉 조직의 정체성)와 관련한 이러한 유기적 조직체들 사이에 공통적 의견(consensus)이 있는가?
- 시스템 5에서 생성된 정보를 조직의 다른 부분에 전달하는 적절한 절차가 존재하는가?

커뮤니케이션 채널과 관련하여

- 기존의 어떠한 커뮤니케이션 채널이 시스템 5와 특별히 관계되는 문제들에 관련한 조직 내 사건들을 시스템 5에게 알려주고 있는가, 그리고 어느 채널이 비전·미션·목표·정체성 등과 관련한 상세한 정보를 나머지 조직에게도 전송하고 있는가?
- 앨지도닉 채널을 통해 정보를 수신하기 위한 적절한 '센서'가 있는가?
- 앨지도닉 채널이 적절한 지점들을 연결시켜주고 있는가, 그리고 여덟 가지의 전형적인 커뮤니케이션 채널의 구성요소가 적절하게 만들어져 있는가?

시스템 5와 관련되는 두 번째 질문은 시스템 4와 시스템 3 사이의 상호작용의 관리, 즉 시스템 4 - 시스템 3의 항상성(homeostat)에 관한 것이다(그림 2.22). 앞에서 언급한 것처럼, 시스템 5는 현재 조직의 기능수행(시스템 3의 기본적인 기능)과 미래를 위한 준비(시스템 4의 기본적인 기능) 사이의 균형을 이루게 하는 것이 그 임무이다. 따라서 이와 관련하여 고려해야 할 사항들을 나열해보면 다음과 같다.

시스템 4-시스템 3 항상성 관리와 관련하여

- 시스템 5 그리고 시스템 4와 시스템 3의 필수적인 구성요소 사이의 상호작용을 촉진하기 위한 절차들이 도출되어 있는가?(시의 적절성, 적당한 공간, 고려해야

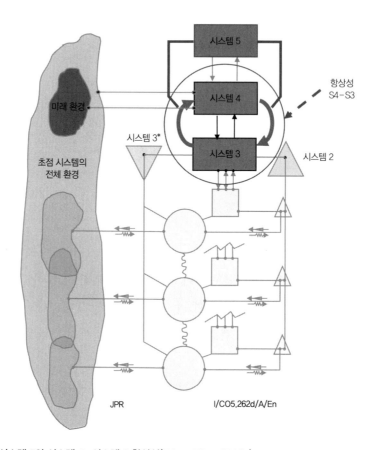

▎그림 2.22 시스템 5와 시스템 4-시스템 3 항상성(Pérez Ríos, 2008e)

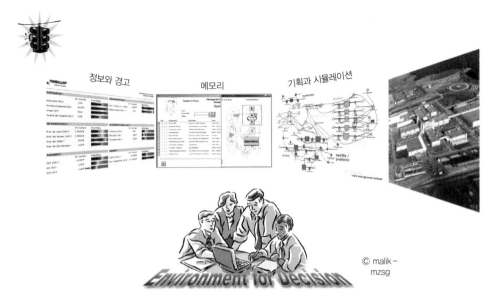

정보와 경고   메모리   기획과 시뮬레이션

© malik–
mzsg

▌ 그림 2.23 '운영실'의 요소들. 말릭 매니지먼트 젠트룸 생갈렌의 협조에 의함. 공인된 재사용.

할 주제들)

- 시스템 3과 시스템 4가 합동으로 해결할 수 없는 문제들을 해결하기 위해 시스템 5가 개입되어야 함을 경고하는 절차 혹은 요소들이 존재하는가?
- 주어진 문제 상황을 연구하는 데 있어서 메타시스템(시스템 3 - 시스템 4 - 시스템 5)의 구성요소들을 보조하기 위한, 제1장 3절에서 설명한 바 있는 '운영실 또는 의사결정 환경' 또는 이와 유사한 시설들이 존재하는가?(그림 2.23)

마지막으로 시스템 5와 관련한 또 다른 질문들은 전체 조직이 동일한 비전과 정체성 등을 어느 정도까지 공유하고 있는가를 평가하기 위해 제기되어야 할 것들이다. 이러한 목적을 위해서는 그러한 측면들이 초점 조직 내에서 그리고 재귀 수준의 이전 단계와 다음 단계에서 얼마나 잘 인식되고 있는지를 검토하는 것이 필요하다(그림 2.24).

서로 다른 재귀 수준 간의 정체성 인식에 있어서의 일관성

- 시스템 5의 정체성을 시스템 1의 구성요소들이 공유하고 이해하고 있는가?

- 초점 시스템에 있는 시스템 5의 정체성이 이전 단계 재귀 수준의 정체성과 일관
성이 있는가?
- 초점 시스템의 시스템 5와 이전 재귀 수준(들)의 시스템 5 사이에서 정체성을 의
사소통하고 공유할 수 있게 해주는 공식적 또는 비공식적 절차가 존재하는가?

지금까지 우리는 조직의 정체성에 대하여 살펴보았고, 시스템 5가 기능을 수행하는

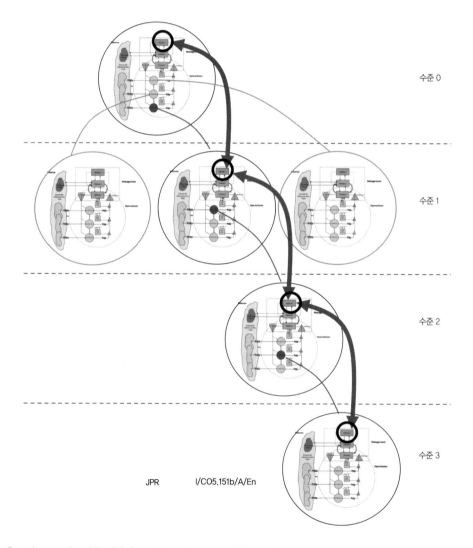

▌그림 2.24 서로 다른 재귀 수준에 있는 시스템 5 사이의 연결(Pérez Ríos, 2008e)

데 필요한 다양한 종류의 요소들에 대하여 살펴보았다. 지금부터는 시스템 4에 대하여 살펴보기로 한다.

2.3.1.2 시스템 4

제1장의 3절에서 시스템 4의 주요 기능에 대하여 살펴보았으며, 지금부터는 우리가 면밀히 조사하게 될 조직에서 이 기능에 대한 **존재와 구성**(existence and compositon), 그리고 시스템 성능의 **우수성**(quality of performance), 그리고 마지막으로 특정 조직에 있는 전체 시스템의 나머지 시스템 또는 기능들과 시스템 4의 요소들 사이의 **연결**(connection)의 우수성에 대하여 살펴보기로 한다(그림 2.25). 제기해야 할 질문들과 명확히 확인해야 할 사항들을 정리하면 다음과 같다.

시스템 4의 존재와 우수성 관련

- 시스템 4의 목적과 관계되는 활동들을 갖는 관리, 개인 또는 유기적 조직체(부서, 부문, 단위, 기타)에 대한 설명
- 각자 수행하는 활동들과 시스템 4의 목적과 관련되는 활동들에 대한 명시적 설명
- 앞에서 언급한 관리, 개인 또는 유기적 조직체들에 대한 시스템 4와 관계되는 활동들을 지원하기 위하여 조직이 수용한 수단에 대한 설명

이러한 범주 내에서 다른 무엇보다도 다음 사항들을 확인할 필요가 있다.

(1) 시뮬레이션 모델이 존재하는가?(예를 들어, 시스템 다이내믹 모델 또는 다른 방법론에 기초한 일반적인 시뮬레이션 모델)

(2) 예비 연구(예를 들면, 델파이 방법론)를 수행하기 위한 도구가 이용되고 있는가?

(3) 시나리오에 기초한 대안적 의사결정을 검토하기 위한 방법론이 이용되고 있는가?

(4) 위와 다른 방법론, 방법 혹은 기법이 사용되고 있는가? 사용되고 있다면 이러한 내용에 대한 설명이 되어 있는가?

(5) 앞에서 언급했던 '운영실' 또는 '의사결정 환경' 또는 이와 유사한 시설들이 있는가? 이 시설들의 주요 구성요소들은 다음과 같다.

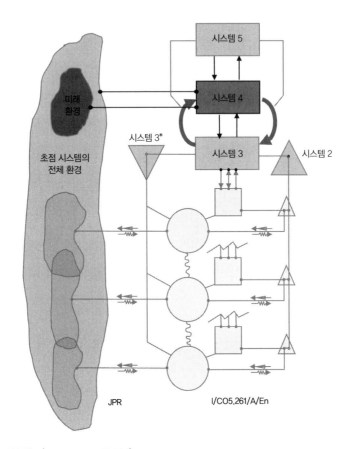

I/CO5.261/A/En

▌ 그림 2.25 **시스템 4(Pérez Ríos, 2008e)**

1. 실시간으로 입력되는 주요 변수들의 현재 결과를 시각적으로 표현하는 요소
2. (관련 변수의 시산 경과에 따른) 조직의 과서 데이터를 시각적으로 표현하는 요소
3. 의사결정에 필요한 정보를 제공하기 위하여 시뮬레이션 모델과 결과치를 시각적으로 표현하는 화면
4. 문제 조직의 존립가능 시스템 모델과 조직 내의 다양한 재귀 수준을 시각적으로 표현할 수 있는 화면
5. 조직과 관계되며 의사결정과정에 투입되어야 하는 관련 정보(수치, 텍스트, 이미지, 동영상 등)를 시각적으로 표현할 수 있는 요소

'수평' 관계 : 시스템 4 : 환경(현재와 미래) 항상성

환경에서 무슨 일이 일어나고 있는지 아니면 일어나게 될지를 감시하고, 관련 정보들을 수집하며, ('변환'을 포함해서) 이 정보들을 조직 내에 전송하는 것이 시스템 4의 기본 역할이라고 한다면 이러한 기능을 확실하게 다루어야 한다.

이 장의 2절에서 고려해야 할 환경의 주요 차원들로 다음 내용들에 대하여 살펴보았다.

- 상거래
- 사회학적
- 인구통계학적
- 기술적
- 정치적
- 법률적
- 경제적
- 생태적
- 교육적

이 절에서는 이에 대하여 다시 살펴보고 '수평'축과 관련하여 우리가 고려해야 할 사항들이 무엇인지에 대하여 살펴보기로 한다.

(1) 환경에 설치되어 있거나 이용가능한 '센서들.' 이 범주에서 한편으로는 이용되고 있거나 이용하게 될 센서의 종류를, 또 다른 한편으로는 이러한 센서가 어디에 위치하고 있으며, 어떤 차원과 대응되는지를 평가해야 한다.

(2) 수집된 정보를 조직의 다양한 요소들이 이해할 수 있는 언어로 전환하는 '변환기'

(3) '용량'(예를 들면, 대역폭)과 시의 적절성 모두를 고려하면서 이러한 정보의 전송을 위해 현재 사용하고 있거나 또는 앞으로 사용하게 될 '커뮤니케이션 채널'

(4) 이러한 정보의 '수신자'(개인, 부문, 그룹 등)

(5) 이러한 정보가 표현되고 있거나 표현되어야 할 방식(예를 들면, 그래프, 수치 데이터, 텍스트, 동영상 등) 그리고 (서면 양식 또는 PC 화면 또는 의사결정실의 대형 화면 등의) 지원 장치

이러한 기본적인 측면들은 '시스템 4-현재 환경 항상성'(그림 2.26)과 '시스템 4-미래 환경 항상성'(그림 2.27)이라는 두 가지 중요한 항상성 측면에서 평가되어야 한다. 여기에서 우리가 각각의 경우에 고려해야 하는 질문의 예를 들면 다음과 같다.

시스템 4-현재 환경 항상성

- 조직과 관계된 현재 환경요소들에 관한 정보를 수집하기 위해 환경에서 이용가

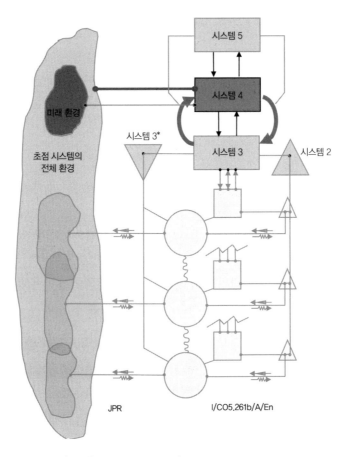

그림 2.26 **시스템 4-현재 환경**(Pérez Ríos, 2008e)

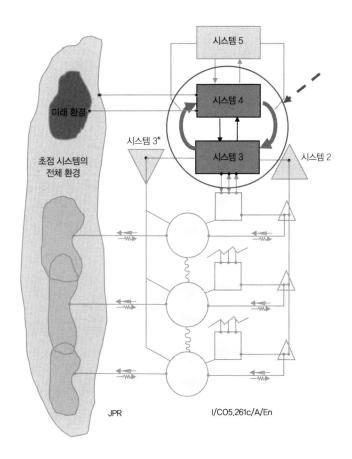

그림 2.27 **시스템 4-미래 환경**(Pérez Ríos, 2008e)

능한 '센서'에 대한 설명. 예를 들어, 기업의 경우 이러한 요소들은 다음의 차원들과 관련될 수 있다.

– 경쟁자의 존재와 행태

– 부상하는 시장

– 신기술

– 법률 변경

– 세계화의 영향

– 업무 영역의 조직 개편(합병, 인수 등)

– 환경적 이슈와 관련하여 현재의 규제가 미치는 영향

　　　- 기타
- 커뮤니케이션 채널과 모든 구성요소의 특징
- 정보의 '수신자'와 정보가 어떻게 표현되고 있는가

시스템 4-미래 환경 항상성

이러한 기본적인 차원들 각각에서의 환경에 대한 예측 가능한 궤적을 살펴보는 것 외에도, 이러한 변화가 우리 조직에 미치게 될 영향에 대해서도 평가를 해야 한다. 결과적으로 우리는 다음 활동들을 수행해야 한다.

- 비전에 대한 검토
- 미션에 대한 검토
- 목적에 대한 검토
- 비즈니스 모델에 대한 검토
- 수익 성장(profitable growth)의 기회
- 조직의 새로운 도전에 대한 평가(예를 들어, 기업에 있어서는 미래의 잠재적인 경쟁자, 기술적 변화, 시장 행동의 변화 그리고 앞에서 언급한 바 있는 환경적 차원에서의 변화 등)
- 조직 개편의 필요성과 기회(시장, 제품, 구조 등)
- 국제적 확장의 필요성과 기회
- 기타

기능수행과 커뮤니케이션

지금까지 우리는 시스템 4가 우리의 조직에 존재하는지, 시스템 4의 구성요소는 무엇인지, 시스템 4가 사용할 수 있는 수단, 기능, (현재와 미래의) 환경에 대한 해결능력, 그리고 시스템 4와 환경을 연결하는 두 가지 항상성의 실제적 발달 등에 대하여 살펴보았으며, 지금부터는 연구 중인 조직의 다른 시스템/기능들과 시스템 4가 어떻게 연계되는가에 대하여 살펴보겠다. 특히 시스템 4와 시스템 3 그리고 시스템 5 사이의 연결을 분석할 것이고, 이와 함께 이들 사이에 작용하고 있는 관계성의 우수성을 평가

함으로써 하나의 전체로서의 조직에 있는 서로 다른 재귀 수준에 속하고 있는 다른 조직들과의 연결도 분석할 것이다.

시스템 3과의 관계 : 시스템 3-시스템 4 항상성

시스템 3의 주요 역할은 조직의 '현시점', 즉 시스템 2와 시스템 3*의 도움을 받아 시스템 1을 구성하고 있는 요소들의 일일 상황을 관리하는 것이다. 조직의 존립가능성은 환경의 진전에 따라 결정되는 변화와 필요에 얼마나 잘 적응하느냐에 달려 있다. 이러한 변화를 감지하여 조직의 내부로 전달하는 것이 시스템 4의 주요 임무이다. 따라서 한편으로는 시스템 4와 시스템 3 사이에 커뮤니케이션 채널(적절한 작동을 위해 필요한 모든 구성요소를 갖춘)이 존재하는지, 그리고 또 다른 한편으로는 이 시스템들이 다른 시스템으로 필요한 정보를 전송할 수 있도록 이들 시스템 사이의 대화를 촉진해주는 수단이 존재하는지를 확인해야 한다. 시스템 3의 경우 이러한 정보는 적절한 (비파괴적인) 환경적응이 일어날 수 있도록 하는 시스템 1 내에서 제한과 특정한 타이밍 제약조건 등에 관련될 것이다. 시스템 4에는 조직이 존립가능성을 유지하려고 한다면 시스템 1에 의해 수행될 필요가 있는 것으로 여겨지는 변화와 관련한 데이터가 여기에 해당될 것이다. 시스템 4와 시스템 3 사이의 이러한 상호작용은 시스템 4-시스템 3 항상성에 의해 설명되는데, 앞에서도 살펴보았지만, 이 단위는 조직의 환경 적응기관(adaptation organ)으로서 이 기능의 적절한 수행은 조직의 존립가능성에 매우 중요하게 작용한다(그림 2.28).

결과적으로, 우리가 신중하게 고려해야 할 질문 혹은 측면들은 다음과 같다.

- 시스템 4와 시스템 3 사이의 공식적인 커뮤니케이션 채널에 대한 설명. 항상성을 위한 전형적인 8개 요소(구성요소, 변환기, 채널) 각각에 대한 검토와 시의 적절성 등에 대한 검토
- 비공식 커뮤니케이션 채널(회의 소집 등)에 대한 동일한 질문의 검토
- 시스템 3과 시스템 4 사이의 '대화(conversation)'를 촉진하기 위하여 이용할 수 있는 자원에 대한 설명. 이러한 범주에서 제1장 3절에서 언급했던 다음과 같은

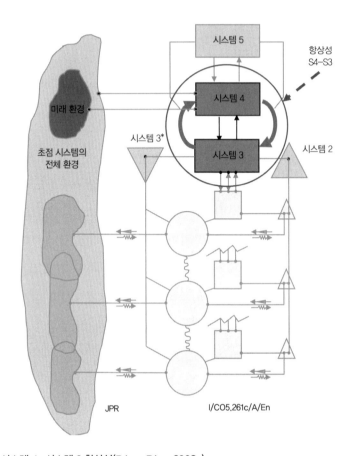

I/CO5,261c/A/En

▌ 그림 2.28 **시스템 4-시스템 3 향상성**(Pérez Ríos, 2008e)

유형의 지원이 존재하는지 확인해야 한다.

　－ 방법론적 그리고 기능적 : 시뮬레이션 모델, 시나리오, 예비 조사, 특정 목적
　　을 위한 소프트웨어 도구(Interdelphi, Col-KCap 등)

　－ 물리적 지원 관련 : 시각화 패널, 대형 컴퓨터 화면, 네크워크 컴퓨터 등

　이 질문과 관련하여, 앞에서 언급한 바 있는 '운영실(Operations Room)' 또는 '의사
결정 환경(Decision taking environment)' 등의 이용가능성은 시스템 3과 시스템 4 사
이의 '대화'를 촉진하는 데 기본이 된다.

　또한 문제의 복잡성과 규모가 큰 경우에는 그룹의사결정기법(브레인스토밍, 명목
그룹기법 등) 또는 가능하다면 팀 신테그러티(Team Syntegrity) 등의 사용을 추천한

다. 이 책의 제5장에서는 팀 신테그러티의 기본적인 특징과 기초적인 응용 프로토콜에 대하여 살펴보기로 한다.

시스템 5와의 관계

시스템 5의 특성을 기술하면서 조직의 나머지 부분들과의 커뮤니케이션에 대한 필요성에 대한 지표를 설명한 바 있다. 결과적으로 우리는 다음 사항들을 확인해야 한다.

- 시스템 4와 시스템 5 사이의 공식적 그리고 비공식적 커뮤니케이션 채널의 존재
- 이러한 채널들의 특성과 구성. 커뮤니케이션 채널의 모든 구성요소가 존재하며, 적절히 운영되어 작동하고 있는가를 확인해야 한다.
- 시스템 5와 시스템 4 사이의 커뮤니케이션과 관련하여 무엇보다도 다음 사항들을 검토해야 한다.
  - 채널의 존재(커뮤니케이션 라인의 다양성, 형식, 빈도 등)
  - 전송되는 정보의 내용(비전, 미션, 목표, 행동과 관련된 지시와 명령 등의 측면)
- 시스템 4에서 시스템 5로 확장하는 커뮤니케이션 라인에서 다음의 사항들을 확인해야 한다.
  - 채널의 존재(커뮤니케이션 라인의 다양성, 형식, 빈도 등)
  - 전송되는 정보의 내용(현재와 미래의 필요에 조직을 적응시키는 것과 관련한 이슈들, 비전과 미션 그리고 목표 등과 관련한 질문들)
  - 조직의 생존에 위협이 되는 심각한 위험요인을 경고하는 앨지도닉 채널의 존재
  - 앨지도닉 채널의 구성 : 연결 요소(어디에 '센서'가 설치되어 있고, 시스템 5 내에서 정보가 어떻게 시각화되는가, 누가 이 정보를 수신하고, 정보가 어떻게 표현되는가), 변환기, 그리고 채널의 특성(용량)

마지막으로 시스템 3 - 시스템 4 항상성과 시스템 5 사이의 연결은 시스템 5를 분석하면서 살펴본 바 있다.

서로 다른 재귀 수준에 있는 시스템 4 사이의 관계

시스템 4는 변화의 가능성을 계속적으로 검토하고, 시뮬레이션 도구 등과 같은 다양한 도구의 지원과 시스템 3의 협조로 이러한 변화 가능성을 평가하는 것이라고 한다면, 일반적인 옵션과 다양한 전략의 평가는 전체 조직에 있는 서로 다른 재귀 수준에 위치한 서로 다른 조직들 사이에서도 일관성이 있어야 한다는 것은 명백하다(그림 2.29).

시스템 다이내믹스(System Dynamics)와 같은 도구들은 다양한 통합 수준(degree of aggregation)을 갖는 모델을 구축할 수 있게 해준다. 따라서 좀 더 상세한 모델의 산출물이 좀 더 종합적인 모델에 투입이 되어 서로 다른 모델들 사이의 일치성(consistence)과 일관성(coherence)이 항상 확인될 수 있는 결과를 가져오게 만들 수 있다.

이러한 검토는 특히 존립가능 시스템 모델에서 요구되는데, 모든 전략적 계획수립 과정(strategic planning processes)이 모델의 재귀 특성을 통해 연결되기 때문이다. 각 조직은 이전 단계의 재귀 수준에 있는 다른 조직의 일부이며, 이전 단계의 재귀 수준에 있는 조직은 또 그보다 이전 단계의 재귀 수준에 있는 조직의 일부가 되는 재귀적인 특성을 갖는다. 따라서 우리는 이러한 일관성이 실제로 존재하는지 확인해야 한다.

이러한 점에 관하여 우리는 다음과 같은 질문을 해야 한다.

- 시스템 4에 채택된 모델들이 다양한 재귀 수준에 대응하는 조직의 측면들을 연결할 수 있게 해주는 서로 다른 정도의 통합을 포함할 수 있게 하는가?
- 다양한 재귀 수준 사이에서 전략적 계획수립, 시뮬레이션, 시나리오 탐색 등에 대한 절차의 일관성을 점검할 수 있는 공식적 또는 비공식적 절차가 있는가?
- 서로 다른 재귀 수준에 있는 서로 다른 시스템 4 사이에 커뮤니케이션 채널이 존재하는가?

우리는 지금까지 시스템 5, 시스템 4, 그리고 시스템 4-시스템 3 항상성 등으로 언급되는 초점 조직의 메타시스템(관리)의 구성요소에 대하여 검토하였으므로, 지금부터는 조직의 운영 또는 시스템에 대하여 살펴보기로 한다. 정리하자면 이 운영 시스템은 시스템 3, 시스템 3*, 시스템 2 그리고 시스템 1로 구성되는데, 이들 각각에 대응하는 커뮤니케이션 연결을 기지고 있다. 또한 시스템 3은 (운영) 시스템과 (시스템 4와 시스템 5와 함께) 메타시스템 모두에 속하고 있다는 점에서 이중적 역할(dual role)을 수행하며, 이에 대하여는 다음 단계에서 살펴보기로 한다.

2.3.2 시스템(조직/운영 : 시스템 3, 시스템 3*, 시스템 2, 시스템 1)

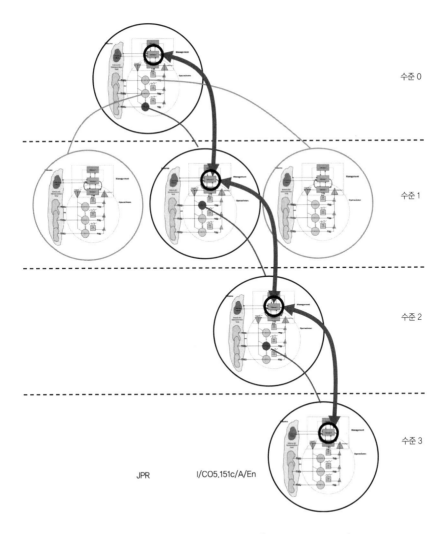

┃ 그림 2.29 서로 다른 재귀 수준에 있는 시스템 4 사이의 연결(Pérez Ríos, 2008e)

2.3.2.1 시스템 3

시스템 3(그림 2.30)은 초점 조직의 '메타시스템'에 있는 (시스템 4, 시스템 5와 더불어) 세 번째 구성요소로서, 시스템 3*, 시스템 3, 시스템 2 그리고 시스템 1로 구성되는 초점 시스템에 있는 운영 집합의 '관리(Management)'에 해당한다. 〈그림 2.30〉에서 보는 바와 같이 시스템 3은 메타시스템과 시스템(또는 운영집합) 모두에 속하는 구성요소로서 특별한 위치를 차지하고 있다. Yolles(개인 커뮤니케이션, 2007)와 같은 연구자들이 이러한 점에 대하여 연구해 오고 있는데, 시스템 3의 이중적 역할을 설명하기 위해 시스템 3이 개입하는 활동의 유형에 따라 시스템 3을 시스템 3a와 시스템 3b로 구분하고 있다.

이미 지적한 바와 같이 이 시스템의 기본적인 기능은 조직이 지속적으로 조직의 환경에 제공해야 하는 것들(상품, 서비스, 기타 등)을 제공할 수 있도록 조직의 현재 기능을 관리하는 것이다. 이 기능을 일반적으로 (Beer가 의도적으로 광범위한 용어로 극단적으로 단순화시킨 '시스템 3에 내재된') '관리와 통합(Management and integration)' 또는 '실행과 통합(Implementation and integration)' 기능이라고 한다.

시스템 3의 또 다른 기능은 각각의 환경과 그에 대응되는 시스템 1을 구성하는 기본적 운영 단위들이 취합한 정보(이러한 정보는 현재와 미래의 환경과 관련되지만 가장 낮은 수준에 해당될 것이다)를 포함하여, 시스템 1의 변화가 가져올 실제적 '기회'를 시스템 4에 알리는 것이다. 사실상 이러한 유형의 정보를 수집할 때 엄격하게 말하면 우리는 이것이 시스템 4에 가장 적합한 경우라고 생각할 수 있다. 왜냐하면 새로운 초점 시스템이 이러한 기초적 운영 단위 중 하나가 되는 다음 단계의 재귀 수준으로 내려감으로써 시스템 4에 대응되는 기능에 대하여 살펴볼 수 있게 되기 때문이다. 이러한 재귀 수준들 사이의 연결은 어느 정도 복잡하게 여겨지지만, 일단 하나의 전체로서 존립가능 시스템 모델을 완전히 익히고 나면 그것은 완전히 관리 가능해진다. 이제 시스템 3은 상향 정보(upward information)의 전달자로서의 역할을 수행하게 된다.

시스템 1 구성요소들의 통합자로서 그리고 메타시스템과 시스템 1의 연결자로서의 시스템 3의 역할에 대하여 다시 살펴보면, 시스템 1과 이들의 구성요소들과 관련하여 시스템 3이 수행하는 세 가지 핵심적인 활동은 다음과 같다.

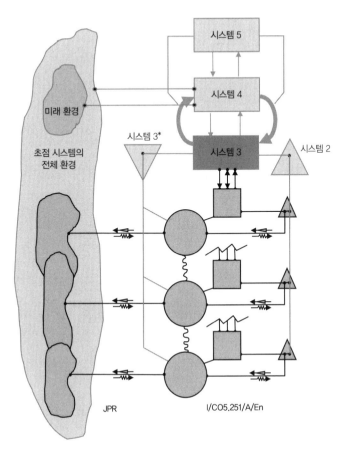

시스템 5

시스템 4

미래 환경

초점 시스템의
전체 환경

시스템 3*

시스템 3

시스템 2

JPR

I/CO5,251/A/En

■ 그림 2.30 **시스템 3**(Pérez Ríos, 2008e)

(1) **목표 설정**(goal setting). '메타시스템'으로부터의 정보('비전', '미션', '특정 목표' 그리고 '기풍'을 시스템 1에 맞게 번역하는 것을 포함)를 전송하는 것은 물론 시스템 1을 구성하는 단위요소들 각각의 목표를 설정하는 것. 다시 말해, 조직의 행동 방식, 특성 그리고 조직 내부와 외부로 어떻게 보이고, 인식되어야 하는가에 대한 바람 등(그림 2.31).

(2) **자원 협상**(negotiating resources). 목적을 달성하고, 언급된 사안들을 해결하려면 시스템 1에 있는 각각의 기초적 운영 단위들이 제 기능을 수행하는 데 필요한 자원을 공급받아야 한다. 이러한 '자원 협상' 과정은 시스템 1과 시스템 3으로 구성되는 기초적 운영 단위 각각에 대응되는 '관리'에 의해 공동으로 처리된

다. 이용가능한 자원에 대하여 이 시스템들이 합의하게 될 것인데, 여기서 우리는 전체 시스템 1의 종합적 비전을 보유하고 있으며, 시스템 1에 있는 기초적 운영 단위들의 필요성을 파악하고 있는 유일한 시스템은 시스템 3이라는 것을 명심해야 한다(그림 2.32). 각각의 운영 단위로의 자원할당은 각각의 단위들이 설정된 목표를 달성해야 하는 책임을 동반해야 한다. 이러한 점에서 '목표에 의한 관리(Management by objectives, MBO)'와 같은 기법들이 유용할 것이라 생각한다.

(3) **책임성(Accountability) 절차 수립.** 마지막으로 일단 목표가 정해지고, 그에 상응하는 자원이 할당되면 다음에는 책임성 절차가 수립되어야 한다. 시스템 1에 있

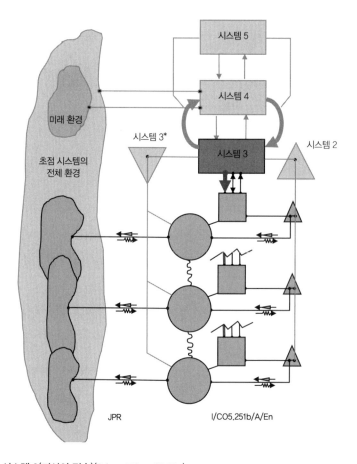

┃ 그림 2.31 **시스템 3(지시의 전송)**(Pérez Ríos, 2008e)

는 각각의 기초적 운영 단위의 '관리'는 이들 단위 내에서 목표가 어느 정도 달성되고 있는가에 대한 정보를 시스템 3에 지속적으로 제공해야 한다. 또한 이 단위들은 목표 달성에 심각하게 영향을 미칠 수 있는 위험 등에 대하여 이 시스템 3에 통보해줘야 한다(그림 2.33).

지금까지 시스템 3의 주요 기능들에 대하여 '확인'하였으므로, 시스템 1의 검토에서와 마찬가지로, 한편으로는 연구 중인 조직에서의 시스템 3 기능의 존재와 **구성**(existence and composition)을 평가하고, 시스템 3의 요소들과 다른 시스템들 또는 관심 대상 조직의 완전한 시스템 기능 사이의 **연결**(connection)에 대한 우수성을 고려하

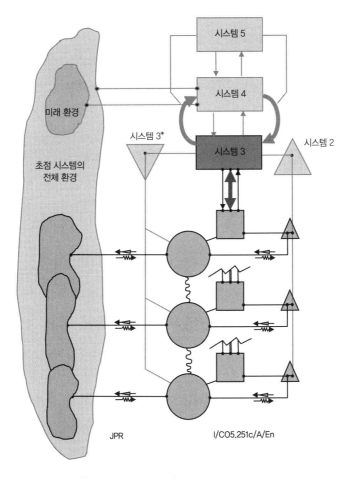

▌ 그림 2.32 **시스템 3(자원 협상)**(Pérez Ríos, 2008e)

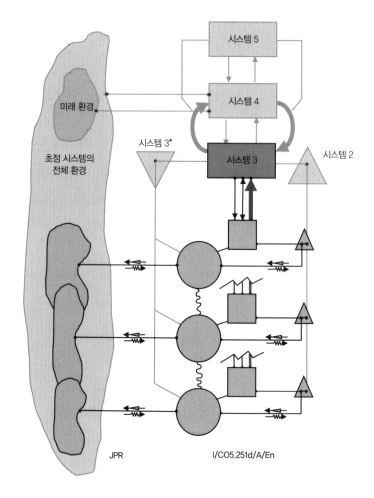

그림 2.33 시스템 3(책임성)(Pérez Ríos, 2008e)

는 성능의 우수성(quality of performance)에 대하여 검토할 것이다. 우리가 질문해야 하거나 명확히 확인해야 할 내용들을 정리하면 다음과 같다.

시스템 3 기능의 존재와 구성

시스템 3은 실제로 항상 가장 잘 표현되는 다섯 개 VSM 시스템 중의 하나인데, 이 시스템이 존재하지 않는다면 초점 조직의 운영은 자신들의 운영 활동이 나머지 요소들에 어떠한 영향을 미치는가에는 관심을 갖지 않은 채 자신들의 목표만 개별적으로 달성하려고 하는 구성요소(기초적 운영 단위)들의 집합으로 구성된다고 생각하는 것이

타당할 것이다. 혼돈과 '개별 행동(every man for himself)'이 난무할 것이다. 당연히 이러한 상황은 오랫동안 지속될 수 없을 것이다.

따라서 우리가 던지는 첫 번째 질문은 다음과 같은 측면들과 관계되어야 한다.

- 시스템 3의 목적을 통합하는 것과 관련한 활동을 수행하는 관리자, 개인 또는 조직체(부서, 부문, 단위 등)의 확인과 설명
- 시스템 3의 목적과 관계된 전자의 활동들 각각에 대한 설명. 앞에서 언급했던 시스템 3 활동의 두 가지 유형, 즉 한편으로는 시스템 4와 관계되는 활동, 또 다른 한편으로는 시스템 1과 관계되는 활동을 구분하는 것이 중요하다.
- 앞에서 언급했던 관리자, 개인 또는 조직체 등이 시스템 3과 관계된 업무를 수행함에 있어서 도움이 될 수 있도록 조직이 이용하는 수단의 확인과 설명. 이때에도 시스템 3의 두 가지 활동, 즉 한편으로는 시스템 4와 근접한 활동에 대한 조사와 또 다른 한편으로는 시스템 1과 관계된 활동을 구분해야 하는데, 그 이유는 각각의 경우에 사용될 도구나 지원 요소의 일부가 서로 다를 수 있기 때문이다.

다음의 예는 특정 기업을 위한 시스템 3과 관련된 활동으로 고려할 만하다.

- 우선 시스템 3의 관리 기능 특성으로 다음 영역들과 관계된 특성들을 나열하면 다음과 같다.
  - 마케팅과 판매
  - 인적 자원
  - 생산성과 품질
  - 생산과 운영
  - 엔지니어링
  - 회계
  - 예산배정
- 둘째, 시스템 3은 시스템 1(초점 시스템의 전체 운영 단위)을 구성하는 단위들과 이들의 특성을 정의하는 과업을 갖는다(그림 2.34). 여기에서 시스템 3은 시스템

5의 승인을 받아 시스템 1의 구성요소와 그들 각각의 한계 그리고 사용될 자원들을 정의해야 한다. 동시에 각 단위들의 목적과 목표도 설정해야 하며, 어떠한 구체적 목표들이 이러한 목적을 뒷받침해주고 있는가, 어떠한 자원(인적 자원, 재무자원, 기술자원, 물리적 자원, 기타)이 포함되어야 하는가, 그리고 마지막으로 각 기초적 단위들의 목표 달성도를 측정하기 위해 사용할 수 있는 지표들은 어떤 것이 있는지에 대하여 정의해야 한다. 조직이 중요하게 고려해야 할 각각의 영역들과 일관성을 갖는 지표들을 결정하는 것이 중요하다(시스템 5 참조).

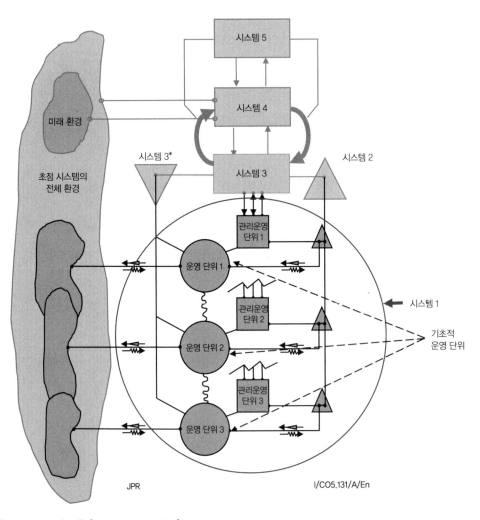

▌그림 2.34 **시스템 1**(Pérez Ríos, 2008e)

- 셋째, 시스템 3은 시스템 1을 구성하고 있는 서로 다른 기초적 단위들을 통합해야 한다. 다양한 단위들이 호흡을 맞춰 작업을 하여 조화롭고 안정된 방식으로 과업을 수행할 수 있게 해주어야 한다. 뒤에서 좀 더 자세히 살펴보겠지만, 이를 위해서 시스템 3은 시스템 2와 시스템 3*의 지원을 받게 된다.

- 시스템 3의 또 다른 활동은 시스템 2에 포함되어야 할 구성요소를 설계하는 것이다. 이 시스템의 목적은 기초 단위들 사이의 조정을 촉진하여 이상적으로 이 단위들이 호흡을 맞추고 어떠한 갈등도 없이 업무를 수행할 수 있도록 해주는 것임을 잊어서는 안 된다. 이러한 일이 이루어지도록 하기 위해서, 시스템 3은 시스템 1 전체와 그 단위(목표, 자원 등) 각각에 모든 정보를 제공하여, 시스템 3만이 행할 수 있는 직접적인 통제 없이도 '자동' 기능수행(automatic functioning)을 할 수 있게 해주는 조정 메커니즘(coordination mechanism)을 구축하려는 것이다.

- 동시에 시스템 3은 시스템 3*에 포함되어야 할 구성요소를 설계하는 데도 개입해야 한다. 시스템 2는 기초 단위들이 조화롭고 협조적인 방식으로 작업할 수 있게 하는 수단을 마련하는 데 도움을 주는 것이라면, 시스템 3*은 개인, 단위 또는 조직체들의 적절한 행동에 기여하는 책임을 담당하고 있다.

시스템 3 성능의 우수성

이 시스템은 기초적 운영 단위의 작업에 일반적으로는 개입하지 말아야 한다는 것을 기억해야 한다. 조직이 적절하게 설계되어 기능을 수행하고 있는지에 대한 지표는 시스템 3이 이러한 단위들과 관련하여 문제에 직접적으로 개입할 필요가 없어야 한다는 것이다.

왜냐하면 이들 각각의 단위들은 그 자체로 완전한 존립가능 시스템으로서 (만일 다음 단계의 재귀 수준을 '확대'하고 집중한다면, 우리는 한 번 더 시스템 1, 2, 3, 4, 5를 보게 될 것이지만, 여기서는 다음 단계의 재귀 수준에 있는 새로운 초점 시스템에 속하는 것들) 이 단위들은 높은 수준의 자율성을 갖추고 자신들의 '관리'에 의해 운영되어야 하기 때문이다(그림 1.40과 그림 1.41 참조).

시스템 3에 의한 직접적인 개입은 목표를 확정/수정하는 것과 같은 조직의 목적과 관련되는 측면, 혹은 시스템 1에 필요한 것으로 시스템 4가 제안하고 있는 변화들과 관계되는 측면, 그리고 자원 협상과 관계된 측면들에 대하여 '메타시스템'의 정보를 전송하는 것 등으로 한정해야 한다. 관리를 위한 방법으로 직접적인 '권한'을 사용하는 것은 일반적으로 말해 조직의 설계에 있어서 결함이 있음을 나타내는 것이다. 이러한 것은 종종 어떠한 필요 기능이 존재하지 않거나 또는 적절히 작동되지 않고 있을 때 발생한다. '권위적인 수단에 의하여 의사결정을 내리기 위해' 시스템 3과 시스템 1 각 단위들 사이의 수직 명령 계통을 사용한다는 것은 조직이 잘못 설계되었거나 또는 적절히 운영되지 못하고 있음을 나타내는 것이다. 이러한 척도를 사용하는 이유 중의 하나로 각각의 기초 단위 내에 있는 다양성(복잡성)에 대하여 시스템 3이 상세한 지식을 갖지 못하고 있음을 들 수 있다. 이러한 방식으로 행동하는 관리자는 그가 관리하고자 노력하는 다양성을 극단적으로 약화시키고, 필수적 다양성(requisite variety)을 갖지 못하는 문제 모델에 기초하여 의사결정을 함으로써 결과적으로 그에 상응하는 폐해를 가져오는 결과를 낳게 된다. 영향을 받는 단위의 일반적인 성과는 물론 해당 관리자의 동기와 자존감 모두에 미치는 영향은 매우 부정적인 것이 될 수 있다.

조직을 진단할 때 또는 새로운 조직이나 시스템을 설계할 때 시스템 3의 적절성에 대하여 다음으로 고려해야 할 사항은 이 시스템과 다른 모든 시스템들과의 관계성이다. 지금부터 이들에 대하여 살펴보기로 한다.

시스템 3 내의 요소들과 운영 집합(시스템)의 다른 구성요소들 사이의 관계성

따라서 지금부터는 시스템 3과 운영 집합(또는 시스템)의 세 가지 나머지 구성요소, 즉 시스템 1, 시스템 2, 그리고 시스템 3* 사이의 관계에 대하여 살펴볼 것이다. 시스템 3과 시스템 1내의 운영 단위들 사이의 수직적 관계에 대하여 먼저 살펴보기로 한다.

시스템 1 내의 운영 단위들과의 수직 관계

이 관계 집합과 관련하여 제기되어야 할 질문은 다음과 같은 측면들과 관련한 것이다.

- 관리 스타일(management style), 즉 시스템 3이 담당하게 되는 기초적 운영 단위

들과 관련하여 다음 질문에 대한 응답이 있어야 한다.

- 어떻게 목표와 계획이 설정되는가. 사용된 접근방법(하향식, 상향식, 상호작용방식 등)에 대한 명시. 관리 스타일에 대한 명백한 설명
- '목표에 의한 관리' 또는 다른 방식이 사용되고 있는지에 대한 지적
- 계획대로 진행되고 있지 않을 때 요구되고/전송되는 '예외 보고(exception report)' 시스템이 활용되고 있는지에 대한 언급
- 자원 협상(Resource bargaining)에서 처리되는 이슈와 관련하여 다음 내용이 포함되어 있는가

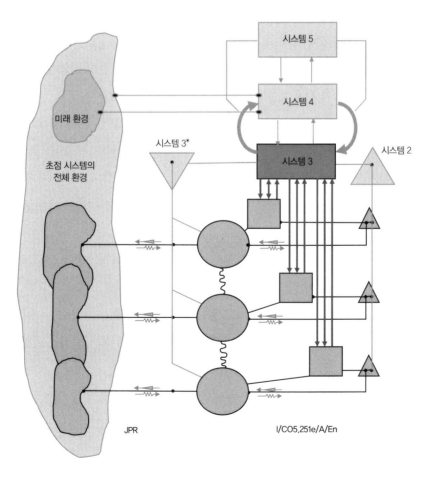

그림 2.35 **시스템 3과 시스템 1 내의 각 단위들과의 관계성**(Pérez Ríos, 2008e)

- 목표
- 목표를 달성하기 위한 수단
- 마감 기한
- 각각 또는 모두에 대한 보상
- 자원 협상의 주기성
- 기타

- **책임성(Accountability) 처리방안에 대한 설명**
  - 각 단위의 작업방식과 관련한 정보를 제공하는 데 이용되는 정보 시스템의 확인과 설명
  - 이 정보가 실시간 정보인지에 대한 명시. 그렇지 않다면 통제되는 다양한 변수들을 위해 얼마나 자주 정보가 제공되어야 하는가
  - 주요 변수로 강조된 목표를 벗어나는 편차의 심각성에 관한 정보를 제공하기 위해 경고 신호가 사용되는지에 대한 표시
  - 전송될 정보(예외 보고서)가 적절히 선택되어 시스템 3이 과부하에 걸리지 않게 하고 있는지에 대한 평가
  - 특정 운영 단위에 적용할 수 있는 스코어보드가 사용되고 있는지의 표시
- **시스템 3 - 시스템 1 수직계열에 따라 적절한 정보의 전송을 위해 이용하고 있는 방법과 수단에 대한 설명**
  - 정보를 운영 단위의 '관리'에 전송하기 위한 공식적 절차가 이용되고 있는지 여부. 만일 그렇다면 어떤 유형인지를 명시
  - 개인 또는 그룹에 정보가 제공되고 있는지에 대한 설명
  - 고정된 정기적 주기로 또는 '필요에 따라' 정보가 제공되고 있는지에 대한 설명
  - 이용되고 있는 기술 자원(이메일, 인트라넷 등)의 명시
  - 방법이 비공식적이라면 그것은 무엇이며, 어떻게 그리고 언제 이용되는지에 대한 설명

시스템 2 그리고 시스템 3*과의 수평 관계

시스템 3과 시스템 1 사이의 관계성에서 고려해야 할 질문들에 대하여 검토하였으므로, 지금부터는 시스템 3이 시스템 2, 시스템 3*과 갖게 되는 관계들의 특징들에 대하여 살펴보기로 한다.

시스템 2와의 관계성

시스템 2는 기초적 운영 단위에서 일어나고 있는 일상의 작업 결과로 시스템 1에서 생성되는 방대한 양의 다양성(복잡성)을 흡수하는 과업을 담당함으로써 시스템 3을 지원하는 시스템(그림 2.36)이라고 앞에서 언급한 바 있다. 견실한 조직 설계는 이러한 단위들이 최대한의 운영 '자동화' 수준을 확보할 수 있게 하면서 시스템 1 운영 단위들 사이의 상호작용과 이용가능한 자원들에 대한 경합에서 발생할 수 있는 문제들을 조정하고 해결할 수 있는 시스템을 구축하고자 하는 것이다.

시스템 3이 시스템 1의 구성요소들을 쉽게 통합할 수 있도록 하는 것이 목적이라면 전자는 이러한 시스템 또는 조정 도구의 설계에 개입하거나 적어도 참여해야만 한다.

따라서 다음과 같은 질문들에 대한 확인이 요구된다.

- 시스템 2 조정 시스템(coordination system)의 식별과 제안에 시스템 3이 개입되는 정도
- 기초적 운영 단위 사이의 갈등과 관련되는 정보가 시스템 3에 제공되는 절차와 채널

정보의 전송을 언급할 때마다 여기에 개입되는 필수적인 요소들(발신자–수신자 요소, 변환기, 그리고 커뮤니케이션 채널)이 있음을 잊어서는 안 된다.

시스템 3*과의 관계성

이 시스템의 기능과 필요성에 대하여는 제1장의 3절에서 이미 서술한 바 있으므로, 여기서는 시스템 3에서 사용되는 채널이 제공하는 정보가 첫째, 적절한지, 둘째, 그것이 이 시스템에 성공적으로 도착하였는지를 확인해야 하는 필요성에 대하여 다시 한 번

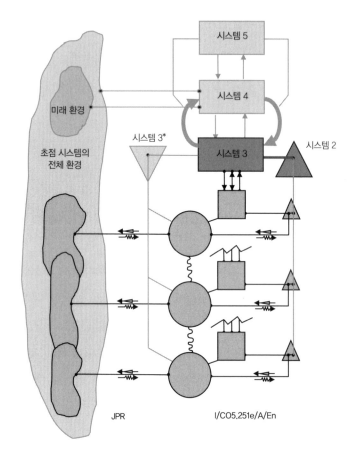

I/CO5,251e/A/En

┃ 그림 2.36 **시스템 3(시스템 2와의 관계)**(Pérez Ríos, 2008e)

살펴보기로 한다(그림 2.37).

따라서 우리는 다음의 질문들에 대하여 응답해야 한다.

- '기존의 정보 수집 채널'의 수와 설명
- 이들이 평가하고자 하는 이슈
- 수집된 정보가 완전하고, 요구되는 시간에 맞춰 시스템 3이 사용할 수 있도록 도 착되는지를 어떻게 확인할 수 있는지

앨지도닉 채널

제1장 3절에서 다양한 커뮤니케이션 채널을 검토하면서 살펴본 것처럼 앨지도닉 채널

(그림 1.50 참조)은 특별한 특징을 가지고 있다. 이 채널의 센서들은 조직의 중요한 지점에 위치하고 있어야 한다. 이것은 주요 변수들 중의 하나가 경보 임계치를 초과할 때 기초적 운영 단위에 의해 생성되어 시스템 5 방향으로 수직으로 전달되는 경보 신호를 전송하는 수직 채널이다. 물론 이 정보들은 우선 그 문제를 처리해야 하는 시스템 3에 도달한다. 그러나 만일 그렇게 되지 않아 경보가 아직도 발령되고 있으면, 그 메시지는 초점 조직의 시스템 5에 도착할 때까지 모든 시스템을 거치게 될 것이다. 그러면 그 시스템은 예외적인 상황에서 활성화될 것이고 시스템 1로부터의 비상경보에 대응하여 개입하게 될 것이다.

이러한 앨지도닉 채널은 각 조직을 위해 특별하게 설계되어야 한다. 각각의 경우에

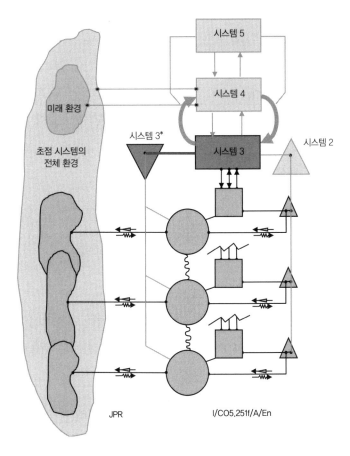

■ 그림 2.37 **시스템 3(시스템 3*과의 관계)**(Pérez Ríos, 2008e)

다음 사항을 정의하는 것이 필요하다.

- 감시되어야 할 변수는 무엇인가?
- 문제가 발생하는 지점에서의 '센서' 특성
- 변환기의 특징
- 커뮤니케이션 채널의 설계(채널의 용량)
- '활성체(activators)'의 특징, 즉 신호의 종착 지점에서의 '경고'
- '경고'(빛, 음성, 이미지, 음성, 기타에 의한 신호)가 위치해야 하는 곳
- 이러한 신호가 전달되어야 하는 개인들

시스템 1의 수직 차원을 다루는 절에서 앨지도닉 채널에 대하여 보다 상세하게 살펴보기로 한다.

2.3.2.2 시스템 3*

제1장 3절에서의 설명과 함께 이 시스템(그림 2.38) 그리고 시스템 3과의 관계와 관련하여 앞에서 언급한 것에 덧붙여, 지금부터는 이 시스템/기능의 존재, 기초적 운영 단위들과의 연결 그리고 이 시스템이 작동하는 방식 등에 대하여 살펴보도록 한다. 여기서 다루고 있는 문제들은 다음과 같다.

- 이 시스템의 특정 기능에 맞추어 설계된 채널의 확인(예를 들어, 품질, 무결성, 작업 환경 등과 같은 운영 단위의 다양한 기능수행 측면에 대한 감사)
- 감시된 각 사안들의 설명과 어떤 정보가 수집되었는가에 대한 설명
- 정보의 샘플링 또는 수집 주기의 표시
- 어떻게 정보가 시스템 3에 전송되는가. 이와 관련하여 전형적인 커뮤니케이션/정보 채널의 구성요소(연결 요소, 전송 정보 유형, 변환기와 채널)들을 평가해야 한다.

시스템 3을 살펴보면서 지적하였듯이, 시스템 3*에 의해 제공되는 데이터(그림 2.39)는 분석될 것이고, 조치가 요구된다면 이 데이터는 지시, 명령 또는 특정 상황이

요구하는 유형의 행동 형식으로 수직 정보 전송 라인을 통하여 시스템 3에 의해 시스템 1로 직접 전송되게 될 것이다. 그래도 시스템 3에 의한 개입은 앞에 언급했던 수직 채널을 통해 반드시 일어나는 것은 아니다. 어떠한 상황에서는 시스템 3*에 의해 생성된 정보의 분석이 감지된 문제의 해결을 위해 새로운 조정 요소(시스템 2)의 설계를 야기할 수도 있으며, 그 결과로 권위주의적 수단(authoritarian means)에 의한 직접 개입은 필요치 않을 것이다. 특별한 경우를 제외하고는 이러한 채널을 사용하는 것은 조직이 원하는 대로 작업을 수행하고 있지 못하다는 의미에서 실패를 나타내는 신호이다. 만일 조직이 존립가능 시스템 모델에서 제시한 근거대로 잘 설계되었다면, 다양한 시스템/기능의 해당 활동과 모든 시스템/기능과 조직을 환경과 연결하는

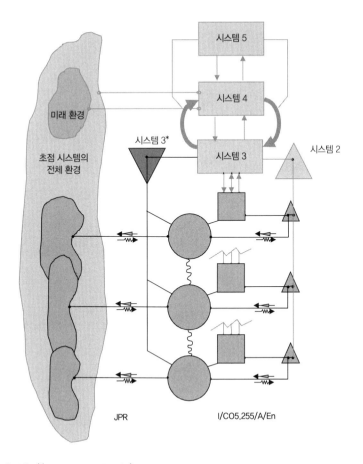

그림 2.38 **시스템 3***(Pérez Ríos, 2008e)

많은 채널들에 의한 적절할 정보의 전송은 시스템 3이 권위주의적 경로(authoritarian pathway)를 통하여 개입하는 것을 불필요하게 만들 것이다.

존립가능 시스템 모델의 전체적인 설계에 내재된 이러한 특징은 이 책의 전반부에서 설명했던 '다양성 공학(Variety Engineering)'의 개념 프레임워크를 다루는 데 있어서, Ashby의 법칙에서 요구되는 다양성의 평형 상태를 획득하기 위해서는 소위 말하는 감쇠기(attenuator)와 증폭기(amplifier) 같은 메커니즘에 대한 정당성을 갖는다. 조직이 보유하는 가장 강력한 증폭기 중의 하나는 조직을 구성하는 사람들이다. 조직이 일을 잘하고 있는지를 확인하는 데 모든 사람들이 그들의 노력을 기울일 수 있도록 하는 것이 가능하다면, 상당한 정도로 조직 관리자들의 능력을 증폭시킬 수 있을 것

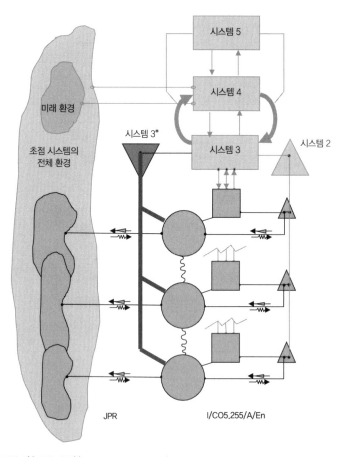

그림 2.39 시스템 3*(감사 채널)(Pérez Ríos, 2008e)

이다. 따라서 조직의 단위는 최대의 자율성을 부여받는 것이 중요한데, 이 단위들이 포함되는 시스템 응집력의 필요성으로 부과된 한도 내에서는 각 단위에 영향을 미치는 특정 복잡성을 해결하는 데 그들의 모든 잠재력을 사용할 수 있게 해주기 때문이다. 시스템 3이 기초적인 운영 단위와 관련한 특정 문제에 직접적으로 개입하는 것을 방지하고자 노력해야 하는 이유가 바로 여기에 있다. 이러한 개입이 일어나면 한편으로는 단위의 관리에 의한 활동능력을 최소한 부분적으로나마 제한할 수 있고, 또 다른 한편으로는 대부분의 경우 기초적 운영 단위들 내의 모든 상세성(다양성/복잡성)을 시스템 3이 파악하지 못하게 함으로써 가장 불만족스러운 결과를 초래하게 될 것이다.

따라서 가능한 한 존립가능 시스템 모델은 일반적인 증폭의 수단으로서 자기조직화(self-organized)되고 자기관리가 되는(self-governed) 시스템의 연속선상 내에서 자기조직화되고 자기관리적인 시스템의 생성을 제안한다. 효율적, 효능적 그리고 효과적 조직을 얻기 위한 엄청난 잠재력을 가진 열쇠가 이러한 아이디어 안에 내재되어 있다.

2.3.2.3 시스템 2

이미 논의한 바 있는 이 시스템(그림 2.40)의 이론적 근거를 바탕으로 지금부터는 이 시스템의 기능수행과 다른 시스템들과의 관계와 함께 이 시스템이 어느 정도로 명백하게 드러나는가를 평가하는 것이 바람직하다.

- 이 시스템의 존재, 즉 초점 조직에 이 시스템이 얼마나 잘 표현되어 있는지와 관련하여 우리가 분석해야 한 측면들은 다음과 같다.
  - 시스템 1에서 조정(coordinating)하고, 혼돈을 축소하며, 조직의 질서를 증진시키는 기능을 갖는 모든 기능, 도구, 절차 등에 대한 설명
  - 시스템 2와 시스템 3을 연결하는 커뮤니케이션 채널에 대한 설명. 시스템 2는 시스템 1(각각의 기초적 운영 단위 내에서)에 의해 생성된 정보를 필터링해야 하고, 시스템 2가 제공하는 자기통제 메커니즘(self-control mechanism)으로

해결할 수 없는 불안정 상태와 관련한 측면들을 시스템 3에 전송해야 한다(이 경우 시스템 3에 의한 직접 개입이 요구된다).

– (초점 시스템의 시스템 3을 지원하고 있는 시스템을 의미한다는 점에서) '기업(corporate)' 시스템 2와 기초적인 운영 단위들의 시스템 2 사이에 존재하는 커뮤니케이션 채널의 확인. '기업' 시스템 2(그림 2.41)는 다른 단위들에 영향을 미치는 미해결 갈등에 관한 정보를 제공하는 시스템 1을 구성하는, 운영 단위 각각에 상응하는 부분적 시스템 2(local system 2)들이 전송하는 정보를 수집하는 수집가로서 역할을 해야 한다.

또한 '기업' 시스템 2는 시스템 3에서 산출하는 관련 정보(새로운 작업 규범, 새로

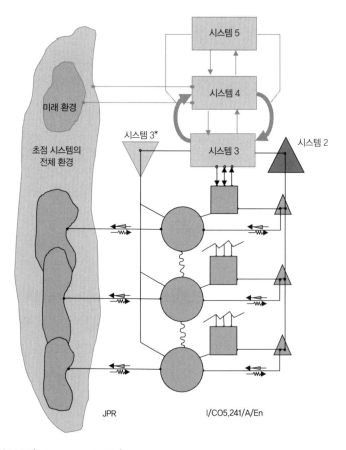

그림 2.40 **시스템 2**(Pérez Ríos, 2008e)

운 프로그래밍, 스타일의 변화, 새로운 회계와 법률적 규제, 기타)를 기초적인 운영 단위의 부분적 시스템 2들에 전송하는 역할을 담당한다.

'기업' 시스템 2와 각 기초단위의 시스템 2(부분적 시스템 2)들을 연결하는 이러한 이중적 수직 커뮤니케이션 채널 또한 잘 설계되어 감독되어야 한다. 따라서 전형적인 커뮤니케이션 채널의 요소(연결 요소, 전송 정보의 유형, 변환기 그리고 채널의 특성 등)들도 점검해야 한다.

- 마지막으로 시스템 2와 관련되는 절차 또는 도구 등에 대한 설계 역할을 담당 하는 사람들을 고려해야 한다. 이는 명백히 시스템 1을 구성하는 단위의 집합 에 대한 글로벌 비전을 가지고 있는 시스템 3에 의해 수행되어야 하는 것이 적합

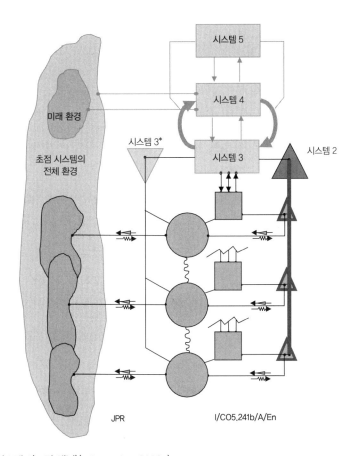

그림 2.41 **시스템 2(조정 채널)**(Pérez Ríos, 2008e)

하다. 그러나 이러한 각 단위에 속하는 부분적 시스템 2들도 부분적 관리(local management)들과 함께 개입해야만 한다.

- 이러한 다중적 참여는 조직의 다양한 재귀 수준 사이에서 이용되는 절차와 조정 도구들의 일관성을 확보하는 데 필요하다.

따라서 다음 측면들과 관련한 질문들이 고려되어야 한다.

- 시스템 2 요소들의 설계에 참여하는 시스템 3에 속하는 사람들의 확인
- 기초단위의 관리와 관련하여 위와 동일한 질문
- 이러한 작업을 수행하기 위한 회의소집이 필요한지를 조사하고, 만일 필요하다면 누가 참여해야 하고, 회의를 어떻게 소집해야 하며, 어디에서, 언제, 그리고 사용될 수단과 정보가 무엇인지와 관계되는 질문들

2.3.3 시스템 1: 운영 단위

지금까지 우리는 조직의 목적에 따라 시스템 1이 수행해야 할 일을 시스템 1이 수행할 수 있게 기여하는 것이 목적인 모든 시스템(시스템 2, 3, 3*, 4, 5)에 대하여 분석하였으며, 지금부터는 시스템 1(그림 2.42)이 그 기능을 수행하는 데 필요한 모든 것을 갖추고 있는지에 대하여 살펴보기로 한다.

시스템 1은 여러 개의 기초적 운영 단위들로 구성될 수 있는데, 예를 들어 기업의 경우에는 서로 다른 제품 라인으로, 대학의 경우에는 서로 다른 학과들로, 의료체계에서는 다양한 의료영역으로 또는 국가에서는 구별이 되는 자치단체(autonomous community) 등으로 구성될 수 있다. 존립가능 시스템 모델의 구조적 관점에서 보면, 각 단위의 구성요소들은 항상 동일하며, (1) 특정 환경, (2) 엄밀한 의미에서의 운영 단위(운영), (3) 운영 단위의 관리 그리고 (4) 각 운영 단위의 특정 시스템 2 등으로 구성된다. 이러한 네 개의 요소는 정보 채널로 연결되어 있어서 정보가 지속적으로 순환되고 모든 구성요소들 사이의 다이내믹한 균형을 보장하게 된다(부록 II의 Beer의 제1의 경영 공리와 제2의 경영 공리 참조). 궁극적인 목표는 존재 이유가 되는 상품 또는 서비스를 운영 단위가 환경에 제공하고 있는지, 그리고 이러한 단위들 모두가 초점

조직의 상품이나 서비스를 제공하고 있는지 확인하는 것이다.

2.3.4 시스템 1의 수평 차원

커뮤니케이션으로 연결되는 이러한 네 개의 요소 또는 구성요소들은 시스템 1의 수평 차원에 있는 관계의 집합을 구성한다. 환경에서의 관련 다양성은 Ashby 법칙의 조건에 따라 운영(operation)에 의해 흡수되어야 하며, 또한 마찬가지로 운영의 잔여 다양성은 관리(management)에 의해 처리되어야 한다.

여기에서 제기되는 질문들은 어느 정도 익숙한 내용들이다. 우선 특정 환경과 운영

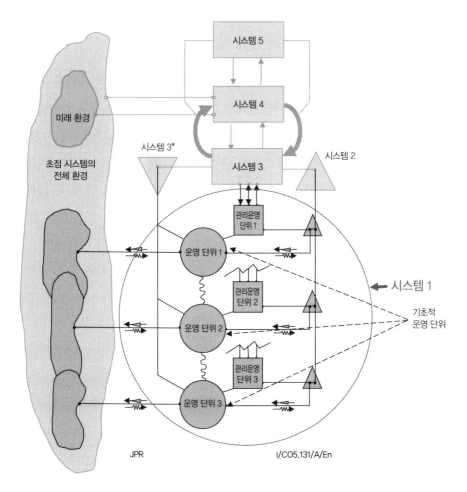

그림 2.42 **시스템 1**(Pérez Ríos, 2008e)

사이의 관계성을 먼저 살펴보면, 시스템 1을 구성하는 각 운영 단위(그림 2.43)에 대한 질문들은 다음의 요소들과 관계가 있다.

- 운영 단위와 관계되는 환경 측면들의 확인. 각 측면(상업적, 기술적, 경쟁, 경제적, 인구통계학적, 법률적, 생태적, 노동, 정치적, 교육적, 기타)에 대한 상세한 설명
- (어떤 종류의 정보가, 어느 장소에서, 얼마나 자주 수집되어야 하는가, 그리고 그 정보가 어떻게 전송되는지 등) 관련 정보의 수집을 위한 센서의 확인
- 정보를 수신하는 운영 단위들에 커뮤니케이션 채널을 통해 정보를 전송하는 데 적합한 형식으로 정보를 변환하는 변환기에 대한 설명
- 커뮤니케이션 채널의 특성(유형, 용량 등)

우리는 운영에서 환경에 이르는 커뮤니케이션 채널의 우수성을 평가하기 위해서도 비슷한 질문을 할 수 있다. 여기에서는 운영으로부터 전송된 정보가 누구에게 전송되는지에 대하여 살펴보기로 한다. 다시 말하지만, 여기서 이용되는 채널과 (운영/발신자 그리고 환경/수신자를 위한) 변환기의 특징에 대해서도 점검할 필요가 있을 것이다.

이에 대한 이해를 돕기 위해 신문 분야에 있는 기업에 대한 사례를 살펴보기로 한다. 이 경우 목표 대중과 신문출판사 사이에 있는 채널의 구성요소들에 대한 검토가 필요한데, 이 채널의 구성요소들로는 (1) 특정 신문에 대한 독자들이 얼마나 만족하고 있는가에 대한 정보를 수신하는 센서의 위치, (2) 정보의 수집 방식과 전송 형식, (3) 전송에 사용되는 채널(예를 들면, 인터넷, 전통적인 우편 또는 전화 이용 등), (4) 정보

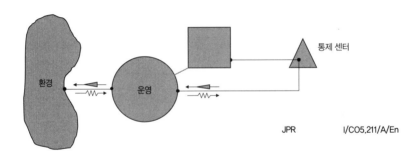

▌ 그림 2.43 시스템 1을 구성하는 기본적 운영 단위

를 분석하고 사용하려는 사람이 참고할 수 있도록 신문에서의 정보 변환과 표현 방식 등이 있다. 반대 방향으로는, 즉 신문출판업자와 독자 사이의 채널(그리고 독자의 수를 늘리는 것이 목표라고 가정하면)에 대하여, 그 구성요소로 (1) 메시지의 전달 형식, (2) 최대의 증폭을 위해 사용될 채널(최신의 웹 2.0 기술을 채택하는 증폭 채널이 사용자/독자 사이의 메시지 전달에 추천될 수 있다) 등을 들 수 있다.

당연히 특정한 상황에서 포함되는 특정한 구성요소들에 대하여 고려하는 것이 필요하지만 그 구조적 구성요소들은 항상 같다.

검토해야 할 다음의 관계 집합은 운영(Operations)과 그에 상응하는 관리(Management)를 연결하는 일이다. 이를 달성하기 위해서 관리는 그와 관계된 특정한 시스템 2의 지원을 받게 된다. 다시 한 번, 제기되는 특별한 질문들은 운영의 실행 업무를 수행하는 데 있어서 관리가 탐색하는 정보에 필요한 커뮤니케이션 채널이 존재하는지에 대한 것이다. 그러한 정보는 정확하게 도착할 필요가 있다. 한 번 더 우리는 수집되어야 할 정보의 유형, 그 정보가 수집되는 지점, 빈도, 전송 수단, 변환기, 사용되는 채널의 유형, 그리고 단위의 관리가 정보를 수신하는 형식 등에 대하여 검토할 것이다. 반대 방향으로는 관리가 정보와 결정사항을 그들이 지시하는 운영 내의 활동 지점으로 어떻게 전송하는가에 대하여 검토할 필요가 있다. 우리는 관리의 영향력을 증가시키는 데 요구되는 증폭기의 편리성과 설계를 결정할 필요가 있다.

마지막으로 기초적 운영 단위의 관리와 운영 사이의 상호작용과 관련하여, 시스템 3과 시스템 1 사이의 관계성을 검토하면서 언급했던 많은 측면들을 기억할 필요가 있는데, 이는 우리가 다음 단계의 재귀 수준으로 내려갈 때, 다시 말해 우리의 초점 조직(초점 시스템)이 현재 초점 조직의 기초 운영 단위 중의 하나일 때 기초적인 운영 단위의 관리와 운영 사이의 관계성과 같기 때문이다.

2.3.5 시스템 1의 수직 차원

지금까지 우리는 기초적 운영 단위 구성요소들의 수평 관계, 즉 환경과의 관계 그리고 관리 사이의 상호연결, 운영, 그리고 단위를 관리하기 위한 지원으로서 시스템 2의 활용 등에 대하여 살펴보았으므로, 지금부터는 운영 단위들이 역할을 수행하는 초점 시스템의 나머지 부분들과의 연결에 대하여 살펴보기로 한다. 이러한 관계성들은 다음과 같다.

(1) 기초적 운영 단위들 사이의 관계성

(2) 각 기초적 운영 단위들의 '관리'들 사이의 관계성

(3) 기초 단위의 '관리'와 시스템 3 사이의 관계성(그림 2.44)

(4) 서로 다른 운영 단위의 시스템 2와 (시스템 3에 직접 연결되는) '기업' 시스템 2 사이의 관계성

(5) 각 운영 단위와 시스템 3* 사이의 관계성

(6) 기초적인 운영 단위들의 특정 환경 사이의 관계

(7) 앨지도닉 채널

방금 살펴보았던 모든 관계성들은 수직 커뮤니케이션 채널 그리고 다양성(복잡성)의 흡수와 관련된다. 이러한 관계성들이 함께 작동하여 환경에 제품 또는 서비스를 제공하고자 하는 그들의 목적을 수행하기 위하여 기초적 운영 단위들이 수평 차원에서 직면하게 되는 모든 다양성을 흡수할 수 있어야 한다(그림 2.45와 그림 2.46). 이상적으로 모든 다양성은 이 교차지점에서 동등해져야 한다(부록 II에 있는 Beer의 제1의 경영 공리 참조).

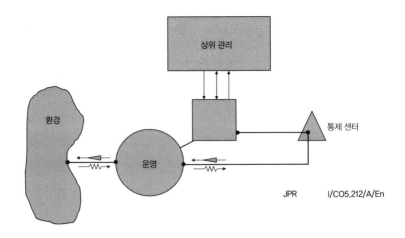

▌그림 2.44 시스템 1의 기초적 운영 단위, 시스템 3과의 관계(기업 또는 '상위' 관리)

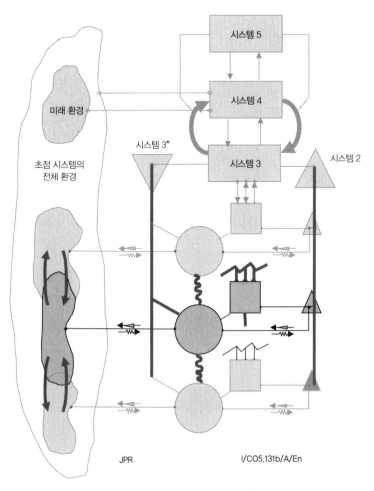

시스템 5

시스템 4

미래 환경

시스템 3*

초점 시스템의
전체 환경

시스템 3

시스템 2

JPR

I/CO5.131b/A/En

▌그림 2.45 (VSM 집합에서) 시스템 1의 수직 차원(Pérez Ríos, 2008e)

2.3.5.1 기초적 운영 단위들 사이의 관계

운영 단위들부터 살펴보면, 다소 정도의 차이는 있지만, 제품이 한 단위에서 산출되어 다른 단위로 투입(입력)되는 공급사슬의 일부분을 구성하고 있거나 아니면 어느 서비스의 일부만을 처리하는 경우에 이러한 기초적 운영 단위들이 서로 관계를 가질 수 있다(그림 2.47).

이 경우 이러한 관계성에 대하여 아주 상세히 연구할 필요가 있다. 따라서 존재할 수 있는 연결의 유형(물리적 측면, 개인적 측면, 정보 측면, 재무적 측면 등)을 명확히

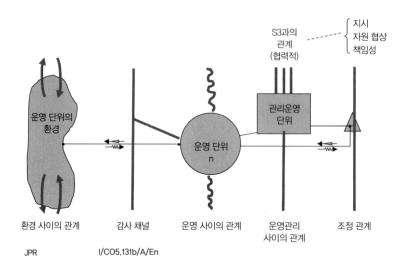

▌그림 2.46 시스템 1 기초적 운영 단위의 수직 차원(Pérez Ríos, 2008e)

파악해야 한다. 다양성(복잡성)을 메타시스템으로 전달하기보다는 이러한 단위들의 연결에 의한 실제적인 관계 내에서 그러한 다양성을 해결하는 것이 가장 이상적이라 할 수 있다. 이러한 방법으로 해결할 수 없는 다양한 운영 단위들 간의 갈등은 시스템 2에 의해 해결되어야 한다. 마지막으로 해결되지 않은 것들은 모든 필터를 거친 다음 시스템 3에 도달하여, 여기에서 이 시스템 3이 그 문제에 개입하여 마무리해야 할 것이다.

　우리가 이미 알고 있듯이, 시스템 3의 작동에 대한 요청은 항상 예외적이어야 한다. 원활하게 운영되는 조직은 운영 단위들에서 발생하는 수많은 문제들을 시스템 1의 프레임워크 내에서 해결할 수 있어야 한다.

　관심 조직에 대하여 이와 관련하여 제기할 수 있는 질문들은 다음과 같다.

- 운영 단위들 사이에 관계가 있는지
- 이러한 관계들 각각에 대한 자세한 설명
- 운영 단위들 사이의 커뮤니케이션 채널
- 이 채널들의 특성(8개의 전형적 구성요소에 대한 검토, 순환되는 정보의 유형)
- 빈도(영구적으로 지속되는 연결이 존재하는지 또는 정해진 주기로 또는 간헐적

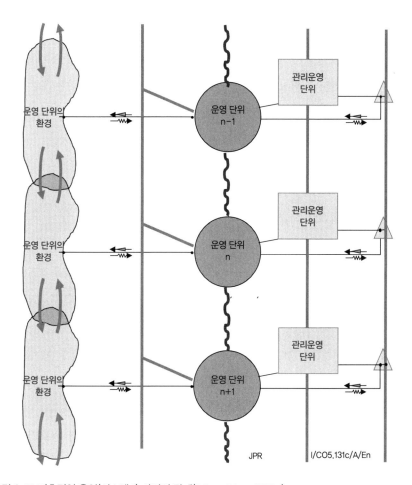

┃ 그림 2.47 **기초적인 운영(시스템 1) 사이의 관계**(Pérez Ríos, 2008e)

이고 특별한 요구에 의해 이루어지는지)

• 단위들에 속하는 연계된 개인/조직체들

• 기타

여기에서 기본적 운영 단위들 사이에는 다중의 연결이 존재할 수 있고, 그 결과로 2차원에 의한 그래픽 표현이 적용될 수 없는 경우도 관찰된다. 또한 이러한 관계가 담고 있는 내용들은 매우 다양한 특성을 가질 수 있다. 따라서 기초적인 운영 단위의 수에 상관없이 그들 사이의 완전한 상호관계성 행렬을 시각적으로 표현해주고, 데이터의 형식에 상관없이 요구되는 모든 정보를 도입할 수 있게 해주는 VSMod®와 같은 소프트웨어의 유용성에 대하여 한 번 더 강조하지 않을 수 없다. 이 소프트웨어는 텍스트, 이미지, 그리고 동영상은 물론 각 생산 또는 운영 과정을 표현해주는 시뮬레이션 모델의 도입을 허용한다. VSMod®의 특성을 소개하는 제4장에서 이러한 모든 가능성들에 대하여 좀 더 자세히 살펴볼 것이다.

2.3.5.2 기초적 운영 단위의 '관리'들 사이의 관계

우리가 기초적 운영 단위들 사이의 연결에서 다룬 내용들이 이 단위들 각각의 '관리' 사이의 연결에도 대체적으로 그대로 적용될 수 있다(그림 2.48).

앞의 단락에서는 다양한 단위들의 생산(운영) 단위 내에 있는 개인 또는 단위와 부문들(운영 단위들) 사이의 연결에 관해서만 언급하였다. 이 연결은 이 운영 단위들이 직접 연결되어 단위들의 관계성에 적절한 측면들을 해결할 수 있게 하였다. 지금부터는 이제 각 단위의 '관리'들 사이의 관계에 초점을 두고 살펴보기로 한다.

이를 위해 이러한 관계성들의 존재 여부에 대한 확인, 그리고 이러한 관계성이 존재한다면 이러한 관계성이 이행되는 방식(공식 또는 비공식 회의, 서로 다른 기술 수단을 이용하는 전기통신 등)에 대하여 살펴볼 필요가 있다.

각 커뮤니케이션 채널에 대하여 보다 상세히 살펴보고, 또한 어떠한 정보가 전송되고, 누가 연결되고, 전송과 수신 지점에서 정보가 어떻게 '변환'되며, 채널의 용량 또는 빈도 등과 관련되는 사항들을 점검할 것이다.

2.3.5.3 기초적 단위의 '관리'와 시스템 3 사이의 관계

이 관계는 시스템 3을 분석하면서 시스템 3의 관점에서 살펴본 바 있다. 관계의 유형과 내용에 대하여는 이미 살펴보았으며, 여기에서는 기초적 단위의 '관리'의 관점에서 살펴보기로 한다(그림 2.49).

지금부터는 '하향식(top-down)', '상향식(bottom-up)', 상호작용(interactive), 목표에 의한 관리(MBO) 등 관리 스타일에 따라 각 단위의 '관리'들이 의존하는 시스템 3이 어떻게 정보를 제공받고 이용하는지에 대하여 검토하기로 한다.

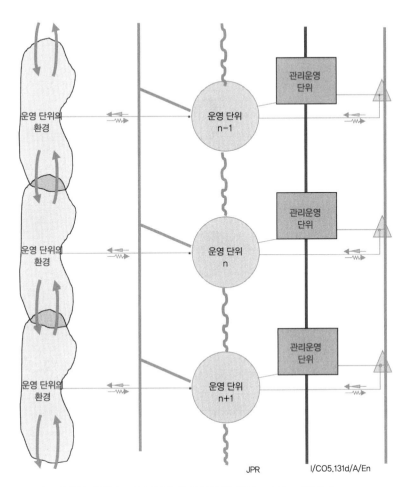

관리운영
단위

운영 단위의
환경

운영 단위
n-1

관리운영
단위

운영 단위의
환경

운영 단위
n

관리운영
단위

운영 단위의
환경

운영 단위
n+1

JPR   I/CO5,131d/A/En

▌ 그림 2.48 **기초적 운영 단위(시스템 1)의 '관리' 사이의 관계**(Pérez Ríos, 2008e)

자원 협상의 과정(목표, 목표 달성 수단, 마감기한, 이들 각각 또는 모두와 연관된 보상, 또는 자원 협상의 빈도)과 대응되는 측면 이외에도, 어떻게 **책임성**이 완수되는가(실시간 연속적으로, 정해진 시간에 불연속으로, 간헐적-특수 목적으로 아니면 요구될 때에만 정보가 전송되는지에 대한 상세 정보를 포함하여, 정보 전송 빈도는 물론 각 단위의 진척이 얼마나 잘 이루어지고 있는가에 대한 정보를 제공하는 정보 시스템)에 대하여 자세히 분석해야 한다.

또한 수직적인 기초적 운영 단위-시스템 3 라인을 통한 관련 **정보**의 전송 방법과 수단에 대하여 다음의 사항들을 중심으로 구체적으로 살펴보아야 한다.

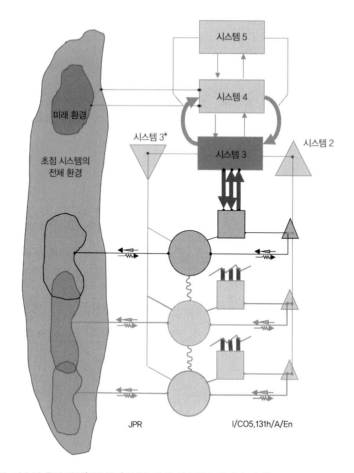

그림 2.49 기초적 운영 단위(시스템 1)의 '관리'와 시스템 3 사이의 관계(Pérez Ríos, 2008e)

- 운영 단위들의 '관리'로부터 시스템 3에 정보를 전달하는 공식적인 절차가 이용되고 있는지. 이용되고 있다면 어떠한 절차인지
- 정보가 일정한 간격으로 또는 '필요에 따라' 전송이 되는지
- 어떠한 기술적 도구(이메일, 인트라넷, 기타)들이 이용되고 있는지
- 방법이 비공식적이면 어떤 방법이, 어떻게, 언제 사용되고 있는지 명시
- 주요 성공 변수에 할당된 목표치에서 심각한 편차를 보이는 정보를 제공하기 위해 경보 신호가 이용되고 있는지
- 시스템 3이 과부하되는 것을 방지하기 위해 전송 정보의 유형(예외 보고)이 적절

하게 선택되었는지

- 스코어보드가 기초적 운영 단위에서 사용되고 있는지, 그리고 시스템 3의 스코어보드와 연결되어 있는지

2.3.5.4 서로 다른 운영 단위들의 시스템 2들과 '기업' 시스템 2(시스템 3과 직접 연결되는 시스템) 사이의 관계

시스템 2의 기능에 대하여 앞에서 언급한 바 있으므로 조직의 진단 또는 설계를 고려할 때 우리가 해야 할 일은 기초적 운영 단위를 지원해주는 시스템 2와 '기업' 시스템 2 사이의 수직적 커뮤니케이션 관계가 실제로 존재하고 적절하게 작동되고 있는지를 확인하는 것이다(그림 2.50).

기초적 운영 단위들의 시스템 2와 기업 시스템 2의 연결은 이들 시스템을 연결해주는 상향과 하향의 채널을 통하여 이루어진다. 상향으로의 채널에서는 단위 시스템 2에서 기업 시스템 2로 정보가 전송되어 (기초적 운영 단위와 시스템 3에 대한 책임과 함께) 기업 시스템 2로 하여금 수신되는 정보의 관점에서 조정요소(coordinating elements)를 조정하게 하거나 아니면 새로운 요소의 생성을 고려하게 하는 기회를 제공한다. 하향으로는 기업 시스템 2와 기초적 단위들의 시스템 2들 사이에 정보의 흐름이 이루어져서, 기초적 단위들이 조화롭게 활동할 수 있도록 설계된 새로운 '프로그램' 또는 새로운 조치들을 기초 단위들에게 알려주게 된다.

따라서 우리가 검토해야 할 질문들은 다음 사항들과 관계된다.

- 기업 시스템 2와 개별적 운영 단위들의 시스템 2들을 연결하는 상향과 하향의 채널이 존재
- 각 기초적인 운영 단위들이 기업 시스템 2와 협력해서 그리고 시스템 3의 협조로 시스템 2를 설계하는 데 참여하고 있는지
- 커뮤니케이션 채널이 정보 전송자로서 그들의 적절한 기능수행에 요구되는 조건들을 만족시키고 있는지(전송될 정보의 확인, 연결될 요소들, 전송과 수신 지점에서의 변환기, 채널의 용량과 시의 적절성)

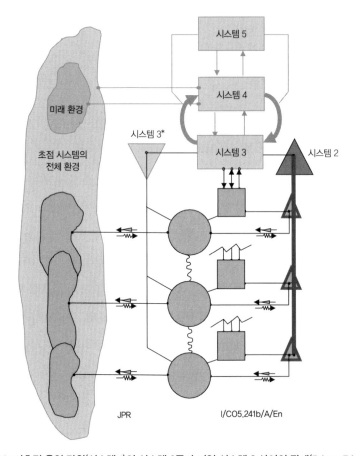

│ 그림 2.50 기초적 운영 단위(시스템 1)의 시스템 2들과 기업 시스템 2 사이의 관계(Pérez Ríos, 2008e)

이 시점에서 그들의 일상적 특징(routine nature)이라는 관점에서 이러한 채널들의 특성을 기억하는 것이 필요하다. 이들이 처리하는 루틴들은 기초적 운영 단위들 사이의 조정과 배타적으로 관련되는데, 다시 말해 발생할 수 있는 행태적 동요를 완화시킬 수 있어야 한다는 것이다. 그리고 다른 루틴들은 시스템 3 - 시스템 1의 수직축상에서 처리되어야 하는 것은 앞에서 언급한 바 있다.

시스템 2의 특성은 이해하기 어렵고 운영 단위들 사이의 상호 관계성으로부터 발생하는 다양성을 흡수하는 엄청난 가능성을 고려해볼 때 이러한 구별은 중요하다.

2.3.5.5 각 운영 단위와 시스템 3* 사이의 관계

시스템 3*을 다룬 절에서 이 시스템이 시스템 3에 제공해야 하는 정보의 특성에 대해서 그리고 시스템 2나 시스템 3 – 시스템 1의 수직 채널에서 제공하지 못하는 정보의 생성자로서 시스템 3*의 중요한 역할에 대하여 설명한 바 있다.

시스템 3*의 기능과 특별한 특성을 고려하면서 지금부터 기초적 운영 단위 각각을 위해 확인해야 하는 사항들은 다음과 같다(그림 2.51).

- 이러한 유형의 정보(예를 들어, 감사)를 수집하기 위해 특별히 만들어진 절차(예를 들어 감사)들의 존재. 여기에는 재무, 회계, 의견 조사, 직원들의 동기, 품질, 산업공학 연구 등이 관계될 수 있다.

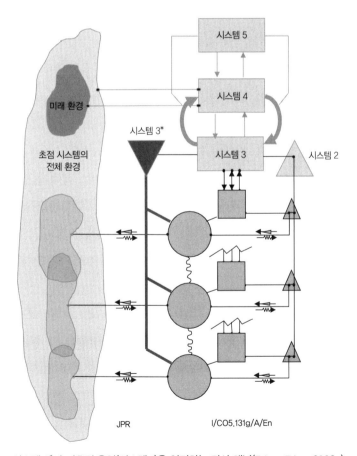

그림 2.51 **시스템 3*과 기초적 운영(시스템 1)을 연결하는 감사 채널**(Pérez Ríos, 2008e)

- 정보의 수집을 위한 절차(와 우수성)
- 운영 단위 구성원들에게 커뮤니케이션이 이루어지게 하는 수단들로, 이러한 활동 수행에 대한 필요성과 실제로 이루어지게 하는 방법 등
- 정보 전송 채널의 특성(어떤 정보가 어디에서 어떻게 수집되는지, 변환기, 전송 채널의 용량, 수신자는 누구인가, 정보가 어떻게 그들에게 전달되는지 등)

2.3.5.6 기초적 운영 단위의 환경들 사이의 관계

연구 조직의 외부에 있는 것처럼 보일 수 있는 측면은 어떠한 점에서 조직과 관계되는 환경 요소들 사이에 존재할 수 있는 관계에 관한 것이다. 이러한 관계는 자연스럽게 생길 수 있거나 혹은 어느 정도 조직 그 자체에 의해서도 야기될 수 있다. 이러한 관계의 존재에 대한 확인은 한편으로는 이러한 관계들이 다양성(복잡성)의 거대한 흡수자로서 역할을 할 수 있게 하여 결과적으로 조직이 이러한 다양성을 흡수할 필요가 없게 해주며, 또 다른 한편으로는 시스템 1에 있는 다양한 조직 단위들 또는 서로 다른 재귀 수준의 운영 단위 사이에 영향을 미칠 수 있다. 예를 들어서 이러한 측면들에 대하여 이해하기로 한다.

다양성이 흡수되는 첫 번째 예로는, 특정 조직의 상업용 브랜드(예를 들어, 컴퓨터 장비)를 위한 유지보수 서비스의 제공 또는 자동차 영업소가 고객에게 자동차 판매를 위한 직접적인 서비스의 제공 등과 같이 고객 지원 정책을 설계하는 경우를 들 수 있다. 이러한 활동들은 엄청난 다양성을 흡수해주고 이로 인해 조직의 특정 업무를 줄여주게 된다. 예를 들어, 자동차 영업소의 경우, 잠재 구매자의 다양한 방문, 시연 또는 시승 등의 판매 과정 전체를 포함한다.

연쇄반응 효과(knock-on effects)가 나타나는 두 번째 상호관계성의 예로는 동일 회사의 다른 제품을 대체하는 제품의 판매에서 나타나는 영향을 들 수 있다. 여기에서 하나의 운영 단위는 자신의 환경(시장)에서 활동을 수행하지만, 그렇게 하면서 다른 운영 단위의 환경(시장)에 들어가게 된다. 이러한 두 시장의 행태에 대한 연구는 제품과 상거래 정책을 적절히 평가할 수 있게 해줄 수 있기 때문에 전체 조직에 필수적이다.

또 다시 조직의 진단 또는 설계를 위해 우리는 다음의 사항들에 대하여 검토해야
한다(그림 2.52).

- 조직 단위들의 관련 환경은 무엇인지
- 그 환경들이 어떤 다른 환경과 관계가 있는지
- 이러한 환경들은 어떻게 상호작용하는지
- 어떠한 정보가 이러한 관계성에서 순환되는지
- 특정 환경을 어떤 다른 환경과 관계를 맺게 해야 하는지
- 어떤 종류의 활동 또는 관계를 활성화시키기 위해 노력해야 하는지

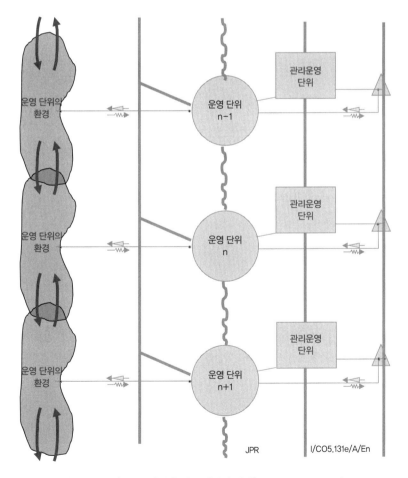

┃ 그림 2.52 **기초적 운영 단위들(시스템 1)의 환경들 사이의 관계**(Pérez Ríos, 2008e)

2.3.5.7 앨지도닉 채널

이 수직적 시스템 1 관계의 범주 안에서 앨지도닉 채널[algedonic channel, *algos*(고통)와 *hedos*(기쁨)라는 두 단어의 결합으로부터 algedonic이라는 용어가 유래함]에 대하여 언급할 것이다. 그 이유는 그것은 이 시스템 내부에 있고, 시스템을 구성하는 운영단위가 환경에서 발생하는 다른 신호들과 잠재적으로 결합되어 한계치를 초과할 경우 시스템 5에 도달하여 작동하게 만드는 신호들의 원천이기 때문이다.

이 정보 시스템은 지금까지 우리가 살펴본 모든 수직 채널과 나란히 병행하여 작동한다. 그 기능은 조직을 심각한 위험에 빠뜨릴 수 있는 사건이나 상황과 관계되는 경고 신호를 전송하는 것이다.

이 채널은 신호를 발생시키는 상황의 심각성과 상관없는 모든 종류의 신호 흐름을 방지하기 위한 필터를 구비하고 있어야 한다. 이러한 필터는 오로지 조직의 생존에 중대한 영향을 미칠 수 있는 신호들만을 허용해야 한다. 실무에서는 허용되는 궤적(trajectory)을 초과하는 주요 변수의 값을 탐지하기 위해 통계적 필터링 기법(statistical filtering techniques)을 이용할 수 있다.

이 채널의 중요성으로 볼 때(그림 2.53), 다음 사항들을 확인해야 한다.

- 우선 이 채널이 존재하는지. 당연히 조직이 필수적으로 고려해야 할 특정 측면들 각각에 대응되는 복수개의 채널이 있을 수 있다.
- 감시해야 할 변수들
- 센서들의 위치
- 작동 한계치, 즉 경고 신호를 전송시키게 만드는 값. 여기에서 상황의 진척 중요도에 따라 여러 수준의 경고값을 설정하면 편리할 수 있다.
- 다양한 한계치를 초과하는 바로 그 순간에 작동이 일어나야 한다.
- 경보 정보가 전송되는 채널
- 이러한 채널의 특성(연결되는 요소, 사용되는 변환기, 단위 시간당 데이터 양을 처리하는 채널의 용량, 기타)
- 관계없는 정보의 순환을 방지하고, 최상위의 조직 수준에 부적절하게 도달하는

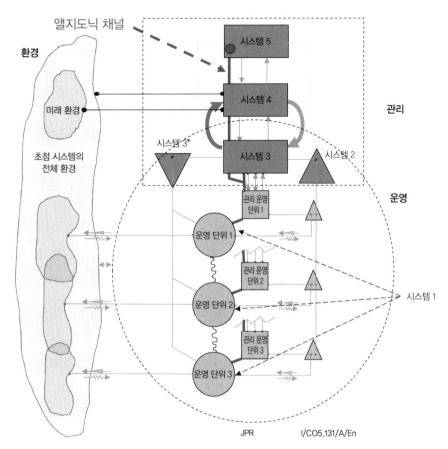

앨지도닉 채널

환경

미래 환경

초점 시스템의
전체 환경

시스템 5

시스템 4

시스템 3*

시스템 3

시스템 2

관리 운영
단위 1

운영 단위 1

관리 운영
단위 2

운영 단위 2

관리 운영
단위 3

운영 단위 3

관리

운영

시스템 1

JPR I/CO5.131/A/En

┃ 그림 2.53 **앨지도닉 채널**(Pérez Ríos, 2008e)

것을 방지하기 위한 정보 필터링 수단의 존재

- 경고 정보를 수신하는 요소. 시스템 3, 시스템 4, 시스템 5에서 어느 신호 수신자
가 적절한지를 명시해야 한다.

- 시스템 4에서 조직의 생존에 중요한 정보와 관계되는 환경으로부터의 신호를 수
신하는 지점을 추가적으로 지정해야 한다.

- 시스템 1에서 산출되어 결합되고, 시스템 3에 의해 전달되는 정보는 (활동의 범
주 내에서 경고된 문제에 대한 가능한 해결방안을 고려한 후) 면밀히 검토되어
야 하고, 만일 중요하다고 생각되면 시스템 5로 보내져야 한다.

- 상황의 중요성이 실제로 요구될 때까지 비활성화되었을지라도 사전에 준비된

조치를 적용해야 할 상황이라고 시스템 5가 고려하고 있는지. 이러한 실행계획은 즉흥적으로 세울 수 없는데(그렇게 해서도 안 된다), 일반적으로 일단 비상상황이 발생하면 문제를 분석하고, 모델화하여, 대안을 평가하고, 가장 적합한 안을 선택하여, 행동을 결정한 다음 마지막으로 행동으로 옮기기에는 충분한 시간이 없기 때문이다. 이러한 모든 절차를 거치게 되면 이미 피해가 발생한 이후가 될 것이 분명하기 때문이다.

- 이러한 모순에 대한 해결방안은 서로 다른 예측가능 비상 시나리오에 대하여 다양한 행동 계획을 사전에 미리 작성해놓는 것이다.

이러한 점과 관련하여, (다른 나라는 말할 것도 없이) 스페인에서의 '프레스티지호' 선박 사고의 사례(배의 항로에 명백하게 나타난 것처럼 엉뚱하게 행동한 의사결정자의 이미지, 이로 인해 해안과 해상을 오염시키는 비극적 결과를 초래함) 또는 너무 늦게 탐지된 비극적인 화재 등은 적절한 앨지도닉 채널이 존재하지 않고 있음은 물론 이와 같은 상황에 대응되는 적절한 행동 매뉴얼(액션 프로토콜)이 존재하지 않음을 보여주는 괴로운 지표들을 나타낸다. 합리적으로 잘 설계된 프로토콜의 예로서는 공공 보건 부문(전염병의 위험 등)에서 접하게 된다.

아무리 훌륭한 의도들이 아무리 칭찬받을 만하다 하더라도, 앨지도닉 채널들이 감지하도록 설계된 상황과 유사한 중대한 비상 상황에서는 불행하게도 별로 효과적이지 못하다.

좀 더 깊이 생각해보면 이 시스템을 논의할 때 언급했던 시스템 4와 운영실(Operations Room)이 떠오른다. 우리의 조직과 환경에 미치는 외생적 사건의 효과에 대한 즉각적인 시뮬레이션을 할 수 있게 해주며, 그리고 이 사건을 처리하기 위한 다양한 조치들에 대한 '예측 가능한' 결과를 아주 짧은 시간 내에 평가할 수 있게 해주는 (물론 수정과 업데이트에 제한되어 있지만) 사전에 구축된 모델을 모든 조직이 갖추고 있기를 추천하고 싶다. 그러한 모델이 없어서 가능한 손상의 위험이 더 커질 때 이러한 모델이 더욱더 필요함을 절감하게 되는 것은 당연하다.

2.4 서로 다른 재귀 수준 사이의 일관성

지금까지 첫 번째 단계에서는 연구 조직의 정체성과 목적을 정의하거나 구체화하였다. 그런 다음 두 번째 단계에서는 복잡성 전개의 수직 차원에 있는 환경의 복잡성을 처리하기 위해 (진단 또는 설계될) 조직에 관계되는 각각의 환경과 조직을 가지는 재귀 수준들을 확인하였다. 세 번째 단계에서는 우리가 관심을 가지고 있는 전체 조직에 속하는 모든 조직에 대응되는 존립가능 시스템 모델의 구성요소들 각각에 대하여 검토하였다. 따라서 마지막 단계에서 해야 할 일은 다양한 재귀 수준에서 그리고 해당하는 재귀 기준에 따라 모든 서로 다른 조직들 사이에서의 일관성과 구조적 통일성을 점검(만일 새로운 조직을 설계한다면 이러한 사항들을 새로운 조직에 반영)하는 것이다.

기본 구상은, 예를 들어, 비록 각각(제품, 서비스, 시장 등)의 상황에 맞추어 당연히 조정된다 할지라도 수준 0에서 제안된 조직의 정체성과 목적이 모든 수준의 모든 서브조직들과 반드시 공유되고 있는지 확인하는 것이다.

따라서 조직의 (상이한 재귀 수준에 있는) 서로 다른 시스템 5들 사이의 일관성을 검증할 때 다음과 같은 측면들을 평가해야 한다(그림 2.54).

- 재귀 수준 0에서 하나의 전체 조직에 부여된 정체성은 다양한 재귀 수준에 대응하는 모든 조직에 받아들여지고 이해되고 있는지
- 모든 조직의 시스템 5들 사이에서 정체성을 전달하고 공유할 수 있게 하는 공식적 또는 비공식적 절차가 존재하는지

조직의 정체성과 목적이 조직의 모든 구성요소에 의해 공유되는 것이 필수적인 것과 마찬가지로, 조직의 미래지향성과 조직이 필요한 또는 권장되는 변화에 적용하는 일도 함께 공유되어야 한다(그림 2.55). 시스템 4의 목적은 이러한 정보를 전송하기 위하여 시스템 3과 연계하고 시스템 5의 승인으로 시스템 1을 수정(조정)하기 위해, 조직의 외부와 조직의 미래에 대한 책임을 수행하는 것이라고 이미 언급하였다. 이렇게 하여 조직은 환경에서 발생하는 변화와 상관없이 시간의 흐름 속에서 존립가능한

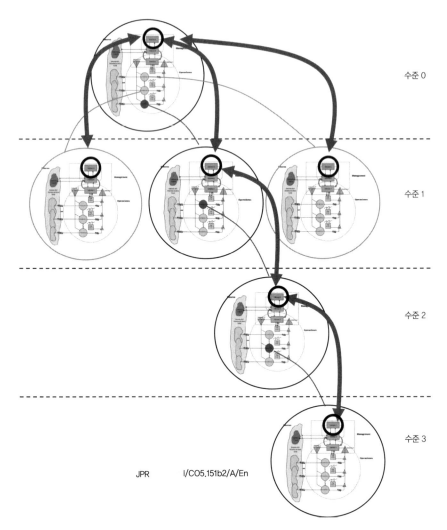

▌그림 2.54 서로 다른 재귀 수준의 시스템 5 사이의 일관성(Pérez Ríos, 2008e)

존재로 남아 있을 수 있게 된다.

　이러한 시나리오의 평가과정, 다양한 전략적 옵션이 미치는 영향 그리고 시스템 1에서의 서로 다른 변화가 갖는 의미 등은 모든 재귀 수준에 있는 모든 조직에서 수행되어야 한다. 특정 재귀 수준에서 고려되고 있고 계획되고 있는 수정사항들은 다른 수준에서 시도되는 것들과 부합하는지 확인할 필요가 있다. 따라서 조직별로 이러한 사항을 점검하는 것은 절대적으로 필요하다.

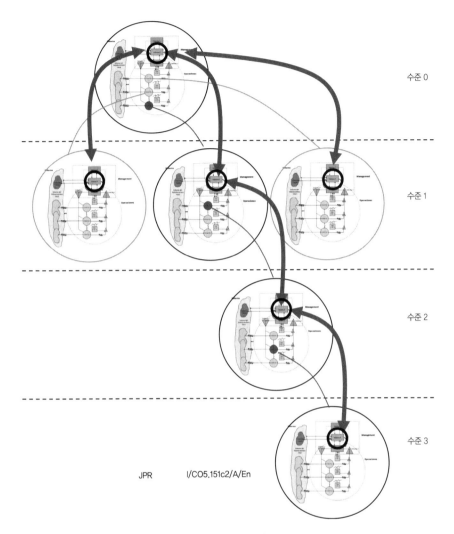

▌그림 2.55 서로 다른 재귀 수준의 시스템 4들 사이의 일관성(Pérez Ríos, 2008e)

그러므로 다음의 사항들과 관련되는 질문들을 검토하게 될 것이다.

- 다양한 재귀 수준에 있는 서로 다른 조직들 안에서 수행되는 다양한 활동들(전략 기획) 사이의 일관성을 검증하기 위한 공식적 혹은 비공식적 절차의 존재
- 이러한 평가를 실행하기 위해 이용할 수 있는 도구의 확인(예를 들어, 다양한 정밀도나 수준으로 검토할 수 있게 해주고, 일관성과 일치성을 상당히 보증할 수 있는 모델을 포함하고 있는 시뮬레이션 소프트웨어)

- 서로 다른 재귀 수준에 위치한 서로 다른 시스템 4들 사이의 커뮤니케이션 채널의 존재에 대한 확인

시스템 4와 관련하여 살펴본 모든 내용이 시스템 4-시스템 3 항상성에도 똑같이 적용될 수 있다. 분명 이러한 점은 상당한 다양성과 확장성을 포함하는 이슈들을 나타내며, 각각의 특정한 상황에서 이러한 것들이 확인되고 처리되어야 한다. 이 절의 목적은 모든 조직의 다양한 수준 전반에서 벌어지고 있는 다양한 활동들 사이의 일관성을 보장해야 할 필요성에 관심을 갖게 하려는 것이다.

〈그림 2.56〉은 Beer(1985)가 제안한 완전한 존립가능 시스템 모델을 보여주고 있다. 이 그림에서 서로 다른 재귀 수준에 위치해 있는 다양한 시스템 또는 기능들 사이의 연결 관계를 파악할 수 있다. 그리고 기초적 운영 단위의 시스템 4에 해당하는 환경이 초점 시스템의 시스템 4에 해당하는 환경 내에 어떻게 포함되고 있는지도 살펴볼 수 있다.

이 그림에 포함된 모든 요소와 관계에 대한 상세한 검토를 통하여 우리는 모델이 매우 복잡함을 알 수 있지만, 반면에 서로 다른 재귀 수준에서 동일한 요소들이 반복되고 있다는 점에서 모델이 '비교적' 단순한 것임을 확인할 수 있다.

어쨌든 이 절에서 강조하고자 한 것은 존립가능 시스템 모델이 담고 있는 심오한 시스템적 특성이다. 즉 각각의 조직 단위(시스템)가 그것을 포함하고 있는 다른 조직에 어떻게 포함되고 있는가, 그리고 이 시스템이 단일의 조직을 구성하는 보다 더 큰 시스템의 일부분을 어떻게 형성하게 되는지에 관한 것이다.

동일한 전체 조직 또는 시스템에 대하여 논한다 할지라도, 다양한 재귀 수준에 있는 조직들을 포함하는 기능과 측면들이 서로 연결되고 일관성이 있어야 한다는 필요성은 이제 더 명백하다.

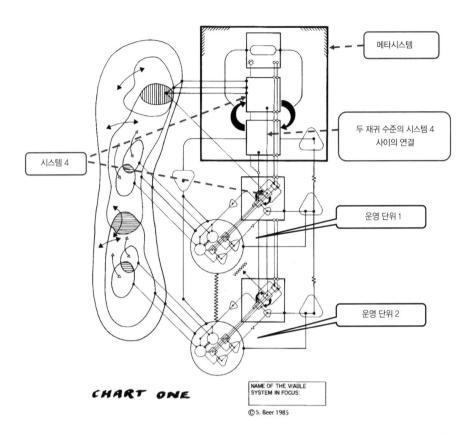

메타시스템

두 재귀 수준의 시스템 4
사이의 연결

시스템 4

운영 단위 1

운영 단위 2

CHART ONE

NAME OF THE VIABLE
SYSTEM IN FOCUS:

© S. Beer 1985

그림 2.56 서로 다른 재귀 수준에 위치한 서로 다른 시스템 또는 기능들 사이의 연결(Beer, 1985에 근거함)
(Pérez Ríos, 2008e)

>> 제3장

조직의 병리

제1장에서는 기본적인 사이버네틱 원리와 존립가능 시스템 모델의 요소들에 대하여 그리고 제2장에서는 조직의 진단 또는 설계에서 이들을 응용할 수 있는 방법에 대하여 살펴보았으므로, 지금부터는 조직 또는 기업에서 흔히 발생하는 병리 (pathologies)에 대하여 살펴보기로 한다(Pérez Ríos, 2008b 참조). 우리가 의료행위로부터 알 수 있듯이 진단된 결함의 치료를 위해 요구되는 처방을 내릴 때 병리를 검사하는 것은 필수적이다.

조직의 경우 가장 빈번하게 발생하는 병리, 이들 각각의 개별적인 특성, 그리고 이들을 처리하기 위한 지시 등에 대한 지식은 조직의 책임을 맡고 있는 관리자들에게는 그 자체로 매우 유용한데, 이러한 지식은 한편으로는 문제를 빨리 찾아낼 수 있게 해주고 또 다른 한편으로는 그러한 문제를 어떻게 해결해야 할지에 대한 결정을 내릴 수 있게 해주기 때문이다. 다른 시스템 사고의 연구 분야에서 발견되는 진단 관련 예들은 '원형(archetypes)'이라 불리는 공통의 구조를 이용하고 있는데(Senge, 1990), 이는 특정 문제를 신속히 확인하고자 하는 관리자들 사이의 대화를 촉진시켜준다. 조직 사이버네틱스의 경우에도 이와 유사한 목적을 가진 많은 연구들이 있다(Beer, 1989; Schwaninger, 2005; Espejo, 2008; Hetzler, 2008).

J. Pérez Ríos, *Design and Diagnosis for Sustainable Organizations*,
DOI 10.1007/978-3-642-22318-1_3, © Springer-Verlag Berlin Heidelberg 2012

다양한 잠재적 병리들을 나열하기 위해 조직의 진단 그리고 설계를 다룬 제2장에서 사용했던 것과 유사한 개념들을 사용할 것이다. 우선 우리가 수직 차원으로 고려할 수 있는, 다시 말해 일반적인 환경과 이들을 포함하는 다양한 환경에 관계되는 조직의 구조적 설계와 관련되는 병리들을 살펴볼 것이다. 나는 이 안에 포함되는 모든 병리를 구조적 병리(Structural Pathologies)라고 부를 것이다. 그런 다음 기능적 서브시스템들과 이들의 관계성에 대하여 존립가능 시스템 모델이 제안하는 처방에 대하여 (모든 재귀 수준에서) 조직의 적절성과 관련되는 병리들에 대하여 살펴볼 것이다. 나는 이것을 기능적 병리(Functional Pathologies)라고 부를 것이다. 마지막으로 세 번째 부류는 정보 시스템과 커뮤니케이션 채널 병리(information systems and communication channels pathologies)를 포함한다.

3.1 구조적 병리

이 부류에 속하는 병리들은 조직이 직면하고 있는 전체 복잡성의 부적절한 처리와 관계된다. 조직 그리고 조직과 관계되는 환경의 크기는 환경을 서브 환경으로 분할해서 처리해야 함을 나타내며, 조직에 대하여도 마찬가지이다. 이러한 수직적 복잡성 전개 (vertical unfolding of complexity)는 각각의 서브 조직이 보다 작은 복잡성(다양성)을 처리해야 한다는 Ashby의 법칙을 따를 수 있게 해준다. 환경을 보다 작은 환경으로 분할하고 이 환경에 이러한 서브 환경들을 담당할 조직들을 배정하는 것은 조직들이 보다 작은 복잡성에 직면하게 하려는 것을 의미한다. 이러한 범주에서 보통 나타나는 병리들은 (사실상 이 분할이 필요할 때) 이러한 분할 과정을 하지 않았거나, 즉 특정 수준(환경)에 대응되는 조직이 존재하지 않거나, 아니면 혼란스러운 조직 구성(복수 의존 관계성, multiple-dependence relationship) 등과 관계되는 것들이다.

이 부류에서 확인되는 병리들은 (1) 수직 전개의 부재, (2) 재귀 수준의 부족(제1수준), (3) 재귀 수준의 부족(중간 수준), 그리고 (4) 다양하게 밀접한 관계의 구성을 갖는 뒤엉킨 수직 전개 등이다. 지금부터 이 병리들에 대하여 하나씩 자세히 살펴보기로 한다.

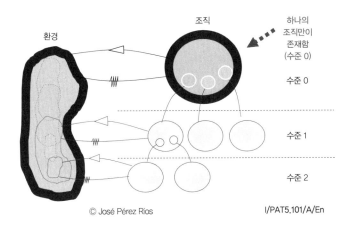

▌그림 3.1 **병리 P1.1. 수직 전개의 부재**(Pérez Ríos, 2008b)

3.1.1 수직 전개의 부재

수직 분할이 필요한데 이러한 분할이 이루어지 못하면 수행 활동 범위의 균형이 맞지 않는 지나치게 거대한 조직을 야기할 수 있다. 이러한 적절한 수직 전개를 안 한 경우의 단일 거대 조직은 그들이 직면하고 있는 총체적 다양성을 처리하는 것이 어렵거나 혹은 불가능할 수 있다(그림 3.1).

제품/서비스의 수요자 또는 수혜자들에게 기울여야 하는 관심의 적절성 측면에서 볼 때 이 병리의 결과는 조직의 역기능(dysfunction)이 되는 것이다.

이러한 경우에 대한 권고로는 각각의 서브환경을 처리할 수 있는 서브 조직을 만들기 위하여 적절한 서브 환경을 식별하라는 것이다. 이렇게 함으로써 처리해야 할 복잡성(다양성)이 줄어들게 된다. 이 복잡성은 (Ashby의) 필수적 다양성 법칙(the Law of Requisite Variety)의 요구사항을 수행하는 조직들 각각에 의해 훨씬 더 쉽게 흡수될 수 있을 것이다.

3.1.2 재귀 수준의 부족(제1수준)

환경과 조직의 수직 분할 과정과 관련되는 두 번째 구조적 병리도 조직의 다양한 수준에서 존재하지만 두 번째 수준에서만 이러한 과정을 시작할 때 발생한다. 이로 인한 결과는 각각의 서브 조직의 범위를 넘어서는 곳에 위치한 전체 환경의 복잡성을

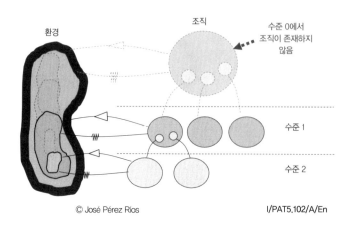

I/PAT5.102/A/En

▎그림 3.2 병리 P1.2. 재귀 수준의 부족(제0수준)(Pérez Ríos, 2008b)

다룰 수 있는 기능을 가진 해당 조직이 첫 번째 수준(제0수준)에 존재하지 않는다는 것이다.

환경의 많은 부분들이 조직의 영향권 밖에 있어서 조직이 개입할 수 없는 영역에 속하고 있음을 나타내게 된다(그림 3.2).

이 병리의 전형적인 예로 개별 국가를 뛰어넘는 생태학적 문제들을 들 수 있다. 서로 다른 나라들이 자신들의 영토와 관련하여 적절하게 제정된 법을 가지고 있다 하더라도, 국경을 넘어서는 적합하지 않은 활동들을 처리할 수 있는 능력은 없다. 이에 대하여 여러 지역을 포괄하는 초국가적 법률 제정 노력은 보다 높은 수준의 개입을 보여주는 예이다. 그러나 어떤 경우에는 이러한 조직적 수준들이 존재하지 않거나 존재하더라도 완전하지 않은 경우가 있다. 그 결과는 이러한 '그림자' 지역에서의 바람직하지 않은 활동들이 미해결 상태로 남게 되는 것이다.

또 다른 예는 국가의 사법권과 초국가 사법권 모두가 사실상 참여하는 사법 제도에서 발견된다. 그러나 상위 단계의 초국가 시스템이 모든 나라를 포함하지 않을 때 문제가 발생한다. 이러한 점이 종합적이고 통합적인 사법권의 범위를 벗어나는 지역에서 범법자들이 사법처리를 회피하는 것을 가능하게 만들고 있다.

특정 수준에 있는 이러한 '난공불락'의 문제는 특정 부분의 부재에서 발생하게 되는데, 요구되는 전체성을 포함하는 환경을 가진 조직이 존재하지 않는 경우를 들 수 있다. 생태 문제와 관련한 예의 경우, 그 수준에서 활동할 권한을 갖는 국제기구가 있어야 한다는 것이다. 사법 제도에서도 동일하게 적용될 수 있다. 국내의 사법 제도 또는 부분적 국제 사법 제도로 접근할 수 없는 '그림자' 지역을 제거해주는 국제 법원이 모든 나라를 위해 존재해야 한다는 것이다.

조직의 관점에서 볼 때 이러한 조직들을 만든다는 것은 상응하는 재귀 수준을 완벽하게 만들어야 한다는 것을 의미한다.

3.1.3 재귀 수준의 부족(중간 수준)

또 다른 보통의 구조적 병리는 중간 조직 수준의 부족이다. 이것은 우리가 고려하고 있는 조직을 위한 관련 환경의 영역이 해당 조직의 단위와 대응되지 않을 때마다 발생한다. 이 구조가 존재하지 않아서 생기는 결과는 이 환경 영역에서 일어나는 특정 문제들이 특정 조직에 의해서 필요한 만큼의 관심과 노력이 집중되어 처리될 수 없음을 의미한다. 더 정확히 말하면 다음 재귀 수준에 있는 또는 이전 재귀 수준에 있는 조직들에 의해 이러한 문제들이 불충분한 방법으로 처리되거나, 좀 더 일반적으로는 어떠한 조직도 이 문제에 접근하지 않음으로써 미해결 문제로 남는 결과를 초래한다는 것이다(그림 3.3).

이러한 병리의 전형적인 예는 광역운송시스템(supra-municipal transport systems)

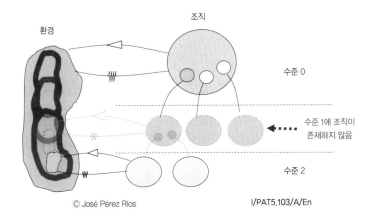

▌ 그림 3.3 **병리 P1.3. 재귀 수준의 부족(중간 수준)**(Pérez Ríos, 2008b)

에서 찾아볼 수 있다. 많은 지역 기업들이 특정 지역의 거주민들을 위한 운송 서비스를 제공하고 있다. 그러나 오늘날 많은 도시에서 일상생활을 영위하고 있는 많은 시민들은 근처 도시 또는 심지어는 아주 멀리 떨어진 도시에서 살고 있다. 따라서 이들은 자가용을 사용하는 대신에 대중교통 수단의 이용을 필요로 하게 된다. 이를 위해 운송 서비스는 주요 도시 밖으로의 인구 확산을 고려해야 하고, 이로 인해 다른 지역에 거주하는 사람들을 고려하는 노선과 시간표를 설계해야 한다. 물론 수도 공급, 쓰레기 처리 등과 같은 다른 유형의 서비스도 이와 유사한 상황이 영향을 미칠 수 있다.

광역 환경에서 이러한 필수품들에 대하여 적절한 관심을 기울이기 위해서는 그러한 재귀 수준에 대응하는 조직의 구축이 요구되는 것이다. 분명 해당 조직들은 적절한 서비스 시스템의 설계 필요에 맞춘 영구(permanent) 조직 혹은 임시(temporary) 조직이 될 수 있지만, 아무튼 특정 영역의 환경이 갖는 복잡성(다양성)의 처리를 위해서는 이러한 조직들이 만들어져야 한다는 것이다.

예를 들어, 스페인의 많은 도시에서 '대도시권(metropolitan area)'의 개발에 관한 최근 논의들은 이러한 사안들 중 하나라 할 수 있다. 그렇지만 대도시권을 형성하는 것은 단지 몇 개의 지역을 함께 결합하는 단순한 문제가 아니라 전형적인 특정 문제들을 해결하기 위한 공간적 필수요건들을 처리할 수 있는 조직의 설립과 관련되는 문제라는 것을 여기에서 지적하고자 한다. 경계를 공유하고 있는 지방자치단체들의 인접성이라는 단순한 사실이 반드시 이러한 사안을 정의할 수 있는 것은 아니다. 다른 여러 종류의 기관들과 함께 포함되어야 하는 지방자치단체들은 이러한 문제와 관계되는 필요성에 의해서 결정될 것이다.

도시와 지역의 문제를 넘어서는 국가적 규모의 문제를 어떻게 처리하고, 이러한 중간 수준에 조직을 설립함으로써 얻어지는 혜택을 보여주는 사례로서 광역 대학 환경에서 공간적 고려를 함에 있어서 이러한 개념들을 적용한 *Pérez Ríos*와 *Martínez*의 연구를 들 수 있다(*Pérez Ríos and Martínez, 2007*).

3.1.4 뒤엉킨 수직 전개 – 다양한 상호관계성

이 병리는 (1) 조직들이 다른 조직들과 관계를 가지는 동안 — 다른 조직들이 자기 조직을 포함하거나 또는 자기 조직이 이 조직들을 포함하거나 아니면 이 조직들이 서로 다른 기준에 의한 다양한 복잡성 전개 방식에 대응한다는 점에서 ―공통의 구성 관계를 갖는 이러한 조직들 사이에 적절한 커뮤니케이션 채널을 가지고 있지 않거나, 또는 (2) 조직체 내부에 있는 서로 다른 조직에 대한 설명이 존재하지 않는 조직에서 마주치게 된다.

현재와 같은 글로벌한 경제체제에서 서로 다른 수준에서의 조직의 다중적 구성관계와 교차 상호 관계성은 비교적 흔하게 발생할 수 있다.

만일 상호 구성관계에 의해 연결되는 다양한 조직들이 그들의 상응하는 시스템 5에 표현된 것과 다른 정체성(identities) 또는 존재 이유(raisons d'être)(조직의 존재 이유, 기풍, 미션, 가치 등 사이에 생길 수 있는 갈등들)를 가진다면 이러한 복수의 관계들은 정체성 갈등(identity conflicts)을 수반할 수 있다.

3.2. 기능적 병리(VSM)

지금까지 수직적인 복잡성 분할(vertical partitioning of complexity)과 관계된 병리를 분석하고, 서로 다른 재귀 수준에 있는 서로 다른 조직들을 통해 이러한 복잡성이 분배되는 방법에 대하여 살펴보았으므로, 지금부터는 전체 조직을 구성하는 조직들 각각과 관련한 공통의 병리들에 대하여 살펴보기로 한다. 우리는 이러한 병리를 **기능적 병리**(Functional Pathologies)라고 부를 것이다. 이 목적은 조직의 존립을 위해 필요한 필수적인 기능(시스템)들이 존재하고 있는지, 그리고 기능들이 적절하게 작동하고 있는지를 살펴보고자 하는 것이다.

이 병리들에 대한 용이한 연구를 위한 관점으로 존립가능 시스템 모델의 다섯 가지 시스템(기능)(시스템 5, 4, 3, 3*, 시스템 4-시스템 3 항상성, 시스템 2, 그리고 시스템 1) 각각에 나타나는 병리들을 살펴보고, 하나의 전체로서의 조직에 미치는 영향에 대하여 살펴보기로 한다.

3.2.1 시스템 5와 관련한 병리. 정체성이 정의되지 않았거나 불명확함. '내가 누구인지 모른다'

3.2.1.1 불명확한 정체성

시스템 5의 잘못된 설계나 잘못된 기능수행으로 조직의 정체성에 대하여 조직이 분명한 인식을 가지고 있지 못할 때 그 결과로 최초의 심각한 병리가 나타나게 된다(그림 3.4). 이는 "내가 누구인지 모른다"라는 문장으로 요약할 수 있다. 이러한 정체성 결여의 증세는 조직의 목적에 대하여 조직 구성원 사이의 동의를 구하는 데 실패하였거나, 또는 심지어 그 목적이 무엇이어야 하는가에 대해 조직 구성원들이 무지함을 나타내는 것이다. 기업에서 이러한 문제는 기업이 생산해야 하는 제품 또는 제공해야 하

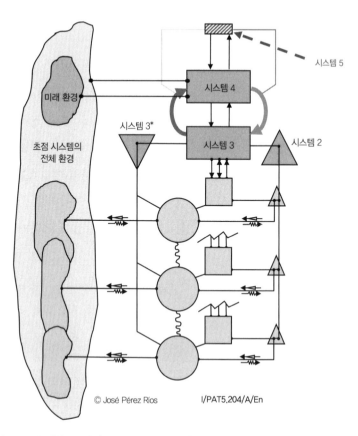

▌그림 3.4 **병리 P2.1. 불명확한 정체성**(Pérez Ríos, 2008b)

는 서비스에 대한 명확한 설명이 존재하지 않거나 또는 대상이 되어야 할 시장에 대한 반신반의에서 나타날 수 있다. 예를 들어, 비영리 조직의 경우 그러한 의구심은 조직의 미션, 미션이 나타내고자 하는 이미지 또는 환경에 있는 수혜자들이 어떻게 인식하길 바라는가와 관계될 수 있다.

대중들이 기업에 대하여 가지고 있던 이미지와 일치하지 않거나 혹은 그 회사의 특정 브랜드와 관계되는 제품 계열에 전형적이지 않은 제품을 새로 출시하는 기업에서 이러한 시스템 5의 결함의 예를 발견할 수 있다.

물론 기업들이 그들의 제품과 서비스의 포트폴리오에 참신성을 포함시켜서는 안 된다는 것을 의미하는 것은 아니다. 어떠한 방법으로도 기업이 원하는 이미지를 잊지 않으면서 이러한 일이 실행되어야 한다는 것이다. 만일 그 이미지가 변경되어야 한다면, 그 수정 또한 일관성 있게 관리되어야 하는 것이다. 만일 그렇지 않으면, 환경(시장)에서뿐만 아니라 기업 자체 내에서도 혼란이 발생할 수 있다.

우리가 시스템 5의 기능에 대하여 살펴보았을 때, 내부적 조직 이미지(비전, 미션, 가치관, 목표, 기풍 등)의 생성자(generator) 그리고 전송자(transmitter)로서 이 시스템이 갖는 역할에 중점을 두었다. 따라서 모든 사람과 조직 단위의 활동들이 조직의 구상(conception)에 따라서 일치되어야 하는 것이다.

3.2.1.2 기관 (정신)분열증

이러한 병리의 또 다른 유형은 동일 조직에서 두 개 이상의 서로 다른 구상이 공존할 때 발생한다(Schwaninger, 2005). 이는 조직을 서로 다른 방향으로 끌어당기는 서로 다른 관점을 갖는 조직에서의 [그리스어 'σχίζειν(skhizein, 분리하다)'와 'φρένα(phren, 인식)'으로부터 파생된] '정신분열증(schizophrenia, σχιζοφρένεια)'을 나타낸다(그림 3.5).

이러한 역기능적 구성과 수행을 피하기 위한 방법으로는 미션, 목표 그리고 일반적인 조직의 기풍 등을 명백하게 정의하며, 이를 조직 전체에 전달하고, 완전하게 이해가 되었는지 확인하기 위하여 기능을 수행할 수 있는 데 필요한 모든 요소(조직체, 정보 채널, 이해관계자들의 표현 등)를 구비하게 하는 시스템 5를 적절하게 설계하는 것

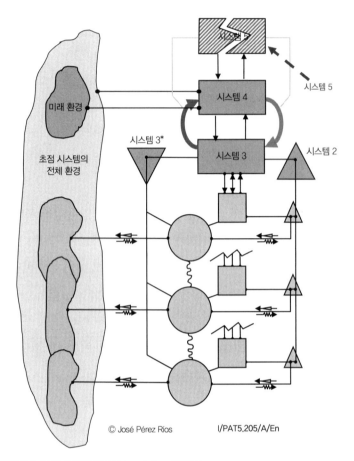

© José Pérez Ríos   i/PAT5.205/A/En

▌그림 3.5 병리 P2.2. 기관 정신분열증(Pérez Ríos, 2008b)

이다.

　조직의 이미지가 어떻게 진화하고 있는지를 감시하기 위해서는 조직이 환경(시장, 서비스 수혜자들 등)에서 그리고 조직 내에서 어떻게 인식되고 있는가를 점검하는 것도 좋은 방안이다. 또한 전개된 이미지를 강화하거나 혹은 재조명하거나, 아니면 필요하다면 그것을 변경하는 것이 적절한지를 고려해야 하는 관점을 가지고, 시스템 4에 의해 얻어진 정보는 지속적으로 시스템 5에 전달되어야 한다.

3.2.1.3 시스템 5가 시스템 3에 매몰됨(메타시스템의 부재)

시스템 5가 시스템 3에 직접 개입할 때 시스템 5와 관련하여 또 다른 병리가 발생할

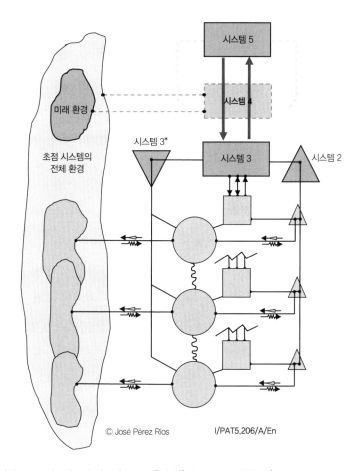

© José Pérez Ríos   I/PAT5,206/A/En

▌그림 3.6 **병리 P2.3. 시스템 5가 시스템 3으로 흡수됨**(Pérez Ríos, 2008b)

수 있다. 이러한 일은 시스템 4가 매우 약하거나 또는 존재하지 않을 때 발생하게 된다.

여기에는 시스템 3과 시스템 5 사이에 직접적 관계가 있고, 시스템 5가 시스템 3 고유의 업무(조직의 '현시점'을 관리하는)에 개입함으로써 두 가지 역효과를 가져오게 된다. 첫 번째 역효과는 시스템 3의 활동 역량(자율성)을 제한하는 것으로, 시스템 5는 다른 시스템(시스템 1의 요소들과의 직접 채널을 통해서 그리고 시스템 2와 시스템 3*을 통해서)이 접근한 풍부한 정보(다양성)를 가지고 있지 못함으로 해서 더 큰 방해가 되며, 결과적으로 '권한(authority)'이 있는 자리에서의 개입은 시스템 1의 기능수행을 해롭게 할 수 있다. 두 번째 역효과는 시스템 5 자신의 기능을 약화시키는 것으로, 시스템 4의 부재 또는 약화로 인해 통합적인 조직 메타시스템(5-4-3)을 갖지 못하게 하는 원인이 될 수 있다. '외부와 미래'에 대하여 지속적으로 주시하고, 기업의 기풍, 미션, 가치관 목표 등의 수립을 통하여 기업의 정체성을 정의해야 하는 관련 기능들이 심각한 손상을 입을 것이고, 따라서 조직의 존립에도 위협이 될 것이다. 그 결과로 조직이 사라질 가능성이 높아지고 적어도 독립된 실체로서 존재할 가능성이 낮아지는 것이다(그림 3.6).

3.2.1.4 상위 수준과 비교하여 부적절한 표현

시스템 5의 또 다른 잠재적 병리는 조직이 속하는 상위 시스템(이전 단계의 재귀 수준)에 위치하고 있는 전체 조직(초점 조직)을 표현하지 못하는 데서 발생한다. 이러한 점이 동일한 글로벌 조직 내에서 서로 다른 재귀 수준에 속하는 조직들 사이의 단절을 가져올 수 있고, 다양한 수준에 있는 서로 다른 조직들 사이의 불일치성으로 전체적인 기능수행에 지장을 초래하게 되는 괴리(disjunction) 현상을 가져오게 된다(제2장 2.4절 참조). 이 경우 이러한 수준들 전체에 걸친 가치관, 미션 등의 전송 체인이 방해받을 수 있거나, 또는 전달되는 정보의 내용이 왜곡될 수도 있다.

3.2.2 시스템 4와 관련한 병리

시스템 4는 조직의 '외부와 미래'를 관찰하는 적응기관(adaptation organ)으로서의 역할을 수행한다고 앞에서 언급한 바 있다. 시스템 3과 시스템 4의 지속적인 상호작용(시스템 4-시스템 3 항상성)은 조직에 요구되는 통합의 참신성이 시스템 1에서 수행될 수 있도록 적절한 시기와 형식으로 전달되는 것을 보장한다. 마찬가지로 시스템 1의 구조로부터 발생한 제한사항들은 시스템 3에 의해 시스템 4로 전달된다. 이러한 결합 기능수행(시스템 4-시스템 3 항상성)은 시스템 1에서 요구되는 수정들이 지속적이고 점진적으로 발생할 수 있도록 만들 것이며, 따라서 조직의 존립가능성이 확보되게 되는 것이다.

만일 시스템 4가 부적절하게 운영되거나 또는 존재하지 않는다면, 조직은 환경(시장, 경쟁자, 기술, 회사 자체의 발전 등)의 현재와 예측 가능한 미래의 전개와 관련한 정보가 부족하게 될 것이고, 결과적으로 조직의 존립가능성이 위험에 빠지게 될 것이다. 지금부터는 시스템 4의 부적절한 기능수행 또는 설계와 관련하여 흔히 발생할 수 있는 병리들에 대하여 살펴보기로 한다.

만일 시스템 4가 부적절하게 운영되거나 또는 존재하지 않는다면, 조직은 환경(시장, 경쟁자, 기술, 회사 자체의 발전 등)의 현재와 예측 가능한 미래의 발전과 관련한 정보가 부족하게 될 것이고, 결과적으로 조직의 존립가능성이 위험에 빠지게 될 것이다. 지금부터는 시스템 4의 부적절한 기능수행 또는 설계와 관련하여 흔히 발생할 수 있는 병리들에 대하여 살펴보기로 한다.

3.2.2.1 '머리 없는 닭'

시스템 4에서의 기능장애의 예로는 조직이 제공하는 제품 또는 서비스를 적절한 때에 수정하지 못할 때, 시장의 필요에 맞춰 제품이나 서비스를 변경하거나 적용시키는 데 과도한 시간을 소요했을 때, 신제품의 어설픈 도입 또는 잘못된 형태의 제품 도입 등을 들 수 있다. 일반적으로 시스템 4의 결함에 대한 징후는 조직이 제품 또는 서비스 계열 혹은 기업의 이미지 등을 수정하는 데 어려움을 겪고 있거나 아니면 수정할 수 없는 것과 관련이 된다. 시스템 4가 아직 존재하지 않는다면 조만간 조직이 사라지거나 최소한 독립된 실체로서 존재할 가능성이 없게 될 것이다(그림 3.7).

닭의 경우 갑자기 머리가 잘린 순간에도 잠시 동안 정신없이 이리저리 배회하는 것처럼 시스템 4가 없거나 시스템 4가 제대로 기능수행을 하지 못하는 조직에서도 이와 비슷한 상황이 벌어질 수 있다. 이 조직들은 고객 또는 수혜자가 요구하는 제품이나 서비스를 더 이상 제공할 수 없게 되는 순간이 다가올 때까지도 계속 운영을 이어 나갈 것이다.

3.2.2.2 시스템 4와 시스템 3 사이의 분리

시스템 4와 관련되는 또 다른 흔한 병리는 시스템 3과의 좋지 못한 연결에 의해 발생한다. 이러한 요인은 시스템 3 – 시스템 4 항상성이 제 기능을 발휘하지 못하게 만들고, 그로 인해 지금부터 살펴볼 결과들을 초래하게 된다. 사실상 조직은 현재와 미래

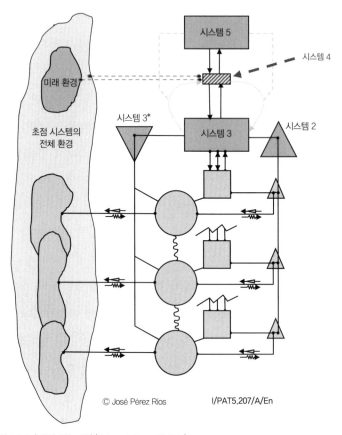

I/PAT5.207/A/En

▌그림 3.7 **병리 P2.5. '머리 없는 닭'** (Pérez Ríos, 2008b)

환경의 추세를 정확하게 검토하고, 새로운 제품, 서비스, 기술 등의 도입에 도움이 되는 정보를 얻으려고 할 것이다. 또한 시스템 3은 시스템 1의 요소들을 계속해서 잘 통제하고, 시장이 요구하는 제품과 서비스를 제공하려 할 것이다. 그러나 시스템 1(그리고 그 환경)에서 발생하는 변화들이 시스템 4와 시스템 5에 적절하게 전달되지 않거나, 또는 조직으로 흡수하는 것이 적절한 것으로 시스템 4가 탐지한 혁신들이 시스템 3에 의해 완전히 동화되지 않고, 나중에 시스템 1 요소들에 의해 실행되지 않을 때, 이러한 순간적으로 잘 어울리는 상황도 곧바로 중단될 것이다. 이러한 분리의 결과는 조직이 외부로부터 그리고 조직 자체의 내부로부터의 변화에 적응하지 못하게 하는 무능을 낳게 된다. 외부 데이터와 함께 미래의 추진 방향을 가능하게 하는 종합적 관점을 제공하기 위해서는 내적 변화들도 시스템 4에 의해서 처리되어야 한다(그림

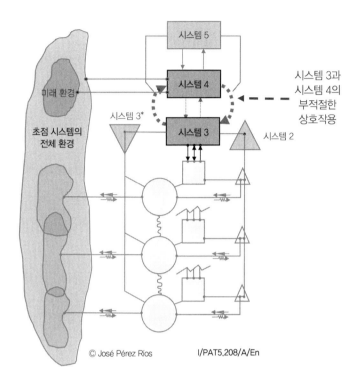

그림 3.8 병리 P2.6. 시스템 4와 시스템 3 사이의 분리(Pérez Ríos, 2008b)

3.8).

시스템 4가 시스템 3을 '근시안(short‑sighted)'적인 것 또는 시급한 것 이외에는 보지 못하고 있다고 생각하는 경우, 또는 시스템 3이 시스템 4를 비현실적이고 조직의 일상적 운영('현시점')이 정한 제한들을 모르는 것으로 인식하는 경우에 이러한 분리(dissociation)의 증상을 발견할 수 있다.

이러한 시스템 4와 시스템 3 사이의 분리와 커뮤니케이션 부족이 가져올 수 있는 결과는 외부와 내부의 변화에 조직이 적응할 수 없게 되는 것이고, 결과적으로 조직의 존립가능성은 위험에 빠지게 되는 것이다.

이러한 문제를 피할 수 있는 수단들이 이 책의 제1장 1.3절과 제2장 2.3절에 상세히 분석되어 있다. 거기에는 시스템 4‑시스템 3 항상성의 성공적인 설계와 기능수행을 위한 요구사항들도 설명되어 있다.

3.2.3 시스템 3과 관련한 병리

모든 조직은 일반적으로 시스템 3과 시스템 1을 보유하고 있으며, 이 시스템들은 조직이 제공해야 할 제품과 서비스가 시장 또는 특정 환경에 다가갈 수 있게 해준다. 그럼에도 존재하는 것만으로 이 시스템들이 기능을 잘 수행할 것이라고 보장하지는 않는다.

시스템 3과 시스템 4 사이의 커뮤니케이션 부족에 의해 발생하는 문제 유형들과 이로 인해 발생하는 역기능에서부터 공동 작업의 실패까지의 범위에 있는 시스템 4 - 시스템 3 항상성의 활동에 미치는 영향들에 대하여 앞에서 살펴본 바 있다. 그때 살펴보았던 내용들 모두가 시스템 3에도 적용 가능하다.

여기서는 시스템 1에 있는 요소들을 통합하는 업무와 관련하여 시스템 3의 역기능에 의해 야기되는 병리들에 대하여 구체적으로 살펴보기로 한다.

3.2.3.1 부적절한 관리 유형

앞에서도 언급한 것처럼, 시스템 3과 시스템 1에 있는 요소들 사이의 직접적인 관계성은 '자원 협상', '책임성' 그리고 '지시의 전달' 등에서 중요한 역할을 하는 세 가지 주요 채널을 통해서 발생한다. 또한 시스템 1 요소들의 존립가능성과 순조로운 기능수행에 대한 요구사항의 하나는 특정 환경(시장, 수혜자)의 복잡성(다양성)을 개별적으로 처리할 수 있는 충분한 자율성을 가지고 있어야 한다는 것이다.

수직 명령 계통(vertical line of command)에 과부하가 걸리게 하는 것 이외에도, 운영 단위와 관련된 문제들에 시스템 3이 지나치게 직접적으로 관여(지나친 권위주의적인 관리 유형)하는 것은 운영 단위의 '관리' 입장에서 볼 때 (자율적) 활동 능력을 제한하는 것이 된다. 우리가 다양한 운영 단위들(시스템 1의 요소들)이 처리해야 할 시스템 3 고유의 수평적 다양성을 시스템 3이 직접 흡수하지 못하는 것에 덧붙이면(그들 자신이 대응할 능력을 가져야 하는), 그 결과는 시스템 1의 역기능일 것이다(그림 3.9).

이러한 조건의 증상은 시스템 3의 책임과 관련하여 "나는 스스로 아무것도 할 수 없다." 또는 "그것을 내가 하지 않으면, 그것은 마무리되지 않을 거야."와 같은 일상

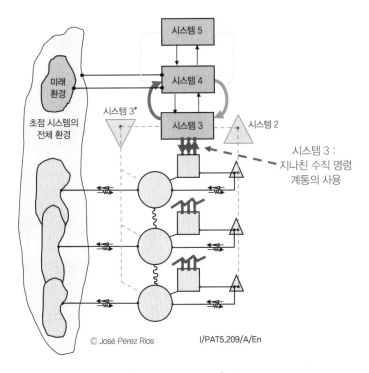

│ 그림 3.9 병리 P2.7. 부적절한 관리 유형(Pérez Ríos, 2008b)

적으로 듣게 되는 불평들 혹은 설상가상으로 운영 단위들의 책임이 부적절하다는 주장으로 "내 부하는 쓸모없어." 등의 불평을 들 수 있다. 이러한 병리들이 나타날 수 있는 가능성을 나타내는 또 다른 지표는 운영 단위의 관리자들이 시스템 3을 책임지는 개인 또는 개인들의 관리 유형을 지나치게 권위주의적인 것으로 인식하고 있는 조직들에서 마주치게 된다.

시스템 3은 반드시 존재해야 하는 채널과 지원 요소들(시스템 2, 시스템 3* 그리고 커뮤니케이션 채널)을 이용하여 시스템 1 전체가 순조롭게 운영될 수 있도록 해야 하며, 이러한 것들이 적절하게 기능을 수행한다면 실제적으로 시스템 3이 (일상적 운영 문제에) 직접적으로 개입할 필요가 없게 되는 것이다. 시스템 1의 활동에 방해를 가져오는 시스템 3의 강력한 개입은 시스템 3을 관리하는 입장에서 볼 때 조직(시스템 3 - 시스템 2 - 시스템 1)을 잘못 설계하였거나 또는 기술 부족을 나타내는 지표가 될 수 있다.

좋은 시스템 3의 주 기능은 거의 자율적으로 운영(통합)되어야 하는 조직에 필요한 올바른 구성요소들(시스템 3*, 시스템 2, 그리고 시스템 1 구성요소들 사이의 커뮤니케이션 채널)을 정확하게 설계하는 것이다. 시스템 1에 있는 서로 다른 요소들이 해결해야 할 예외사항들이 처리될 수 없거나, 의사결정이 이러한 관리자들의 소관을 뛰어넘는 환경과 조직 내에서의 예측 불가능한 상황 등과 같은 예외적인 사항의 처리에 한하여 이러한 개입이 제한적으로 이루어져야 한다.

3.2.3.2 정신분열증의 시스템 3

시스템 3의 특성과 시스템 4와의 관계성을 고려할 때, 시스템 3의 독특함 — 시스템 3은 시스템(운영 단위)과 메타시스템(운영 단위의 관리) 모두에 속하고 있다는 사실 — 에 대하여 지적하지 않을 수 없다. 이는 시스템 3의 기능이 이러한 양자의 포함관계에서 얻어진다는 것을 의미한다.

메타시스템의 일부분(관리)으로서 운영될 때 시스템 3은 사건, 제한사항 등과 관련한 시스템 4 데이터를 전형적인 시스템 1에 보낼 수 있어야 하며, 시스템 1 내의 수정 요구사항과 관련한 정보를 지시, 규제 등과 함께 시스템 4와 5로 전달해야 한다. 그리고 시스템(운영 단위)의 일부로 작동할 때에는, 시스템 2와 시스템 3*의 지원으로 이 시스템이 지시하고 통합시키는 조직의 작업을 처리해야 한다. 두 경우 모두에 있어서 처리되어야 할 유형의 측면들은 주어진 시점에 따라 다를 수 있다.

하나의 가능한 문제는 이러한 두 가지 기능 — 앞에서 설명한 동시 포함(simultaneous inclusions) — 이 시스템 3 자체 내에서 잘못 관계되고 통합되는 경우이다. 이것이 '정신분열증적(schizophrenically)'으로 행동하게 만드는 원인이 된다. 만일 이러한 두 가지 측면이 조화롭게 통합되지 않는다면, 시스템 3의 기능수행은 문제가 있는 내부긴장(internal tension)에 의해 영향을 받을 것이다(그림 3.10).

3.2.3.3 시스템 3과 시스템 1 사이의 약한 연결

시스템 3과 시스템 1을 구성하는 요소들 사이이 관계성이 약할 때, 즉 운영 단위(예를 들어, 회사의 사업부)에 권력이 놓여 있을 때, 하나의 전체로서 시스템 1은 순탄하게

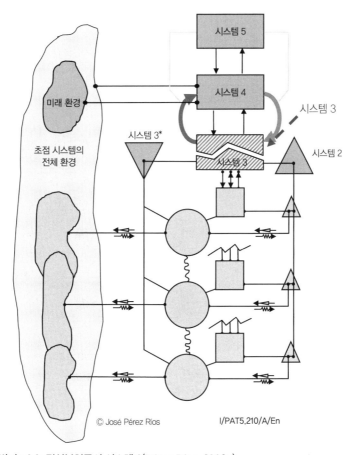

| 그림 3.10 **병리 P2.8. 정신분열증의 시스템 3(Pérez Ríos, 2008b)**

운영되지 않는 결과를 가져오게 된다. 이 경우 운영 단위들이 적절하게 운영하도록 지침을 제공하고, 자원을 할당하며, 단위들이 적절하게 운영되고 있는지(책임성)를 확인하기 위한 통합 시스템(시스템 3)의 부족으로 인하여 기초적 운영 단위들을 조정할 수 있는 유일한 방법은 기업 시스템 2를 이용하는 것이다. 그러나 이 시스템은 시스템 1에 있는 요소들에 대한 권한을 가지고 있지 못하며, 시스템 2가 조정에 나서려한다면, 운영 단위 요소들이 관료주의적인 압박으로 인식하게 될 것이며 따라서 환영받지 못할 것이다(그림 3.11).

이러한 병리의 결과는 시스템 1을 구성하는 단위들이 무질서하게 작업하게 되는 것이다. 다양한 기초적 운영 단위들의 영향권 또는 사법과 관련한 갈등, 시장 개척 등에

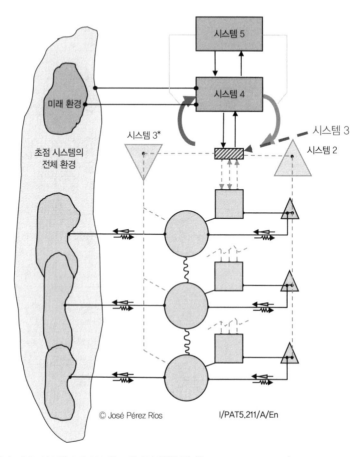

시스템 5

미래 환경

초점 시스템의
전체 환경

시스템 4

시스템 3*

시스템 3

시스템 2

© José Pérez Ríos

I/PAT5.211/A/En

▌그림 3.11 **병리 P2.9. 시스템 3과 시스템 1 사이의 약한 연결**(Pérez Ríos, 2008b)

서 야기되는 어려움에 직면하였을 때, 시스템 1의 구성단위들은 '자기 책임하에 각자
제 일을 하는(Every man for himself)' 전술을 선택하게 될 것이다.

3.2.3.4 시스템 3의 비대/이상발달

시스템 3과 연관된 또 다른 일상적 병리는 시스템 2와 시스템 3* 양자의 불충분한 발
달에 의해 수반되는 부풀림(bloating) 또는 이상발달(hypertrophy) 현상이다. 여기서
야기되는 문제들은 앞에서 언급한 것처럼 지나치게 권위주의적인 관리 유형에서 발생
하는 것들과 부분적으로 유사하지만, 시스템 2 그리고 시스템 3* 양자의 지원이 부족
함으로 인해 더욱 악화된다는 것이다. 이 두 시스템은 시스템 1 요소들 각각의 기능수

행과 이들 간의 상호작용에서 야기되는 복잡성을 흡수하는 데 중요한 역할을 수행한
다. 그런데 이러한 복잡성은 너무 커서 시스템 3이 단독으로 흡수할 거라고 기대하기
는 어렵다. 시스템 3을 엄청나게 발달시킴으로써 그러한 흡수를 시도하고자 한다면,
그래서 기본 단위들의 업무에 직접적으로 개입하려 한다면, 이러한 절차들은 이 해결
방안에서 발생하는 비용 그리고 비효율적 기능수행 등으로 인해 이 단위들의 관리자
들이 좌절감을 느끼게 하는 결과를 초래할 것이다(그림 3.12).

　조직 사이버네틱스의 중요한 원리 중 하나는 시스템(조직)이 자율 규제(self-

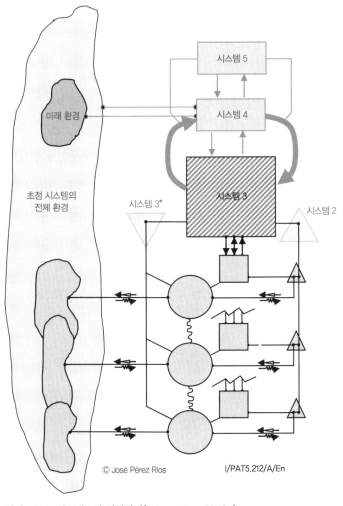

▌그림 3.12 **병리 P2.10. 시스템 3의 이상발달**(Pérez Ríos, 2008b)

regulating)할 수 있도록 애쓰는 것이다. 이러한 목적을 위한 하나의 열쇠는 의사결정을 필요로 하는 곳에 가능하면 가깝게 의사결정 지점을 위치시키는 것이다. 따라서 상응하는 운영 단위들이 결정하고 행동할 수 있는 충분한 능력을 가지게 될 것이다. 다시 말해, 하나의 전체로서의 조직을 위한 일관성 요구사항(cohesion requirement)에 의해서만 제한되는, 필요한 정도의 자율이 허용되어야 한다. 시스템 3의 이상발달은 이러한 선택과 상반되게 작동한다.

3.2.4 시스템 3*과 관련한 병리

3.2.4.1 시스템 3*의 부족 또는 불충분한 개발

이 시스템과 가장 빈번하게 관련되는 병리는 이 시스템의 부재 또는 적절한 기능수행의 실패에서 발생한다(그림 3.13). 시스템 3에 대한 지원체로서의 시스템 3*의 목적은 회계, 재무, 유지보수 또는 품질 검사, (생산 시스템에서의) 산업공학 연구, 여론조사 등과 같은 메커니즘을 이용하여 엄청난 양의 다양성을 흡수하는 것이다. 시스템 2를 거치거나 아니면 시스템 1의 구성요소들로부터 직접 시스템 3에 도착하는 데이터를 보완하는 것 이외에도 시스템 3*은 운영 단위 요소들의 행태적 조정(behavioral alignment)에도 기여한다. 이동 레이더를 이용한 운전자의 속도 제어, 또는 특정 서비스의 품질과 관련한 다양한 설문조사 등과 같은 예들은 이것이 얼마나 유용한지를 보여주고 있다.

조직에 시스템 3*이 존재하지 않을 경우의 결과는 명백하다. 조직의 서로 나른 과정들과 운영 규범 사이에 조정되지 않은 업무 관행, 또는 심지어 (공급자, 근로자, 고객 등과의 관계에 있어서) 비윤리적 행동 등과 같은 부적절한 활동의 확산이 나타날 수 있다. 시스템 3*에 대응하는 어떤 요소가 존재하기는 하지만 적용되지 않거나 또는 적절한 기능수행을 못하는 경우에도 이와 같은 행동들이 나타날 수 있다. 일정 수준의 문서처리를 수행하려는 수준에서 (의료 병력과 같이) 그러나 사전에 미리 공표되었거나 혹은 사전에 긴급성에 대하여 경고를 받은 조사에 책임을 담당하는 사람들에게만 '거짓' 또는 '꾸며진' 정보를 입력하도록 하는 설문조사를 예로 들 수 있다.

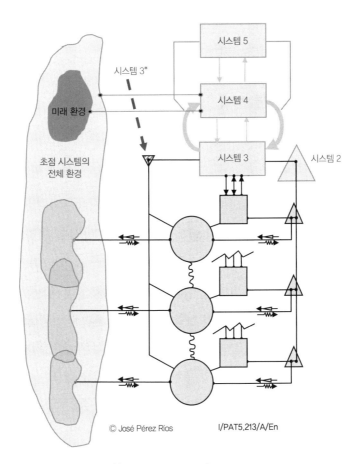

│ 그림 3.13 **병리 P2.11. 열악한 시스템 3***(Pérez Ríos, 2008b)

그러한 조치 이전에 취해야 하는 필요한 예방 조치는, 예를 들어, 비밀리에 그리고 사전에 운영 단위들에게 알리지 않고 샘플링이나 감사를 실시하고자 하는 의도와 혼동해서는 안 된다. 분명 이러한 단위들에게는 감사가 있을 예정이며, 어떠한 내용들이 측정될 것인지를 미리 알려야 한다. 이러한 개입은 잘못을 탐지하고 시스템 1의 활동에 의해 (시스템 3을 통해) 그것들을 바로잡음으로써 시스템 1의 기능수행을 개선하고자 하는 것이 이유이다. 그 목적은 시스템 1과 시스템 2로부터 시스템 3에 전송되는 정보를 보완하는 것이다.

이러한 시스템 3*의 개입과 대등한 것이 특정 연령을 넘어서는 사람들에게 시행되는 건강 '검진'일 것이다. 그 목표는 '건성으로 하는 간섭'이 아니라 초기에 문제를 탐지함으로써 문제를 쉽게 해결하거나 문제가 나타나는 것을 미연에 방지할 수 있게 하려는 건강상의 문제에 대한 사전적 경고와 예방을 위한 것이다.

3.2.5 시스템 2와 관련한 병리

시스템 2는 시스템 1에 있는 기초적 단위들의 조화로운 행동에 기여하는 책임을 맡는다. 이 시스템이 잘못 설계되거나 또는 기능수행이 적절치 못한 경우의 전형적인 병리들에 대하여 살펴보기로 한다.

3.2.5.1 시스템 1 내의 일관성이 없는 행동(각자의 방식을 위함)

시스템 2(기업 시스템 2와 개별적 운영 단위 각각의 시스템 2)의 역기능에 대한 징후는 시스템 1을 구성하는 기초적 운영 단위들 사이의 상호작용에서 문제가 발생하는 것이다(그림 3.14). 운영 단위들 간의 협업 부족, 공용 자원에 대한 경쟁으로 인한 연대성 부재, 활동 사이의 조정 문제, 또는 특정 단위에서 다른 단위로 연결될 때 지속적인 프로세스 흐름의 부족 등은 이러한 병리가 나타나고 있음을 보여주는 지표들이다. 일반적으로 시스템 2가 존재하지 않거나 적절하게 작동되지 못하고 있다는 신호는 운영 단위들의 무질서한 행동으로 나타나며, 그리고 시스템 3의 직접적인 개입(조직이 잘못 설계되었거나 또는 기능장애를 겪고 있다는 잠재적 징후로서 이에 대하여 여러 번 지적한 바 있다)으로만 이러한 문제가 처리될 때 나타난다.

이러한 문제를 해결하기 위해서는 시스템 2를 기업 수준(상이한 운영 단위들에 관한 정보를 시스템 2는 물론 시스템 3에 직접적으로 제공하는)에서 그리고 서로 다른 운영 단위를 지원하는 재귀 수준 모두에서 잘 설계할 필요가 있다. 이 시스템에 대하여 앞에서 분석하면서, 시스템 1의 다양한 운영 단위들의 순조로운 기능수행을 위해서는 시스템 2에 채택되어야 하는 요소들의 조정을 설계하는 데 관여해야 하는 사람들은 주로 시스템 3의 지원을 받는 운영 단위들의 관리자들이라고 지적한 바 있다.

3.2.5.2 권위주의적 시스템 2(권위주의적 관료)

시스템 2와 관련하여 종종 관찰되는 또 다른 문제는 운영 단위들의 관리들이 시스템

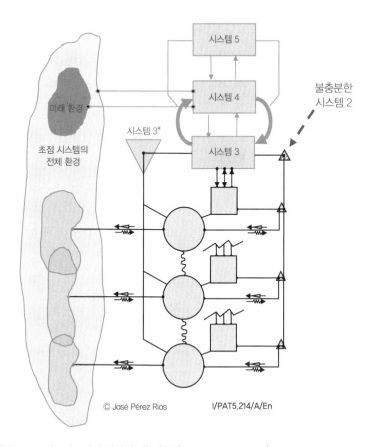

I/PAT5.214/A/En

▌그림 3.14 **병리 P2.12. 시스템 1 내의 일관성 없는 행동**(Pérez Ríos, 2008b)

2를 어떤 작업 방식을 강요하려고 하는 권위주의 집단(authoritarian group)으로 인식하는 경우이다. 이 경우 시스템 2는 명령보다는 조정을 위한 수단들을 제공함으로써 운영 단위들 사이의 보다 나은 관계성에 기여하는 것이 목적이기 때문에 시스템 2는 자신의 과업을 성공적으로 수행할 수 없게 될 것이다. 권위주의적이라는 시스템 2에 대한 이미지는 시스템 2의 본질을 손상시키는 것이며(왜냐하면 시스템 3만 시스템 1에 대한 권한을 갖기 때문에), 이 시스템이 설계한 프로세스가 추천하는 행동들을 이행하지 않는 결과를 가져오게 된다. 운전자들에 대한 교통 규제의 예(시스템 2의 예로서)는 이러한 규제들이 명령이 아닌 조치들로서 도로와 고속도로 상의 교통 흐름의 안전을 도모하고 개선하려는 것임을 이해할 수 있게 해준다. 대체로 이러한 규범들은 지켜야 하는 명령으로서가 아니라 안전에 기여하는 것으로 여겨질 때 일반 시민들에게 환영을 받게 되는 것이다(그림 3.15).

우리가 언급했듯이 이러한 인식을 피할 수 있는 방법은 시스템 2(기업 시스템 2 그리고 각 운영 단위들의 시스템 2)의 설계에 운영 단위들과 시스템 3이 공동으로 참여하게 하는 것이다.

3.2.6 시스템 1과 관련한 병리

3.2.6.1 자생적 '야수'

시스템 1과 관계된 잠재적 병리는 주로 기초적인 운영 단위에 의한 부적절한 활동

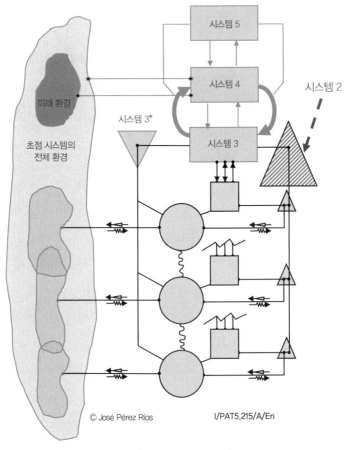

▌ 그림 3.15 **병리 P2.13. 권위주의적 시스템 2**(Pérez Ríos, 2008b)

과 관계된다. 하나의 시스템 1 단위 또는 이 단위들 모두가 '자생적 야수(Autopoietic Beasts)'가 되는 것을 하나의 예로 들 수 있는데, 이 용어는 자신들의 이해관계를 넘어서는 것에 대하여 어떠한 고려도 없이 자신들의 목표만이 존재 이유인 것처럼 행동하는 조직을 설명하기 위해 Werner Schuhmann(1997)이 사용한 것이다.

시스템 1의 운영 단위들은 보다 높은 단위(전체 시스템 1 그 자체와 전체 초점 조직)들에 속하고, 따라서 그들의 활동은 보다 큰 전체 프레임워크 내에서 조망되어야 한다. 생물학에서의 예로 암을 들 수 있는데, 암은 자신을 포함하고 있는 유기체 전체에 걸쳐 성장하고 확산되는 세포로부터 발생하여 자신의 성장과 확장을 추구하는데 그렇게 함으로써 마침내는 주인인 유기체를 파괴하고 결과적으로 자기 자신도 파괴하게 된다.

시스템 1의 경우, 이러한 병리는 기초적인 운영 단위 중의 하나가 시스템 1을 구성하고 있는 다른 단위들에 대하여 우위를 차지하거나 또는 이미 불균형적인 우위를 가질 때, 다른 단위들의 발전에 부정적인 영향을 미치게 되는 경우에 보다 명확하게 드러난다. 물론 시스템 3이 이러한 종류의 병리적 행태를 방지하기 위한 충분한 힘을 가지고 있지 못할 때 이러한 병리가 발생한다(그림 3.16).

3.2.6.2 시스템 1의 우월. 약한 메타시스템

시스템 1의 병리적 발달에 관한 또 다른 예는 조직의 생존능력에 필요한 다른 기능 또는 시스템(시스템 2, 3, 3*, 4, 5)과 비교하여 시스템 1의 전체 존재, 파워 그리고 우위가 절대적일 때 발생한다(그림 3.17). 이것은 시스템 1의 운영 단위들에 의해 지배된 조직을 나타내는 것으로, 조정 요소들(시스템 2), 통합 구성요소(시스템 3과 시스템 3*), 적응 조직(시스템 4와 시스템 3 – 시스템 4 항상성), 그리고 정체성, 미션, 기타 등을 나타내는 요소(시스템 5) 등을 제대로 갖추지 못한 채, 자신들의 개별적인 목적만을 추구하고 '자기 책임하에 각자 제 일을 하는' 원칙에 따라 자신끼리 경쟁하는, 운영 단위들의 조합과 같이 행동할 것이다. 존립가능성이라는 관점에서 볼 때 분명 이는 바람직하지 않다.

언급된 병리들의 원인에 대한 적절한 치료는 이 책의 제1장과 제2장에서 서술한 모

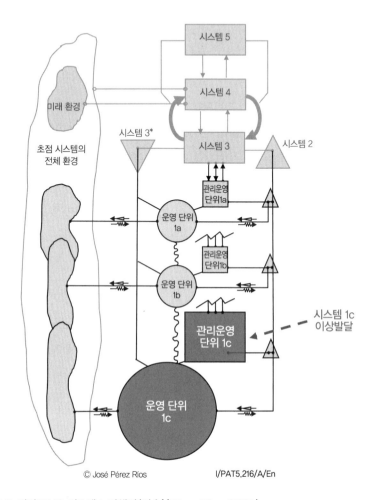

© José Pérez Ríos   I/PAT5.216/A/En

▌그림 3.16 병리 P2.14. 시스템 1, 자생적 '야수' (Pérez Ríos, 2008b)

든 VSM 기능들의 설계에 달려 있다.

3.2.7 전체 시스템과 연관된 병리

3.2.7.1 조직의 자생적 '야수'

존립가능 시스템 모델의 서로 다른 시스템(기능)들과 직접적으로 관계된 병리들 외에
도 전체 조직에 영향을 미치는 역기능과 연결되는 보다 일반적인 유형의 다른 병리들
이 있다.

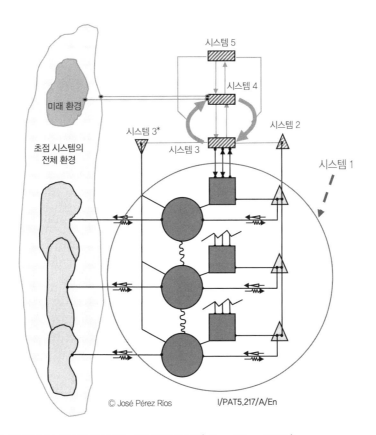

시스템 5

시스템 4

미래 환경

시스템 3*

시스템 2

초점 시스템의
전체 환경

시스템 3

시스템 1

© José Pérez Ríos　　I/PAT5.217/A/En

그림 3.17　**병리 P2.15. 시스템 1의 우월. 약한 메타시스템**(Pérez Ríos, 2008b)

　　하나의 병리는 전체 시스템(조직) 내에서의 이상발달의 모습 또는 일탈적 자율 행동의 출현으로 특징지어진다. 여기서는 시스템 1이 보다 더 잘 운영될 수 있도록 돕는 것(조직이 공급하기로 결정한 제품 또는 서비스를 환경에 제공하는 것을 의미함)을 목적으로 하는 기능들에 대하여 살펴보기로 한다. 이것들은 시스템 1의 '서비스에 속하는' 기능들이기 때문에 시스템 1의 과업을 용이하게 수행할 수 있도록 기여하는지와 상관없이 자신들의 성장과 파워에 관계된 그들 자신만의 목표를 달성하겠다는 망상에 사로잡힐 수 있다. 이러한 병리는 시스템 2, 시스템 3* 그리고 시스템 4 등에서도 나타날 수 있다. 이에 대한 예로 절차, 관례, '존재의 이유' 등을 만들고, 포커스 변화의 결과로 제공해야 것들을 정하는 — 원래 시스템 1의 과업을 돕기 위해 시스템 2의 일부로 만들어진 — 행정부서를 들 수 있다. 지나친 관료주의(bureaucracy)가 이러한 부류에 포함될 수 있다. 이러한 행동으로 특징되는 부서 또는 조직체가 Schuhmann이 말하는 '자생적 야수'(Schuhmann, 1997)의 실체들과 아주 잘 일치한다.

그러나 근시안적인 관료주의의 이상발달에 대한 비교적 확실한 사례 이외에도, 종종 더 심각한 다른 예들이 존재한다. 가장 악명 높은 예 중 하나로, 사회 또는 기업에서 특정 기능에 맞춰서 설립되었으나 시간이 경과하면서 원래 의도한 서비스를 제공하는 것보다는 하나의 조직으로 존재하는 것을 궁극적인 목적으로 삼는 조직을 들 수 있다.

조직 내의 예로는 서비스부서를 들 수 있는데 서비스 대상이 되는 기업 또는 조직의 사람과 부서들보다는 자신들의 존재와 권력 분담의 보전에만 역점을 두고 있을 때 이러한 병리의 징후가 나타날 수 있다.

조직 내 또는 전체 기업에서의 이러한 유형의 병리적 행동은 단기적으로는 영향권 내의 영역에 있는 조직의 역기능을 초래할 것이고, 또한 포함되는 조직들의 동기유발에도 영향을 미치게 될 것이다. 그러나 장기적으로 그 피해가 확산되고 지속된다면, 이러한 방식으로 활동하는 사람들을 포함하는 조직은 파괴될 것이고, 결국에는 그들 자신도 파멸하게 될 것이다.

3.2.7.2 메타시스템의 부족

전체 조직에 적용되는 또 다른 병리는, 시스템 3, 시스템 4, 그리고 시스템 5로 구성되는 메타시스템의 부재 또는 결함에서 발생한다. 조직이 성장해 감에 따라 시스템 1 요소들의 발전에 더 많은 (또는 배타적인) 관심을 두는 조직에서 발생할 수 있다. 즉 특정 제품이나 서비스에 대한 초기의 성공은 조직이 시장에서 요구하는 제품이나 서비스를 공급하는 데 초점을 두지만, 조직 관리 시스템(메타시스템)의 개발 또는 시스템 3, 시스템 4 그리고 시스템 5의 기능 개발에는 관심을 기울이지 않는 것이다. 시스템 3과 관련하여 이 시스템이 시스템(운영)과 메타시스템(관리)의 일부로서 이중적 역할 수행하는 것에 대하여는 이미 언급한 바 있다. 시스템 4와의 상호작용에 대해서는 관심을 갖지 않은 채, 오로지 시스템 1 요소들의 관리와 통합에 관계된 활동으로만 시스템 3이 개발되었을 때 이러한 병리가 발생할 수 있다. 왜냐하면 이러한 시스템 3과 시스템 4의 상호작용은 조직의 적응력 확보와 더 나아가 조직의 존립가능성에 필수적이기 때문이다(그림 3.18).

이러한 병리를 겪고 있는 조직에 대한 예측도 또한 명백하다. 이러한 구조가 수정되고, 요구되는 기능(시스템 3, 시스템 4, 시스템 5)들이 개발되지 않는다면, 조직의 존립가능성은 멈추게 될 것이다.

이 시스템들의 특정 기능과 관계된 특정 활동들이 일어나긴 했지만 충분히 명확하지 않을 때에도 또 다른 유형의 병리가 발생한다. 그것들은 상응하는 기능에 대하여, 또는 이 기능들이 어떻게 관계되며, 또는 어떻게 이러한 기능들이 수행되는지에 대하여 명확히 식별하지 못하고 있는 일부 관리자들에 의해 다소 폭넓게 적용된다. 다소 약할 수 있지만 그 효과는 앞의 경우와 비슷하다.

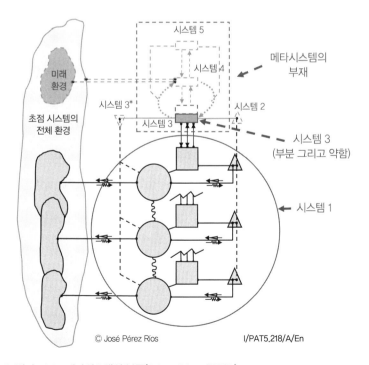

ⓒ José Pérez Ríos   I/PAT5.218/A/En

그림 3.18 **병리 P2.17. 메타시스템의 부족**(Pérez Ríos, 2008b)

3.3 정보 시스템과 커뮤니케이션 채널에 연관된 병리

제1장의 1.3절에서 조직의 모든 기능/서브시스템들과 조직을 구성하는 사람들, 그리고 서로 다른 부분의 환경을 갖는 조직들을 연결해주는 요소로 존립가능 시스템 모델 내에 있는 커뮤니케이션 채널의 역할에 대하여 설명한 바 있다. 또한 정보 전달자로서의 기능을 적절히 수행하기 위해 채널이 만족시켜야 하는 요구사항들에 대하여도 살펴본 바 있다. 따라서 이 절에서는 커뮤니케이션 채널과 더 넓게는 정보 시스템에 대하여 그 존재 그리고 구성과 관련하여 발생할 수 있는 병리들에 대하여 살펴보기로 한다.

3.3.1 정보 시스템의 부족

우선 먼저 언급할 병리는 정보 시스템의 부재 또는 조직의 각 부분에 중요한 정보를 제공하기 위한 인프라스트럭처(아마 이와 유사한 어떤 것이 있다면, 매우 특정한 의사결정을 돕기 위한 특정 컴퓨터 어플리케이션 등과 같이)를 제공하는 능력을 갖추지 못한 것과 관계된다.

정보는 의사결정자들을 연결해주고, 조직의 다양한 기능이 제 기능을 수행할 수 있게 만들어주는 요소이다. 정보 시스템의 부재를 말할 때의 정보 시스템은 서로 다른 기능(시스템 1, 시스템 2, 시스템 3, 시스템 3*, 시스템 4, 시스템 5)을 연결하는 일반적 특성의 시스템을 말하는 것이다. 만일 이들이 존재하지 않는다면 정도의 차이는 있지만 다른 시스템들이 고립되어 작동할 것이 분명하다. 물론 어떤 시스템이 작동하기 위해서는 조직의 다른 부분에 대한 최소한의 정보를 필요로 한다. 그러나 이러한 정보가 불완전하고, 어떤 경우에는 부적절하고, 또 어떤 때는 늦게 제공된다면, 이러한 정보에 기초한 의사결정은 계획대로 잘 이루어지지 않을 것이다. 이러한 품질의 정보를 가진 조직은 장기적으로 조직의 목적을 안정적으로 달성하기가 어렵다는 것을 알게 될 것이다.

이러한 타당성에 대한 필요에도 불구하고 정보 시스템이 복잡한 정보과학적 도구(informatics tools)로 꼭 구성되어야 할 필요는 없다. 중요한 것은 정보를 수집하여 전달하고 보여주기 위해 이용하는 기술적 도구보다는 시스템이 실제적으로 그러한 과업들을 수행하기 위해 존재하고 있고, 의사결정자들이 필요할 때 정보를 얻을 수 있어야 한다는 사실이다.

전체 조직을 위해 정보 시스템을 설계하는 것은 그 조직에 완전히 정통해야 함을 의미한다. 특히 다양한 기능들, 기능들 상호 간의 관계성 그리고 환경과의 관계성은 물론, 커뮤니케이션 채널 각각이 보유하고 있어야 하는 필요한 특성들에 대하여 상세한 지식을 가지고 있어야 함을 의미한다. 이러한 이유로 존립가능 시스템 모델에 대한 이해는 모든 조직에서의 정보 시스템 설계를 지향하는 중요한 개념적 프레임워크를 제공하는 것이라고 생각한다.

3.3.2 정보 시스템의 단편화

조직에서의 또 다른 문제와 역기능은 조직 내에 존재하면서 조직 내의 특정 활동에는 유용하지만 고립된 섬의 범주에서만 운영되고 있는 정보 시스템으로부터 발생할 수 있다. 이 정보 시스템들은 데이터와 정보의 수집, 저장 그리고 처리를 위한 모든 요소를 보유하고 있지만 생성하는 정보의 관점에서 볼 때 폐쇄형 시스템(closed systems)과 같이 행동한다. 고립된 상태에서 기능을 수행하는 다수의 컴퓨터 어플리케이션 또는 소프트웨어 패키지가 존재하는 경우 다음과 같은 측면의 문제들이 발생할 수 있다. 서로 다른 기능에 의해 처리되는 데이터/정보의 불일치(inconsistency) 가능성, 정보의 수집 시 정보의 유용성(availability)과 중복성(redundancy)에 대한 지식의 부족, 그리고 그에 상응하는 인력과 재무적 비용의 증가. 일반적으로는 글로벌 시스템으로서의 조직의 존립가능성에 필요한 기능들과 연계되는 다수의 채널을 통하여 정보를 통합하고 그 정보를 정기적으로 순환시키는 어려움을 들 수 있다. 시스템에서 부분의 최적화는 어떠한 상황에서도 전체 시스템의 최적화를 보장할 수 없다. 따라서 정보는 전체 조직에 걸쳐 지속적으로 끊임없이 순환되어야 한다. 오직 그런 조건에서만 적절한 정보를 전달받음으로써 조직 전체에 영향을 미치는 의사결정이 가능하게 될 것이다.

정보 시스템의 단편화, 정보 섬(고립된 섬)의 징후, 혹은 지속적으로 끊임없이 이들을 연결해줄 수 있는 인프라스트럭처의 부재 등은 조직의 적절한 기능수행을 위한 기본적인 요소를 갖추지 못하고 있음을 의미한다. 그 결과로 특히 조정의 부족, 불일치, 다른 곳에서 무슨 일이 일어나고 있는지 의식하지 않는 기능의 존재, 그리고 전반적인 비용 상승 등의 문제가 발생하게 될 것이다. 또한 이로 인해 시장이나 특정 환경으로 제품 또는 서비스의 부적절한 장기 공급을 수반하여 궁극적으로는 조직의 실패를 가져오는 결과를 가져오게 될 것이다.

3.3.3 주요 커뮤니케이션 채널의 부족

존립가능 시스템 모델의 필수적인 기능들 사이에 정보를 배포하기 위해 설계된 구조 이외에도, 정보를 공유하는 모든 구성요소를 연결하는 커뮤니케이션 채널, 즉 '인프라스트럭처'가 있어야 하는데, 이 채널은 각각의 경우에 요구되는 양의 정보를 '전송'할 수 있는 용량을 가지고 있어야 한다.

이와 관련하여 지금부터 다루고자 하는 병리는 커뮤니케이션 채널의 불충분한 네트워크에 의해서 발생하는 병리이다. 기능들 간의 연결을 담당하는 채널이 존재하지 않거나 존재하더라도 적절한 기능수행을 위해서는 모든 커뮤니케이션 채널이 준수해야 하는 요구사항들을 만족시키지 못한다면, 정보에 의해 연결되어야 하는 특정 기능들이 존재하지 않는 것을 의미하며 이때의 네트워크는 불완전한 것이 된다. (모든 커뮤니케이션 채널은 원천으로부터 송출된 모든 정보를 수신자가 이해할 수 있는 형식으로 그리고 유용한 시점에 수신자에게 전달될 수 있도록 보장해야 하며, 또한 그 이후에도 메시지가 수신자에게 잘 전달되어 이해되었다고 하는 정보를 발신자에게 전해줄 수 있어야 한다.) 이러한 점에 대한 시스템의 부적절성은 정보 부족으로 인하여 또는 그 정보가 부분적이고 이해할 수 없으며 또는 지체 등으로 결국에는 쓸모없게 되어 기능들이 그들의 과업을 적절하게 수행할 수 없게 만드는 결과를 가져온다. 특히 "아무도 전혀 알려주지 않아." 또는 "다른 방법으로 알아봐야 해."와 같은 말들은 열악한 커뮤니케이션 네트워크에 대한 지적을 나타낸다.

이러한 결함을 갖는 조직은 서로 다른 기능에 따라 작업을 수행하고자 하는 기능들 사이의 갈등 확산은 물론 비효율적인 행동을 가져올 것으로 예상된다.

3.3.4 부족한 또는 불충분한 앨지도닉 채널

앨지도닉 채널의 부재(또는 불충분한 존재)는 특히 심각한 상황을 나타낸다. 앞에서 언급한 것처럼, 이러한 상황은 조직의 존립가능성에 중요한 (그리고 심지어 심각한) 영향을 미칠 수 있는 시스템 1에서 발생하는 사건과 관련한 (또는 시스템 4가 환경으로부터 수집한) 정보의 전송과 근본적으로 관계된다. 이 채널의 설계와 적절한 기능의 수행은 조직의 생존에 대한 실제 위협의 발생을 시스템 5에 경고하여 시스템이 즉각적으로 개입하게 하는 데 절대적으로 필요하다.

앨지도닉 채널의 열악한 설계 또는 역기능 혹은 그러한 필요조건의 부재 등과 같은 결함을 갖는 조직들에 대한 예측을 한다면, 그 문제가 적시에 탐지되지 못하고 충분히 심각하다면, 조직은 사라질 가능성이 매우 높다는 것이다.

3.3.5 불완전한 또는 부적절한 용량을 갖는 커뮤니케이션 채널

커뮤니케이션 네트워크와 관계되는 또 다른 결함은 구체적인 채널의 설계이다. 커뮤니케이션 채널의 기능수행에 필수적인 요소들 중 일부가 빠져 있다면, 연결되어야 할 두 기능이 사실상 완전히 연결되지 않게 된다. 변환기가 존재하지 않거나 부적합한 경우 또는 단위 시간당 요구되는 양의 정보를 전송하는 데 제한된 용량을 갖는 채널 등은 이 채널이 존재한다 할지라도 정보를 적절하게 전달해야 하는 기능을 수행하지 못한다는 것을 의미하는 것이다. 정보의 발생지점에 있는 '센서'의 설계와 선택 또는 정보가 수신자에게 보이는 방식 등이 부적절하다면 앞에서와 같은 상황이 일어날 것이다.

"누구도 이 정보는 이해할 수 없어.", "누구도 이것을 읽을 수 없어.", "내가 보낸 정보는 불완전해.", "내가 받은 정보는 내가 필요로 하는 것이 아니기 때문에 쓸모가 없어.", "내가 정보를 받는 방법은 좋지 않아.", "내가 정보를 받았을 때는 너무 늦었어.", "지금까지 정보가 도착하지 않았는지 나는 몰랐어.", "수신자가 지금까지 그 메시지를 이해하지 못하고 있어." 또는 "그것은 내가 전달하고자 하는 의미가 아니야." 등의 말들은 커뮤니케이션 채널의 결함을 나타내는 지표들이다.

이러한 결함을 갖는 조직은 커뮤니케이션 채널의 부족과 관련하여 앞에서 설명한 내용과 비슷한 결과를 가져온다.

3.4 VSM을 이용한 조직 설계와 진단에 관한 최종 의견

조직 설계와 진단에 Beer의 존립가능 시스템 모델을 응용하는 것은 한편으로는 조직의 존립을 위해 필요하고 충분한 요소들을 조직이 구비하고 있는가를 확인하는 것이고, 또 다른 한편으로는 어떤 요소가 요구대로 포함되어 있지 않는지, 또 그것들이 기능수행을 잘못하고 있는지, 또는 적어도 초기에는 원활한 운영을 위해 필요한 구조적 구성요소들을 가지고 있었지만 정보 시스템과 커뮤니케이션 채널 등과 연관된 결함에 따른 역기능이 있는지 등을 확인할 수 있게 해준다.

이 장에서 우리는 조직에서 가장 흔한 병리들을 세 가지로 분류하였으며, 이것들은 조직 사이버네틱스 응용의 필수적 차원들과 대응된다. 첫 번째 그룹으로 **구조적 병리**, 두 번째는 **기능적 병리**, 그리고 세 번째 그룹으로 **정보 시스템과 커뮤니케이션 채널에 연관된 병리** 등이다.

이러한 병리 분리체계의 유용성은 조직에서 발생하는 일상적인 문제들을 확인하고, 바로잡게 해주는 주요 열쇠를 제공하는 것 이외에도, 관리자들이 존립가능 시스템 모델을 조직에 적용하도록 돕는 데도 특히 유용할 수 있다. 조직과 기업에서 조직 사이버네틱스의 채택과 적용이 비교적 지연된 것에 대하여 해명할 때 다양한 연구자들이 강조하고 있는 이유 중의 하나는 앞에서 언급한 것처럼 조직 사이버네틱스에 대한 이해와 적용에서 겪는 어려움을 들 수 있다. 어플리케이션 지침서를 포함하고 있는 VSMod® 소프트웨어(Pérez Ríos, 2003, 2006b, 2008c)와 같은 새로운 기술적 도구들의 이용가능성은 이러한 조직 사이버네틱스/존립가능 시스템 모델 방법론을 이해하고 응용하는 데 매우 유용할 것이라 확신한다. 실제로 제4장에서 VSMod® 소프트웨어에 대하여 살펴볼 것이다. 이 소프트웨어의 탄생에 대하여 간략히 소개한 다음, 그 기능들에 대하여 살펴보기로 한다.

제4장

VSM 적용 소프트웨어 : VSMod®

4.1 서론

지난 10여 년 동안, 특히 인터넷의 도입과 확산으로 정보와 통신 기술에 있어서 큰 변화가 일어났으며 이러한 변화들은 기업의 운영과 경쟁 방식을 완전히 바꿔놓았다. 이러한 변화들은 또한 생산성의 향상을 가져옴은 물론 새로운 비즈니스 기회를 창출하고 있다. 몇몇 시스템 사고 분야에 속하는 학파들은 이러한 새로운 도구의 혜택을 보고 있는 반면에, 다른 학파들은 그러한 혜택을 적어도 충분히 보지 못하고 있다. S. Beer의 조직 사이버네틱스의 경우가 여기에 해당하는 것으로 보인다(Pérez Ríos, 2006b).

바야돌리드대학교의 시스템 사고 그룹 내에서는 다양한 시스템 방법론, 특히 조직 사이버네틱스의 응용을 촉진하기 위한 목적으로 10년 이상 소프트웨어 도구들을 개발해 왔다. 좀 더 구체적으로 말하면 이러한 영역에서 존립가능 시스템 모델을 조직의 진단과 설계에 응용하고, 또한 제5장에서 필수적인 요소들에 대하여 살펴보게 될 팀 신테그러티(Team Syntegrity)라고 불리는 의사결정과정의 서로 다른 단계들을 조직화할 수 있게 해주는 소프트웨어들을 개발해 왔다. 이미 스페인 과학혁신부(Spanish Ministry of Science and Innovation)의 자금지원을 받은 연구 프로젝트의 일

J. Pérez Ríos, *Design and Diagnosis for Sustainable Organizations*,
DOI 10.1007/978-3-642-22318-1_4, © Springer-Verlag Berlin Heidelberg 2012

부(Ref.: CSO2010-15745)로 소프트웨어 메타도구의 제작이 진행되어 다양한 시스템 방법론을 도입하고 활용할 수 있게 되었다. 다음 단락에서는 VSMod® 소프트웨어의 기본적인 요소들에 대하여 집중적으로 살펴보기로 한다(Pérez Ríos, 2003, 2006b, 2008c, 2008e).[1] 이 소프트웨어는 제1장, 제2장 그리고 제3장에서 설명한 존립가능 시스템 모델(Viable Systems Model, VSM)을 이용한 복잡 문제 연구를 쉽게 수행할 수 있도록 개발되었다.

이 모델이 개발된 이후로 조직의 진단과 설계와 관련한 다양한 분야에서 존립가능 시스템 모델을 응용한 사례가 늘어나고 있다(Espejo and Harnden, 1989, 그리고 Schwaninger and Pérez Ríos, 2008b). 제1장의 1.3절과 제2장의 2.2절에서 지적하였듯이 서로 다른 기준과 재귀 수순을 선택함으로써 다양한 관점에서 문제를 분석할 수 있게 해주는 존립가능 시스템 모델이 제공한 가능성은 이 모델이 갖는 매우 강력하고 중요한 특징이다. 수직으로 여러 차원을 검토할 수 있는 이 모델의 능력은 조직이 운영되고 있는 환경의 복잡성을 조직이 가장 잘 처리할 수 있게 해주는 수단을 반영하는 재귀 수준을 식별할 수 있게 해준다. 그러나 이러한 분석의 잠재력은 모델의 복잡성이 증가할 수 있음을 의미하기도 한다. 다른 기준과 재귀 수준을 채택한다면 우리가 고려해야 할 요소의 수가 매우 빠르게 증가하게 되는 것이다. 각각의 재귀 수준에 대하여 완전한 시스템/기능 집합(시스템 1, 시스템 2, 시스템 3, 시스템 3*, 시스템 4, 그리고 시스템 5), (앨지도닉 채널을 포함하는) 커뮤니케이션 채널, 변환기, 환경, 환경 사이의 관계, 시스템 1 요소들 사이의 관계, 그리고 이들과 연관된 정보 구성요소들에 대한 확인이 있어야 한다. 결과적으로, 각 구성요소를 확인하고 해당하는 정보를 등록하는 업무는 본질적으로 상당히 복잡하며, 특정 연구시점에서 우리가 처한 상황에 대한 통제 유지가 어려운 점도 이러한 복잡성을 더 심화시키고 있다.

VSMod®을 개발한 이유 중의 하나는 바로 이러한 업무를 촉진하기 위한 것이라고 할 수 있다. 또 다른 이유를 들자면 조직의 설계와 진단에 존립가능 시스템 모델을 활용할 수 있는 방법과 이 모델의 주요 특징과 관련한 내용들을 조언해줄 수 있는 존립

---

1) VSMod®는 www.vsmod.org에서 이용가능하다.

가능 시스템 모델의 이용에 관한 입문 가이드를 VSMod®에 포함시키고자 하는 것이다. 그리고 대부분의 공통적인 병리에 관련되는 사례들을 포함시킴으로써 존립가능 시스템 모델의 응용에 도움이 될 것으로 생각한다.

4.2 VSMod® 약력

VSMod®의 탄생은 2001년 10월로 거슬러 올라가는데, 이 당시에 Beer 교수가 바야돌리드대학교에서 명예박사학위를 받기 위한 방문에 맞춰[이미 앞에서 언급한 것처럼, 그 당시 본인은 찬미자(laudator)로서의 역할을 수행하는 영광을 가진 바 있다(Pérez Ríos, 2001)], VSMod®의 첫 프로토타입(prototype)을 S. Beer와 A. Leonard에게 전달한 바 있다.

2003년 7월 그리스의 크레타 섬에서 개최된 ISSS의 제47회 연례회의에서 첫 버전인 VSMod® 1.0이 소개되었다(Pérez Ríos, 2003). 이 버전은 한 대의 로컬 컴퓨터에서만 작동하도록 설계되었다.

2005년 6월 슬로베니아의 마리보르에서 개최된 WOSC 제13회 사이버네틱스와 시스템 국제회의(13th International Congress of Cybernetics and Systems)와 제6회 소시오사이버네틱스 국제학술회의(the 6th International Conference of Sociocybernetics)[2]에서 VSMod® 1.1버전(Pérez Ríos, 2006a, 2006b)이 발표되었다. 이 버전은 인터넷을 통해 사용할 수 있도록 설계된 첫 버전이었다. 언제든지 인터넷을 통하여 소프트웨어에 접근할 수 있었고, 사용자의 컴퓨터에 그것을 업로드할 수 있었으며, 유일한 요구사항은 소프트웨어 웹사이트에 대한 연결가능성뿐이었다. 일단 가동이 되면 사용자들은 원하는 만큼의 연구 또는 프로젝트를 생성할 수 있다. 특정 작업을 완료하고 나면 나중에 그 작업을 계속해야 할 때를 대비하여 관련 정보를 저장하고 추후에 활용할 수 있도록 생성된 정보를 사용자의 컴퓨터에 보관할 수 있게 하였다.

2006년 5월, 영국의 리버풀에서 개최되었던 제4회 메타포럼(Metaphorum) 학술회

---

2) 새로운 소프트웨어를 환영하고 있음을 보여주는 징표로 WOSC 국제회의는 이 소프트웨어를 소개한 논문에 대하여 최우수 논문으로 사이버네틱 연구상(Kybernetes Research Award)을 수여하였다.

의에서 VSMod® 1.2버전이 발표되었다. 이 버전은 버전 1.1의 완성 버전으로 어플리케이션의 강화를 위한 개선 외에도 환경들 사이의 관계들, 시스템 1 요소들 사이의 관계들, 앨지도닉 채널의 명시적 포함 그리고 사용자들이 선택한 특정 비교 파라미터에 상응하여 상대적 크기로 시스템 1 요소들을 그래픽으로 제공하고 처리할 수 있게 해주는 여러 개의 새로운 모듈이 추가되었다.

2007년 3월에 스위스의 생갈렌에서 있었던 제5회 메타포럼 학술회의에 즈음하여 VSMod® 1.3버전이 소개되었다(Pérez Ríos, 2007b). 이 버전은 3차원 그래픽 표현을 도입한 첫 VSMod® 버전이었다. 시스템 1을 구성하고 있는 요소의 수에 상관없이 하나의 이미지로 전체 초점 시스템을 표현할 수 있음은 물론, 존립가능 시스템 모델 내의 서로 다른 기능과 커뮤니케이션 채널들 사이의 관계를 사용자에게 시각적으로 더 명확하게 제공하였다. 확대/축소 기능을 도입하여 이미지의 축소 또는 확대를 가능하게 하였고, 또 완전한 이미지의 회전과 이동이 가능하게 되었으며, 그 결과 모델의 시각화 기능이 크게 향상되었다.

2007년 5월의 그리스의 아테네에서 제3회 그리스 시스템학회 국내/국제 학술회의(National and International Conference of the Hellenic Society for Systemic Studies)가 개최된 기간 동안에는 메뉴와 스크린 설계 부분이 특별히 개선된 VSMod® 1.3버전이 소개되었다(Pérez Ríos, 2007c). 이 학술행사에서 그리스 시스템학회는 조직 사이버네틱스 분야에서 응용 가능한 소프트웨어 개발에 기여한 저명한 과학자로서 이 책의 저자인 José Pérez Ríos에게 명예 HSSS 상을 수여하기도 하였다.

오늘날 VSMod®의 개발 작업은 구조적 설계와 방법론적 지침과 관련된 기능 개선과 함께 인터넷을 통한 협업적(collaborative) 존립가능 시스템 모델을 개발하는 것을 목표로 삼고 있다. 이 버전(현재 프로토타입의 이용이 가능)은 동기적인(syschronous) 또는 비동기적인(asynchronous) 원격작업으로 다수의 연구자들 또는 존립가능 시스템 모델 사용자들이 동일한 존립가능 모델을 활용할 수 있게 해준다.

VSMod®가 어떻게 작동하는지 검토하기에 앞서 이 VSMod®의 특징들에 대하여 살펴보기로 한다.

4.3 VSMod® (v.1.3)의 주요 특징

최근 버전인 VSMod®(v.1.3)은 다음의 작업을 가능하게 한다.

- 새로운 연구의 생성과 기존 연구의 수정

- 연구자 또는 사용자가 원하는 만큼의 재귀 기준 선택

- 어떠한 재귀 수준이라도 적절하다고 여겨지면 각 재귀 기준 안에 포함. 특정 수준이 선택되었을 때, 추가적인 수준을 식별할 수 있게 해주는 기준을 다시 결정할 수 있다. 이러한 재귀 기준은 이전에 만들어진 것이거나 혹은 새로 만들어진 것일 수 있다.

- 연구의 구조(재귀 기준, 재귀 수준 그리고 VSM 연구의 모든 서브시스템들)를 보여주는 글로벌 내비게이션 맵의 활용. 컴퓨터 마우스로 초점 시스템의 이름을 클릭하여 초점 시스템을 이동시키거나 변경. 이렇게 선택된 서브시스템은 이후 새로운 초점 시스템이 된다.

- 두 개의 추가적인 내비게이션 맵 활용. 이 맵들은 초점 시스템, 이전의 재귀 수준 그리고 다음의 재귀 수준을 보여준다. 맵에 있는 각 수준을 클릭하여 앞뒤로 이동할 수 있다.

- 우리가 일단 선택된 초점 시스템에 위치하고 나면, 우리가 원하는 만큼의 서브시스템들(시스템 1의 요소들)을 추가할 수 있다.

- 초점 시스템에 대응되는 완전한 VSM 상세 맵의 시각화

- VSM 맵(그래픽 표현)은 연구자 또는 사용자가 구성요소들에 입력한 모든 정보를 포함하고 있다. 즉 시스템 1, 시스템 2, 시스템 3, 시스템 3*, 시스템 4 그리고 시스템 5; 모든 항상성 루프들; 요소들 사이의 모든 관계들; 각각의 항상성 루프에 상응하는 모든 변환기, 증폭기, 그리고 다양성 감쇠기; 환경 사이의 모든 관계들(모든 가능한 조합), 시스템 1 요소들(서브시스템) 사이에 그리고 환경(현재 그리고 미래의 잠재적 시나리오에 관한)에서의 모든 관계들(모든 가능한 조합).

- VSMod®의 사용자는 어떤 형태(텍스트, 음성, 동영상, 그래프, 시뮬레이션 모델, 웹 페이지 링크 등)로든 모델에 그리고 VSM 구성요소 각각에 추가적인 정보를

입력할 수 있다.

- 앨지도닉 채널에 정보 추가. VSMod®는 적절히 고려해야 할 모든 앨지도닉 채널의 포함을 허용한다.
- 시스템 1 요소들(서브시스템들)의 설명을 위해 필요한 수만큼의 관련되는 파라미터를 포함
- 시스템 1 내에 있는 특정 요소와 다른 요소들을 비교하여 상대적 크기로 보여줄 수 있도록, 선택된 파라미터에 따라 시스템 1 요소들(서브시스템들 또는 기초적 운영 단위들)을 다시 그리기
- 시스템 1의 기초적 운영 단위 사이에 일어날 수 있는 모든 관계에 정보를 입력할 수 있다. 이러한 정보(청사진, 그림, 과정을 설명하는 동영상, 시뮬레이션 모델 등)는 사용자들이 원하는 만큼 완전할 수 있다.
- 환경들 사이의 가능한 모든 관계에 정보 입력(초점 시스템과 서브시스템)

정보의 추가 또는 시각화와 관계된 위에서 언급한 모든 기능은 모델에서 식별된 각각의 재귀 수준에서 이루어질 수 있다. 내비게이션 맵에서 이 기능을 아주 쉽게 이용할 수 있는데, 내비게이션 맵의 상세한 기능수행에 대해서는 뒤에서 살펴보기로 한다.

지금까지 VSMod®의 주요 특징들에 대하여 살펴보았으므로 지금부터는 VSMod®가 어떻게 작동하는지에 대하여 자세히 살펴보기로 한다.

4.4 VSMod® 설명

VSMod®의 사용방법을 설명하기 위해 대학 상황(맥락)에서 시행한 도시 설계에 관한 VSM 프로젝트(현재 아코루냐대학교를 위해 개발 중)를 하나의 예로 들어 살펴보기로 한다(Pérez Ríos and Martínez Suárez, 2007). VSM 연구의 생성방법과 일반적 구조의 정의방법에 대하여 먼저 살펴보고, 이어서 소프트웨어에 포함되어 있는 세 개의 내비게이션 맵을 이용하여 다양한 재귀 수준(또는 기준)들 중 한 수준에서 다른 수준으로 이동하는 방법에 대하여 살펴볼 것이다. 그런 다음 일반적인 VSM 맵(모든 구성요소들의 그래픽 표현)을 설명하고, 각각의 요소에 정보를 입력하는 방법에 대하여 살

펴보겠다. 특히 시스템 다이내믹의 관점에서 VSMod®를 이용하여 다른 방법론이나 도구들을 VSM과 결합시키는 방법에 대하여 예를 들어 설명하면서 VSMod®의 사용 방법에 대한 설명을 마치기로 한다.

4.4.1 새로운 연구의 생성

VSMod®는 사용 유형에 따라서 다양한 형태로 이용될 수 있다. 예를 들어 인터넷을 통하여 (1) www.vsmod.org 웹사이트에 접속하여 소프트웨어를 다운받은 다음 개인 적으로 사용하는 방법, (2) 사용자의 컴퓨터에 영구 설치하여 개인적으로 사용하는 방법, 그리고 (3) 협업으로 사용하는 방법 등이 있다. 지금부터 우리는 첫 번째 경우(웹 사이트에 접속하여 소프트웨어를 다운받은 개인 사용자)의 사용방법에 대하여 살펴 볼 것이다. 두 번째 방법인 영구 설치의 경우에 있어서도 그 운영방법은 사실상 거의 동일하다. 또한 협동적으로 사용할 때도 VSM과 VSMod®가 운용되는 방법은 매우 유 사하지만 이를 위해서는 좀 더 자세한 설명이 필요하다.

첫 단계는 소프트웨어 접속에 요구되는 비밀번호를 얻기 위해 어플리케이션의 사

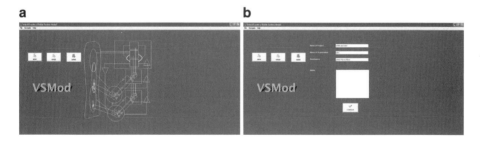

그림 4.1 초기 화면 (a) 일반 화면, (b) 새 프로젝트의 생성

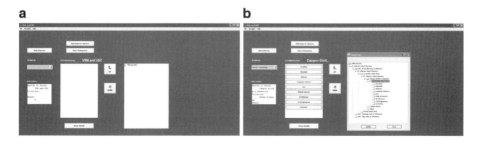

그림 4.2 메인 화면 (a) 구조 작성을 시작하기 전과 (b) 구조 작성 후

용자로 등록하는 것이다. 이 비밀번호를 이용하여 소프트웨어를 다운받고 사용자가 원하는 만큼의 VSM 연구를 생성하고, 이미 생성한 연구들을 수정할 수도 있다. 연구 또는 프로젝트에 이름을 부여한 다음 이들에 대한 작업을 시작할 수 있다. 제일 먼저 할 일은 작업에 이용할 언어의 선택이다. 현재 VSMod®는 스페인어와 영어 이외에도 러시아어와 그리스어로도 이용가능하다. 언어를 선택하고 나면, 일반화면(general screen)이 나타나며(그림 4.1a, b) 여기에서 우리가 작업할 프로젝트를 열기(또는 새로 생성)할 수 있다. 이 작업을 하면 어플리케이션의 메인 화면이 나타난다(그림 4.2a, b). 여기에 VSM 연구의 일반적인 구조를 설정할 수 있다. 이제 이 작업을 하는 방법에 대하여 살펴보기로 한다.

4.4.2 일반 구조의 작성

우리는 재귀 수준을 식별하기 위해 사용하게 될 기준을 선택함으로써 VSM 연구의 구조를 작성하기 시작한다. 원하는 만큼의 재귀 기준을 추가할 수 있다. 일단 특정 재귀 수준을 선택한 다음 이름을 부여하고, 이 수준을 구성하는 서브시스템을 추가할 수 있다. 이러한 서브시스템들은 초점 시스템을 구성하는 요소들이라는 것을 기억해야 한다. 이것은 해당하는 재귀 기준과 재귀 수준에 의해 식별된다.

이제 특정 재귀 수준에서 원하는 요소들(서브시스템들)을 정의하고 포함시켰으므로, 선택된 서브시스템의 이름을 마우스로 클릭하여 다음 수준으로 내려갈 수 있다. 그러면 이 서브시스템은 우리의 새로운 초점 시스템이 될 것이다. 다시 우리는 처음 시작했을 때와 같은 과정을 반복할 수 있는데, 즉 새로운 재귀 기준을 선택하고(또는 모델에 이미 포함되어 있는 기준들 중 하나를 이용하여), 초점 시스템의 시스템 1에 새로운 요소들을 우리가 원하는 만큼 이름을 붙여 추가할 수 있다. 새로운 서브시스템들이 우리가 그것을 생성하여 추가할 때마다 화면에 나타날 것이다.

언제라도 우리가 원하는 서브시스템의 이름을 마우스로 간단히 클릭함으로써 모든 재귀 수준을 거쳐 하향의 서브시스템으로 이동할 수 있다. 마찬가지로 화살표를 클릭함으로써 이전 단계의 재귀 수준으로 이동할 수 있다. 또한 항상 이용가능한 옵션은 우리가 어떠한 수준에 위치하고 있더라도 '홈' 버튼을 누르면 곧바로 제1의

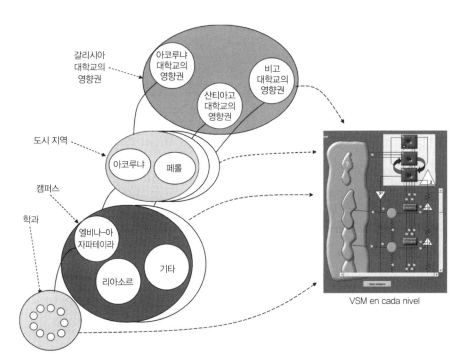

│ 그림 4.3 UDC의 VSM 구조(단일 재귀 기준의 예 : 도시 계획)

재귀 수준으로 이동할 수 있다는 것이다.

〈그림 4.3〉에 있는 '아코루냐대학교'(UDC)의 예를 통해서 우리는 이러한 구조의 일부를 살펴볼 수 있다. '공간'(지리적 또는 도시) 기준에 따라 관련되는 네 개의 재귀 수준이 있음을 알 수 있다.

첫 번째 수준에서 우리는 갈리시아 자치 정부의 전체 공립대학 시스템을 볼 수 있는데, 여기에는 각각 고유의 지리적 영향권을 행사하는 세 개의 대학교(아코루냐대학교, 산티아고대학교, 그리고 비고대학교)가 있다(그림 4.4). 만일 우리가 '아코루냐대학교의 영향권'을 선택하면, 다음 수준에서 '아코루냐 도시 지역'과 '페롤 도시 지역'을 볼 수 있을 것이다(그림 4.5). 그런 다음 '아코루냐 도시 지역'을 선택하면, 그 도시('엘비나-아 자파테이라', '리아소르' 그리고 '기타')에 있는 다양한 UDC 캠퍼스를 나타내는 세 개의 서브시스템이 다음의 수준에 위치해 있을 것이다(그림 4.6). 또 '엘비나-아 자파테이라 캠퍼스' 서브시스템을 선택하면, 그 캠퍼스에 있는 학과와 기술 대학들에 해당하는 다음의 재귀 수준으로 이동하게 될 것이다(그림 4.7). 이다음의 수

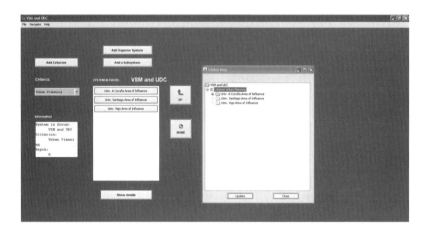

그림 4.4 **재귀 수준 : 갈리시아 대학 시스템**

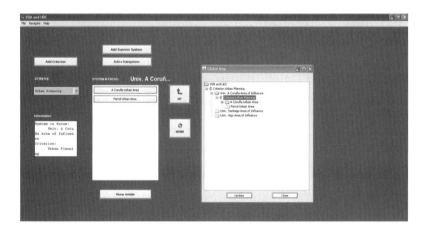

그림 4.5 **재귀 수준 : 아코루냐대학교의 영향권**

준은 이러한 학과들 또는 대학들로 구성될 것이다.

재귀 수준을 결정하기 위해 따라온 과정들, 즉 복잡성 전개(complexity unfolding)의 과정들은 다음과 같은 재귀 수준으로 우리를 인도하고 있다.

- R-0. 갈리시아 자치 정부
- R-1. 아코루냐-페롤 도시 지역(아코루냐대학교의 직접 영향권)
- R-2. 아코루냐 도시 지역과 페롤 도시 지역
- R-3. 아코루냐의 캠퍼스와 페롤의 캠퍼스

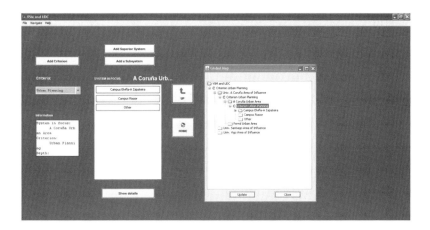

▌그림 4.6 재귀 수준 : 아코루냐 도시 지역

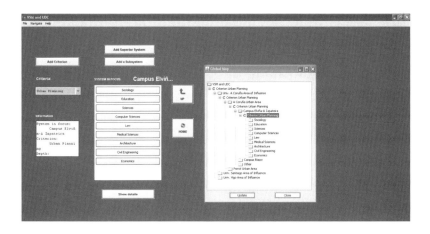

▌그림 4.7 재귀 수준 : 엘비나-아 자파테이라 캠퍼스

- R-4. UDC의 센터, 빌딩, 기타 시설들

채택된 재귀 기준('도시 계획'과 관계된, 그러나 우리는 복잡성 전개를 위해 '학술', '행정' 등과 같은 다른 기준들을 사용할 수 있었다)은 '공간(spatial)'이다.

우리가 재귀 수준과 서브시스템들을 더 추가할수록 모델 구조 내에 우리의 위치를 정하는 것은 더 어려워질 것이다. 앞에서 언급했던 것처럼 이러한 문제의 해결을 위해 VSMod®는 세 가지 내비게이션 맵으로 글로벌 맵, 맵 1, 그리고 맵 2 등을 포함하고 있다. 지금부터는 이 맵을 이용하여 시스템 구조 전체를 이동하는 방법에 대하여 살펴보기로 한다.

4.4.3 구조 전체 이동하기

VSMod®에 포함된 가장 완전한 내비게이션 맵은 글로벌 맵(Global Map)이다(그림 4.8). 이 맵은 우리가 모델의 재귀 구조를 생성하는 동안 (우리가 원하면) 항상 볼 수 있으며, 〈그림 4.9〉에 있는 이미지들의 오른쪽에서 볼 수 있는 것처럼 우리가 구조를 만들 때 그 과정을 이 맵을 통해 살펴볼 수 있게 해준다. 특정 재귀 수준에서 선택된

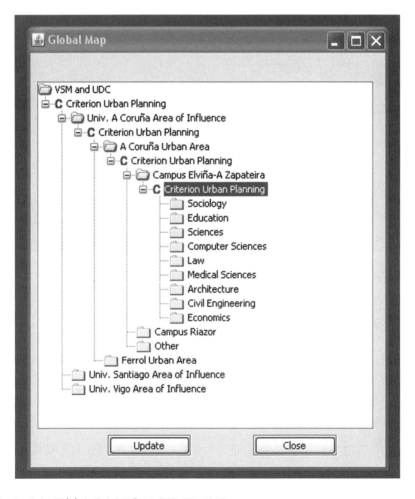

▮ 그림 4.8 재귀 기준(C)과 재귀 수준을 보여주는 글로벌 맵

초점 시스템의 VSM 그래프 표현을 가지고 작업할 때에도 이 맵은 화면에 나타나 있음을 알 수 있다(그림 4.10). 사용자는 이 맵을 화면상에 표시할 것인지 아니면 사라지게 할 것인지를 선택할 수 있다.

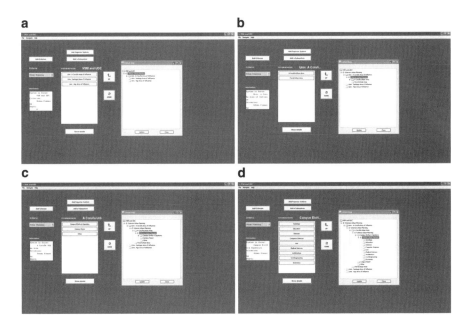

그림 4.9 재귀 구조를 작성하는 동안의 글로벌 맵 전개

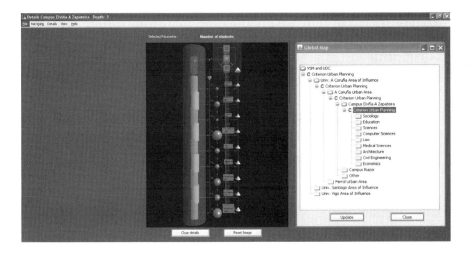

그림 4.10 글로벌 맵과 VSM

이 맵은 VSM의 전체 구조를 보여줌으로써 하향으로 혹은 상향으로 또는 (재귀 기준과 특정 재귀 수준에 해당하는) 구조의 특정 위치로 즉각 이동할 수 있게 해주며, 이동된 지점을 초점 시스템으로 선택할 수 있게 해준다. 일단 초점 시스템이 선택되고 나면 관계되는 VSM을 그래픽 표현으로 시각화할 수 있다. 우리는 글로벌 맵 내에서 마우스를 클릭하여 간단히 초점 시스템을 변경할 수 있다.

이 내비게이션 도구 이외에도 VSMod®는 맵 1(Map 1)과 맵 2(Map 2)라는 두 개의 추가적인 맵을 포함하고 있다.

맵 1(그림 4.11의 상단부 왼쪽 부분)에서는 세 개의 재귀 수준을 항상 동시에 볼 수

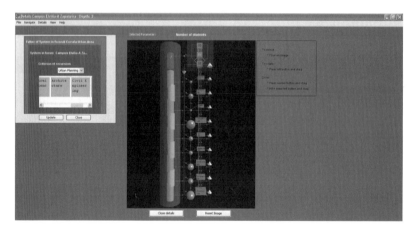

▌그림 4.11 **맵 1**

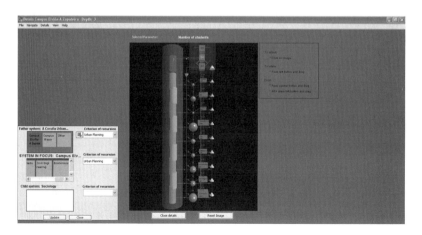

▌그림 4.12 **맵 2**

있다. 이 그림은 초점 시스템과 이전, 이후의 재귀 수준을 보여주고 있다. 이전 재귀 수준에 해당하는 맵 부분을 클릭하면 그 수준으로 위치하게 된다. 이 경우 우리는 여전히 세 개의 수준을 볼 수 있지만, 이들은 한 단계 상위의 수준에 해당하는 것들이다. 이전 수준의 영역을 클릭하는 대신 하위의 재귀 수준에 해당하는 서브시스템을 클릭해도 똑같은 일이 일어나게 된다. 즉 어플리케이션이 우리를 그 수준으로 인도할 것이고 화면상에는 역시 한 단계 아래 수준에 해당하는 세 개의 재귀 수준을 보여줄 것이다.

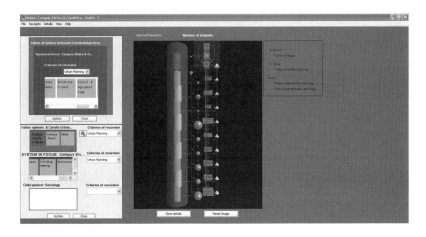

그림 4.13 **맵 1과 맵 2**

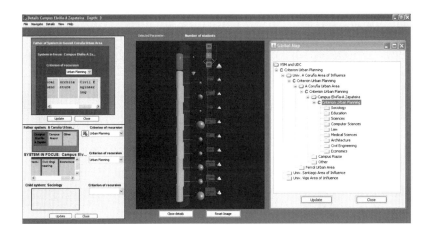

그림 4.14 **맵 1, 맵 2, 그리고 글로벌 맵**

맵 2(그림 4.12의 왼쪽 하단부)도 유사한 기능을 가지고 있으나 좀 더 상세한 정보를 제공하고 있다. 마찬가지로 이 맵도 동시에 세 개의 재귀 수준을 보여주고 있지만 이와 함께 수준들 각각의 내부에 있는 모든 서브시스템을 포함하고 있다. 우리는 검토할 서브시스템의 이름을 간단히 마우스로 클릭함으로써 이 서브시스템들 어디에라도 접근해 갈 수 있다. 이 어플리케이션은 우리가 위치한 부분을 새로운 초점 시스템으로 인식하게 된다.

〈그림 4.13〉은 맵 1과 맵 2를 동시에 보여주고 있으며, 〈그림 4.14〉에서는 글로벌

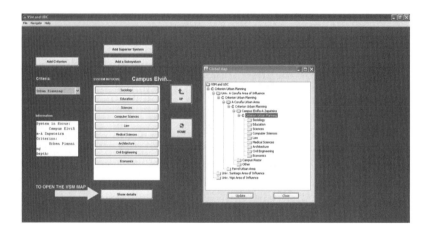

그림 4.15 초점 시스템의 시각화 선택

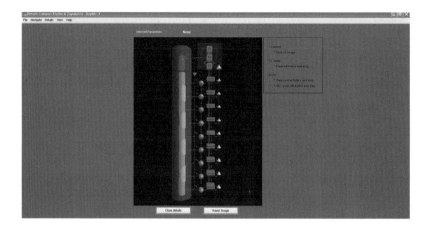

그림 4.16 초점 시스템의 VSM

맵, 맵 1, 그리고 맵 2 등 세 개의 맵을 동시에 보여주고 있다.

4.4.4 VSM의 그래픽 표현

우리가 작업하고자 하는 초점 시스템을 선택하고 나면 이제 이 시스템의 완전한 VSM 맵에 대한 시각화 작업을 진행할 수 있다. 이를 위해 메인 화면의 하단부에 있는 '상세 보기(Show details)' 버튼을 클릭한다(그림 4.15). 그러면 초점 시스템의 그래픽 표현 화면(그림 4.16)이 나타날 것이다. 이 화면상에 모든 요소들의 정보를 입력할 수 있다 는 의미에서 모든 요소들은 '활성화(active)' 되어 있다.

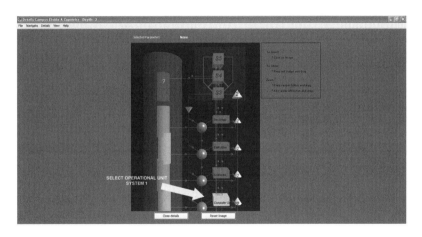

▌ 그림 4.17 **시스템 1 요소 선택**

▌ 그림 4.18 **정보 입력 화면**

지금부터는 VSM 맵의 요소들 각각(시스템 1, 시스템 2, 시스템 3, 시스템 3*, 시스템 4, 시스템 5, 항상성, 커뮤니케이션 채널, 환경들, 환경 사이의 관계들, 시스템 1 요소들 사이의 관계들 그리고 앨지도닉 채널 등)에 정보를 입력하는 방법에 대하여 설명하겠다. 여기서 흥미로운 점은 정보가 입력될 때 해당되는 요소에 대하여 색깔의 강도를 달리하여 표시한다는 것이다. 어떤 VSM 요소들이 정보를 담고 있는지, 그리고 어떤 요소들이 정보를 담고 있지 않은지를 사용자에게 알려주기 위해

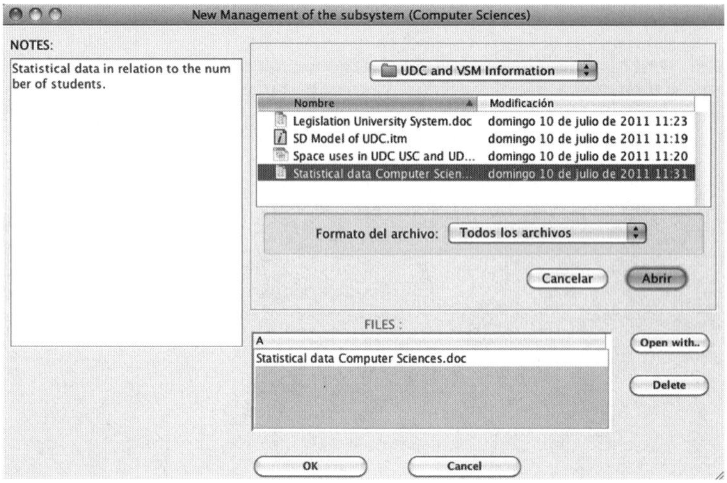

| 그림 4.19 **파일 추가 화면**

| 그림 4.20 **첨부 파일의 시각화**

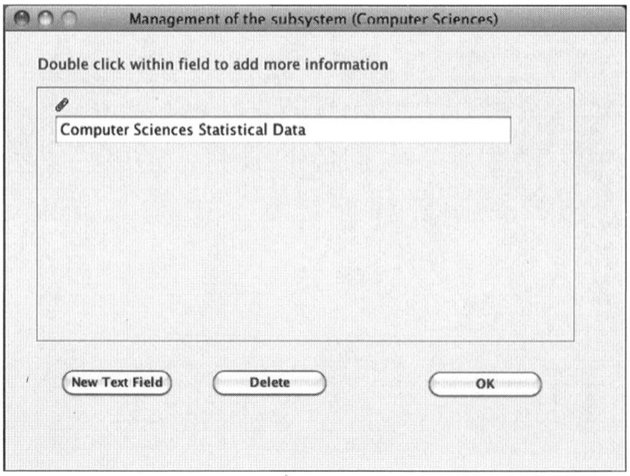

VSMod®는 이러한 기능을 포함하고 있다.

4.4.4.1 시스템 1 : 정보 입력

시스템 1에 정보를 입력하기 위해서는 작업하고자 하는 시스템 1 요소를 클릭하면 되는데(그림 4.17), 그러면 〈그림 4.18〉에서 보는 것과 같은 정보 입력 화면이 나타나게 된다.

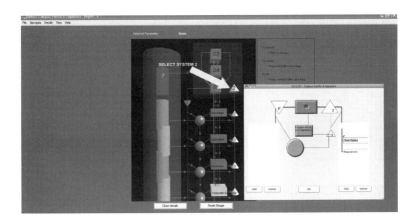

▌그림 4.21 정보 입력 화면(시스템 2 그리고 시스템 3*)

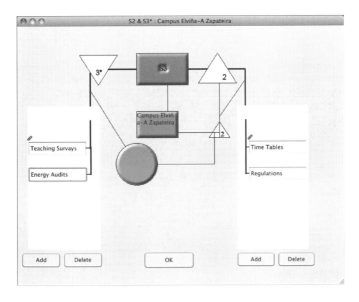

▌그림 4.22 정보 입력 화면(시스템 2)

원하는 만큼의 텍스트 필드를 추가할 수 있으며, 각 필드 안에 다양한 형태(텍스트, 음성, 동영상, 이미지 등)의 적절한 모든 파일을 간단히 클릭하여 추가할 수 있다(그림 4.19). 이러한 파일이 포함되면 해당 텍스트 필드 위에 '종이집게(paperclip)' 그림이 표시된다(그림 4.20).

4.4.4.2 시스템 2와 시스템 3*: 정보 입력

시스템 2에 정보를 입력하기 위해서는 VSM 맵 상의 '시스템 2'를 클릭하면 되고, 그러면 〈그림 4.21〉의 오른쪽에 나타나는 것과 같은 화면을 얻을 수 있다. 여기에 모든 시스템 2의 구성요소를 추가할 수 있으며, 이들 각각에 필요한 모든 정보(어떠한 형식으로든)를 입력할 수 있다. 우리가 정보 요소(파일)를 추가할 때마다 이 정보와 연결되는 시스템 2 구성요소와 관련한 '종이집게' 그림이 나타날 것이다. '종이집게'의 수는 추가된 파일의 개수를 나타낸다. 이러한 모든 정보는 〈그림 4.22〉와 같은 화면을 통해 통합된다. 오른쪽 부분은 시스템 2에 대한 정보의 입력을 허용하며, 왼쪽 부분은 시스템 3*에 대한 정보의 입력을 허용한다.

시스템 3*에 관련한 구성요소들이나 정보를 입력하는 절차는 시스템 2에서 설명한 바와 유사하다(그림 4.23).

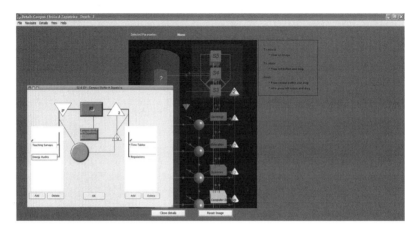

┃ 그림 4.23 정보 입력 화면(시스템 3*)

4.4.4.3 시스템 3, 시스템 4, 그리고 시스템 5 : 정보 입력

다른 세 개의 시스템(시스템 3, 시스템 4, 그리고 시스템 5)에 정보를 입력하는 방법도 시스템 1, 시스템 2 그리고 시스템 3*에서 설명했던 것과 유사하다. VSM 맵 위에서 시스템 4를 클릭하면 〈그림 4.18〉에서 보여주는 화면과 비슷한 또 다른 정보 입력 화면이 나타날 것이다. 여기에 우리는 원하는 만큼의 정보 구성요소들을 추가할 수 있고, 필요로 하는 모든 파일(어떠한 형식으로든)을 첨부할 수 있다(그림 4.19).

　VSM에 있는 시스템 4 안으로 정보를 입력하는 데 있어서 매우 중요한 점은 여기에 시뮬레이션 모델, 특히 시스템 다이내믹스 시뮬레이션 모델을 추가할 수 있다는 점이다. 이러한 능력은 특히 매우 중요한데 두 개의 극단을 보완하는 방법론, 즉 조직 사이버네틱스와 시스템 다이내믹스를 간단하게 그리고 자연스럽게 결합할 수 있게 해준다는 것이다(Schwaninger and Pérez Ríos, 2008a).

　시스템 3과 시스템 5에 정보를 입력하는 절차는 시스템 4에서 설명한 절차와 유사하다.

4.4.4.4 항상성 : 정보 입력

시스템 1에서부터 시스템 5까지 정보를 입력한 것과 같은 방법으로 VSM에 포함되어 있는 항상성에도 정보를 입력할 수 있다. 예를 들어, 초점 시스템의 시스템 4와 미래 환경을 연결하는 루프를 선택하여 클릭하면 〈그림 4.24a〉와 같은 새로운 화면이 나타나게 된다. 이 화면에서 우리는 항상성 루프의 개별적인 구성요소들, 즉 해당 채널을 경유하여 연결되는 두 개의 블록, (보다 낮은 다양성을 갖는 블록과 보다 높은 다양성을 갖는 블록을 연결하는) 증폭 채널, (보다 높은 다양성을 갖는 블록과 보다 낮은 다양성을 갖는 블록을 연결하는) 감쇠 채널, 그리고 여기에 대응되는 모든 변환기 등을 확인할 수 있다. 필요하면 필요한 만큼의 (변환기와 더불어) 증폭 채널과 감쇠 채널을 추가할 수 있다. 이러한 요소들(증폭 채널, 감쇠기 그리고 변화기 등) 각각에 우리가 원하는 모든 정보를 입력할 수 있다. 정보를 파일로 첨부하고자 하는 경우에는, 그 요소를 클릭하여 정보 입력 화면을 열고, 여기에 우리가 필요한 어떠한 파일이든(그림 4.24b), 형식(텍스트, 음성, 동영상, 이미지, 기타)에 상관없이 첨부하면 된다.

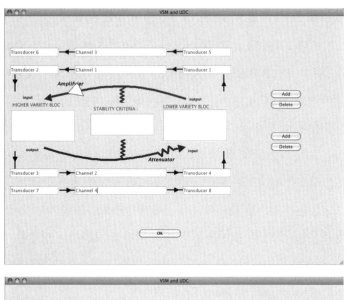

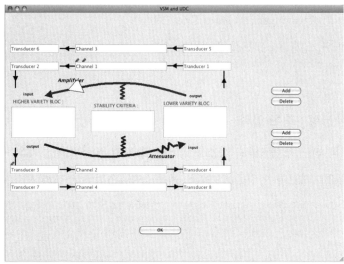

┃ 그림 4.24 (a) 항상성 루프에 정보 입력, (b) 루프의 구성요소에 정보 첨부

같은 방법으로 VSM에 포함되어 있는 모든 항상성에 적절한 정보를 계속 입력할 수 있다. 우리가 지금까지 살펴본 항상성 이외에도 다양한 커뮤니케이션 채널로의 정보 입력을 위해 VSMod®는 완전히 자유로운 형식으로 각각의 관계에도 정보를 입력할 수 있게 해준다.

〈그림 4.25〉는 두 개의 VSM 요소 사이의 연결을 클릭할 때마다 항상 나타나는 옵

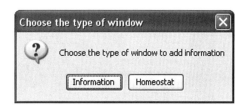

▌그림 4.25 **정보 입력을 위한 형식 선택**

션 화면을 보여준다. 이러한 옵션은 항상성 혹은 완전히 자유로운 형식을 활용함으로 써 정보를 입력할 수 있게 해준다. 후자의 경우에는 〈그림 4.18〉과 〈그림 4.19〉에서 보여준 것과 같은 정보 입력 화면이 나타날 것이다.

4.4.4.5 환경들과 환경들 사이의 관계 : 정보 입력

'미래' 환경이나 혹은 시스템 1을 구성하는 다양한 요소들에 대응하는 환경에 대해서 든 서로 다른 환경에 정보를 입력하려면 해당하는 환경을 단순히 클릭하면 된다. 그러면 앞 절에서 보았던 것과 비슷한 정보 입력 화면이 열리게 될 것이다.

더 큰 관심을 가질 만한 흥미로운 옵션은 서로 다른 환경들 사이의 잠재적 관계 각각에 정보를 입력할 수 있다는 것이다(그림 4.26). 우리가 수행하고 있는 VSM 연구에 적절한 관계를 선택하는 것으로 한정할 수 있다.

〈그림 4.27〉은 '환경들 사이의 관계'에 정보를 입력하는 옵션을 선택할 수 있게 해주는 드롭다운 메뉴(drop-down menu)를 보여준다.

이러한 상호작용들은 모든 가능한 관계를 보여주는 행렬에 의해 처리된다. 우리가

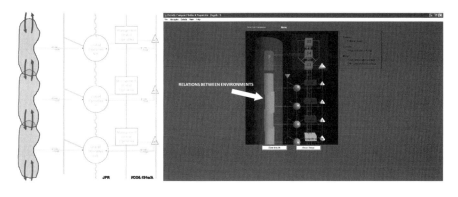

▌그림 4.26 **환경들 사이의 관계(정보 입력)**

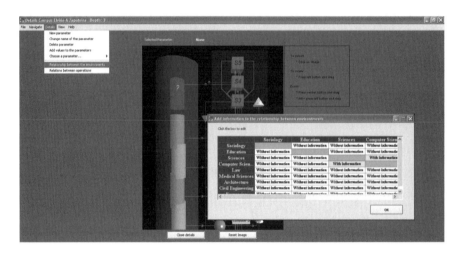

그림 4.27 환경들 사이의 관계에 대한 정보 입력 화면

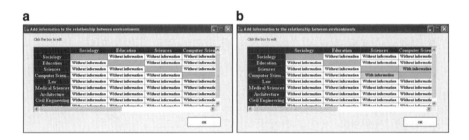

그림 4.28 환경들 사이의 관계 행렬(정보를 포함하는 경우와 포함하지 않는 경우)

정보를 입력하는 것이 좋다고 생각되는 환경들 사이의 연결에서 해당하는 행렬 요소를 클릭하면, 위에서 설명한 것과 비슷한 정보 입력 화면이 나타나고, 이 화면을 통해 정보를 입력할 수 있다.

〈그림 4.28〉에서 환경들 사이의 관계를 보여주는 행렬을 볼 수 있다. 이미 언급한 바와 같이 행렬에 있는 요소들에 의해 표현되는 모든 관계의 조합 각각에 적절한 정보를 입력할 수 있다. 일단 우리가 특별히 두 환경 사이의 관계에 정보를 입력하고 나면, VSMod®는 관계의 존재와 그 안에 있는 정보가 있음을 나타내기 위해 해당하는 행렬 요소를 밝게 빛나게 해서 강조하게 된다(그림 4.28b).

4.4.4.6 시스템 1 요소들 사이의 관계 : 정보 입력

서로 다른 초점 시스템의 환경들 사이의 관계를 처리했던 방식이 시스템 1을 구성하는 서로 다른 요소들(기초적 운영 단위 또는 서브시스템) 사이의 관계를 처리하기 위해 사용하는 방식과 유사하다.

〈그림 4.29〉는 '프로세스들 사이의 관계'에 정보를 입력하기 위한 옵션을 선택할 수 있는 드롭다운 메뉴를 보여주고 있다. 이러한 요소들 사이의 모든 잠재적 관계를 보여주는 행렬은 선택된 시스템 1 구성요소들 중 두 요소 사이의 관계성에 관한 정보를

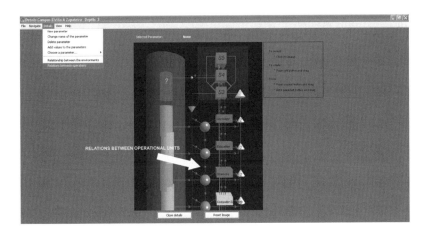

▌그림 4.29 기초적 운영 단위들(시스템 1의 구성요소들) 사이의 관계

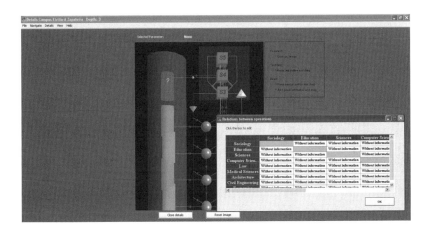

▌그림 4.30 운영 단위들 사이의 관계를 위한 정보 입력 화면

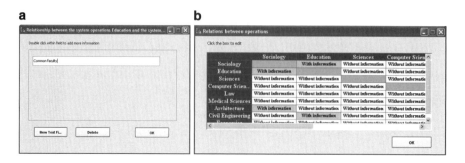

그림 4.31 **운영 단위들 사이의 관계에 있는 정보의 시각화**

입력할 수 있게 해준다(그림 4.30). 입력되는 정보의 종류는 얼마든지 다양할 수 있다는 것을 기억하는 것도 중요하다. 예를 들어, 시스템 1의 경우 운영 프로세스들에 대하여 아주 철저한 설명을 제공하는 것이 적절할 수 있다. 이는 시뮬레이션 모델을 포함하여, 시스템 1 요소들의 상호작용과 관련한 정보를 담고 있는 그림, 플랜트 배치, 프로세스를 보여주는 동영상, 사진 또는 그 밖의 것들로 이루어질 수 있다(그림 4.31).

4.4.4.7 앨지도닉 채널 : 정보 입력

시스템의 존립가능에 매우 중요한 이 채널의 목적은 하나의 전체로서 시스템의 생존을 위협할 수 있는 상황을 시스템 5에 알리는 것이다. 문제가 발생하였을 때 정보는 시스템 1로부터 매우 빠르게 전송되어 시스템 5로 전달되어야 한다. 이러한 특별한 채

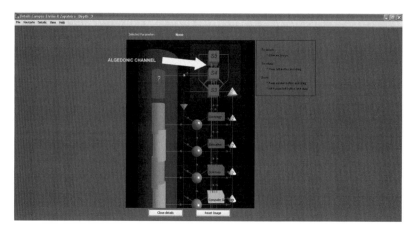

그림 4.32 **앨지도닉 채널의 선택**

널의 특성이 채널의 설계 그리고 목적과 함께 해당하는 정보 입력 화면에 의해 VSM
으로 입력될 수 있다. 이는 VSM 맵에 있는 앨지도닉 채널을 간단히 클릭하여 요구 정
보와 첨부파일을 입력함으로써 가능하다(그림 4.32). 경보 신호는 시스템 4에 의해 탐
지된 환경에서의 정보의 결과로 작동될 수 있는데, 이 신호는 시스템 1로부터의 정보
와 함께 시스템 5에 개입의 필요성을 경고할 것이다. VSMod®는 시스템 1을 구성하는
다양한 기초적 단위들을 포함하는 다양한 커뮤니케이션 조합에 정보를 입력할 수 있
게 해준다.

　행렬(그림 4.33)의 활용 — 행에는 시스템 1의 서로 다른 기초적 운영 단위를, 열에
는 시스템 3, 시스템 4, 그리고 시스템 5를 나타낸다 — 은 시스템 1에서 메타시스템
(시스템 3, 시스템 4, 그리고 시스템 5)으로의 서로 다른 커뮤니케이션과 경고 옵션을
활용할 수 있게 해준다. 정보를 입력하기 위해서는 특정 커뮤니케이션과 경고 채널에

| 그림 4.33 **앨지도닉 채널(정보를 포함하는 경우와 포함하지 않는 경우)**

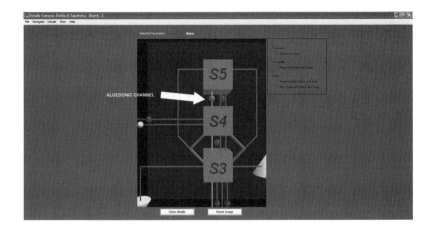

| 그림 4.34 **정보가 포함되어 있음을 나타내는 앨지도닉 채널의 확대 이미지**

대응되는 행렬 요소를 선택하면 된다. 그러면 앞의 여러 경우에서 우리가 지금까지 살펴보았던 정보 입력 화면이 나타날 것이다.

일반적으로 모든 VSMod® 요소들과 관련하여, 일단 정보가 입력이 되면 정보를 포함하고 있다는 표시로 밝은색으로 색깔이 변하게 된다. VSMod®에 의해 제공되는 줌 기능을 이용하여 확대된 이미지에서(그림 4.34) 앨지도닉 채널 선택 버튼이 밝은색으로 바뀐 것을 확인할 수 있으며, 이는 정보가 입력되어 있음을 표시해준다.

4.4.4.8 시스템 1의 표현

VSMod®의 개요에서 설명하고자 하는 마지막 기능은 시스템 1 요소들을 그 상대적 크기에 따라 표현할 수 있는 기능에 대한 것이다. 이 기능은 이러한 비교를 위해 선택된 특정 파라미터에 의해 (선택된 초점 시스템의) 시스템 1 구성요소들 간의 상대적 중요성을 시각적으로 표현할 수 있게 해준다. 먼저 해야 할 일은 이러한 요소들에 적절한 파라미터를 입력하는 것이다(예를 들어, 회사의 상이한 부서별 판매 수익률, 대학의 학부별 입학생 수, 지역 내 도시별 거주자 수 등). 우리는 드롭다운 메뉴에 있는 '새로운 파라미터(New parameters)' 옵션을 선택해서 이 작업을 할 수 있다(그림 4.35).

일단 파라미터들을 입력한 다음에 파라미터별로 해당하는 값을 입력할 수 있으며,

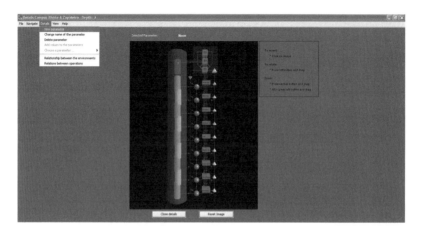

그림 4.35 **새로운 파라미터의 추가**

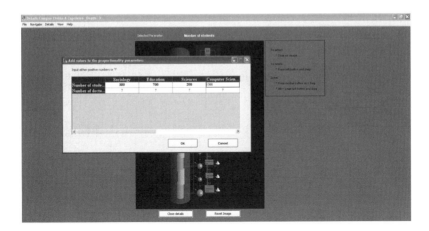

그림 4.36 파라미터 값 입력

a **b**

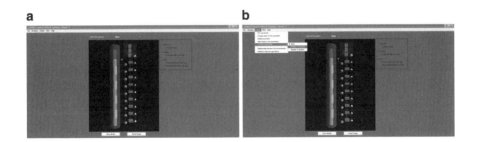

그림 4.37 시스템 1을 표현하기 위한 파라미터 선택

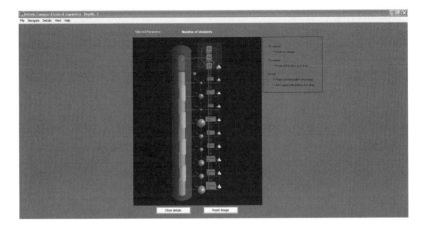

그림 4.38 선택된 파라미터에 따라 상대적 크기로 나타나는 시스템 1 요소들(학생들 수)

이후에는 상대적 크기로 각 요소들을 표현할 수 있게 하면 된다. 이를 위해 '파라미터에 값을 추가하기(Adding values to the parameters)' 옵션을 사용할 수 있다(그림 4.36). 마지막으로 시스템 1 요소들을 그들의 상대적 크기로 보여주기 위해 시스템 1을 재작성할 수 있게 해주는 옵션을 선택할 것이다. 우리는 비교의 관심이 되는 파라미터만 선택하면 된다(그림 4.37). 이러한 선택을 하면 선택된 파라미터에 대한 상대적 차원들로 표시되는 시스템 1의 요소들을 보게 될 것이다(그림 4.38). 원하는 파라미터들 각각에 대하여 이러한 과정을 반복할 수 있다.

4.4.4.9 초점 시스템 변경

일단 초점 시스템에 정보 입력을 하고 나면(혹은 단순히 그것을 시각화하고 나면), 같은 재귀 수준 내 또는 다른 수준 내에 있는 다른 서브시스템으로 이동함으로써 초점 시스템을 변경할 수 있다. 앞에서 설명한 내비게이션 맵(글로벌 맵, 맵 1, 그리고 맵 2)을 이용하면 된다. 단순히 이동하고 싶은 위치를 선택하면, 소프트웨어 어플리케이션은 그리로 우리를 인도하게 된다. VSM 맵은 우리가 선택한 새로운 초점 시스템으로 맞추어진다. 그러면 우리는 이전에 설명했던 방식으로 정보를 계속해서 입력(또는 확인)할 수 있다. 이 과정은 모든 작업을 마칠 때까지 반복될 수 있다.

4.4.4.10 시각화 옵션

지금까지 우리는 VSMod®의 주요 기능들, 우리가 연구하고 있는 조직의 구조를 시각화할 수 있게 해주는 다양한 화면들, 그리고 적절한 정보를 입력하여 보여주는 방법들에 대하여 살펴보았다. 시각화 방법과 관련하여 VSMod®의 3차원 버전이 제공하는 옵션에 대하여 마지막으로 설명하고자 한다. 이것은 조직의 크기에 상관없이 전체 구성요소의 집합을 볼 수 있게 해주거나(축소 기능), 또는 우리가 관심을 가지는 특정 부분에 집중하기 위해 이미지를 가까이 가져올 수 있게 해주는(확대 기능) VSM 이미지에 대한 줌 기능이다. 또한 우리는 마음대로 이미지를 회전시키거나 이동시킬 수 있다. 예를 들면, 〈그림 4.39〉는 다양한 시각적 이미지에 대한 여러 가지 화면의 예를 보여주고 있다.

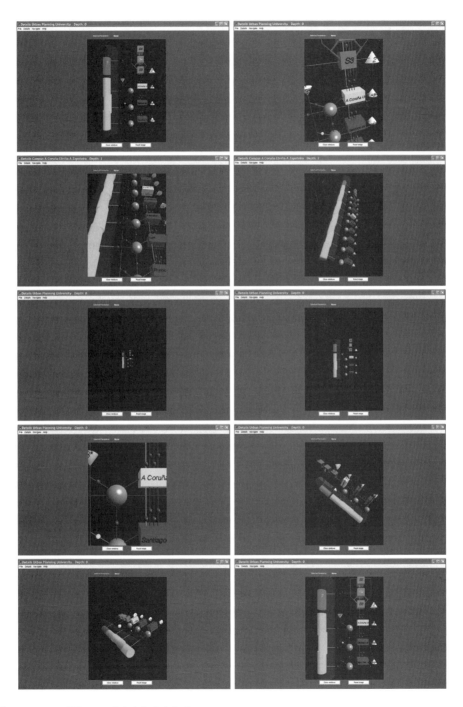

그림 4.39 **3차원 VSM 이미지의 시각화 예**

4.4.5 다른 방법론 또는 도구와 결합한 VSM 활용

VSM 맵의 모든 요소에 모든 종류의 정보를 입력할 수 있는 것처럼 인터넷을 통해 보완적인 VSM 도구들에 접근할 수 있게 해주는 웹사이트 링크와 함께 시뮬레이션 모델의 입력도 가능하다.

시뮬레이션 모델과 관련해서는 특히 관심이 있는 시뮬레이션 모델로서 시스템 다이내믹스(System Dynamics, SD)의 포함이 가능하다. 존립가능 시스템 모델과 시스템 다이내믹스를 결합하여 사용하는 데서 오는 이점은 존립가능 시스템 모델을 처음 소

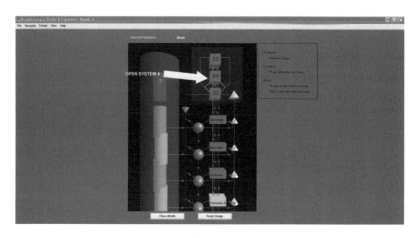

그림 4.40 **(예를 들어)** SD 모델을 도입하기 위한 시스템 4 선택

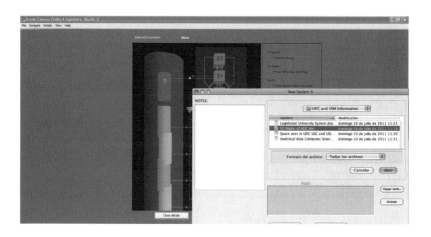

그림 4.41 **시스템 4에 SD 모델 도입하기**

개할 때 강조한 바 있다. 저서 *Brain of the Firm*(Beer, 1981, p. 197)에서 존립가능 시스템 모델에 대하여 설명하면서, S. Beer는 Forrester의 SD(Forrester, 1958)와 그에 상응하는 시뮬레이션 소프트웨어를 함께 사용함으로써 얻는 편리성에 대하여 언급하고 있다. SD와 VSM을 동시에 사용하는 것의 중요성은 추가적인 연구들(Schwaninger et al., 2004; Pérez Ríos, 2008d)에서 강조되고 있는데, 무엇보다도 Schwaninger와 Pérez Ríos(2008a)의 연구를 들 수 있다. SD 모델은 시스템 3과 특히 시스템 4 모두에 고유한 기능의 수행을 가능하게 해주며, 시스템 3과 시스템 4 사이의 상호작용(시스템 3 - 시스템 4 항상성)을 촉진시켜주는 기능의 수행을 가능하게 한다. Schwaninger와 Pérez Ríos가 주장하는 것처럼, VSM은 복잡 문제가 나타나는 범주의 연구를 하는 데

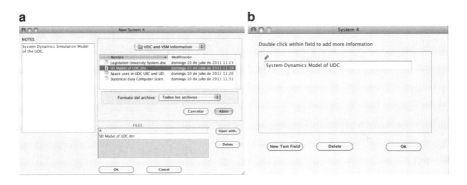

┃ 그림 4.42 **시스템 4에 삽입된 SD 모델**

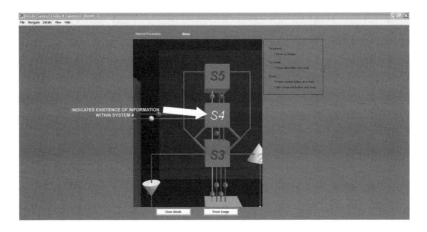

┃ 그림 4.43 **정보를 포함하고 있는 시스템 4의 확대 이미지**

이상적이며, 반면에 SD는 복잡 문제의 내용과 다이내믹한 행태에 대한 분석을 가능하게 해준다.

예를 들어, 시스템 4에 있는 VSM에 SD 모델을 삽입하는 경우, 일단 가용한 소프트웨어 도구들(Ithink, Powersim, Vensim 등)을 이용하여 모델을 구축한 다음에 시스템 4 정보 입력 화면을 열고(그림 4.40), 입력하고 싶은 SD 모델을 선택하여 직접 입력하면 된다(그림 4.41과 그림 4.42). 이렇게 하면 SD 모델은 시스템 4의 통합 부분이 된다.

〈그림 4.43〉은 SD 모델에 상응하는 파일을 시스템 3의 정보 요소로 추가하는 방법을 보여주는 화면이다. 일단 SD 모델을 입력한 다음, 열어서 실행시키는 것으로 모델을 활용할 수 있다. SD 모델로 작업한 후에는 ㄱ 모델을 다시 저장할 수도 있고 수정할 수도 있다. 수정하는 경우에는 모델을 닫으면 수정 버전이 저장되며 이후에 이용 가능하게 된다. 따라서 SD 모델에 부가된 변경사항은 VSM 연구에서 사용되는 결과로 VSM 모델에 저장될 것이다(이 경우 초점 시스템의 시스템 4 내부에). 이러한 방식으로 VSMod®는 SD 모델을 우리의 연구와 VSM 모델의 통합 부분으로 사용할 수 있게 해준다.

많은 재귀 수준을 가지고 있는 조직(또는 회사)을 처리할 때, 서로 다른 재귀 수준에 있는 시스템 4들도 마찬가지로 각각의 SD 모델을 VSM 내에서 생성하고 저장할 수 있으며 필요할 때는 언제든지 그것들을 사용할 수 있다.

정보 입력 화면을 이용하여 아주 쉽게 모델을 도입할 수 있는 과정을 보여준 것처럼, 시뮬레이션 모델을 삽입하는 방법처럼 간단한 방법으로 VSM 연구를 수행하는 데 보완적인 역할을 할 수 있는 다른 도구들도 사용할 수 있다. 여기에서 유일한 필요조건은 이 도구가 컴퓨터 또는 웹사이트에서 이용가능해야 한다는 것이다. PC에 도구를 설치하여 이를 사용하는 경우의 조작은 앞에서 설명한 시뮬레이션 모델의 도입 과정과 아주 동일하며, 반면에 관련 도구의 웹사이트를 이용하는 경우에는 정보 입력 화면을 통해 사용할 도구의 인터넷 주소를 단순히 입력하면 된다.

존립가능 시스템 모델 연구를 수행하는 동안에 잠재적으로 유용한 보완적인 도구와 관련하여, 협업을 할 때 정보 입력과 그래픽 표현을 돕는 도구의 사용에 대한 예를 인용할 수 있다. 한 예로 바야돌리드대학교의 시스템 사고 그룹 내에서 개발된 Col-

KCap을 들 수 있다. 이 프로그램은 동일한 복잡 문제의 연구에 동기로 또는 비동기로 복수의 연구자 또는 사용자가 인터넷을 통해 작업할 수 있게 해주며, 인과 도표(casual diagrams)의 구축은 물론 연구 중인 과제의 관련 변수 사이의 관계에 대한 기초적인 분석을 할 수 있도록 도와준다.

조직 사이버네틱스 영역에 속하는 과학 커뮤니티의 특히 관심이 될 수 있는 또 다른 옵션은 신테그레이션 과정(Syntegraion processes)의 실현을 촉진하기 위해 특별히 설계된 소프트웨어 도구 또는 Interdelphi(인터넷을 통해 Delphi 연구를 수행하기 위해 개발됨)나 Systemic Meta-Tool(다양한 시스템 방법론의 차후 활용을 통합하고 촉진하기 위해 개발된 소프트웨어)과 같은 다른 도구들(그들 중 몇몇이 바야돌리드대학교에서 특정 목적을 위해 개발 중에 있다)에 대한 접근가능성을 들 수 있다. 앞에서 언급한 바 있는 팀 신테그러티(Team Syntegrity)는 시스템 3과 시스템 4에 해당하는 기능을 수행하는 사람들 사이의 커뮤니케이션을 촉진하기 위해 Beer가 개발한 방법론이다(이에 대하여는 다음의 제5장에서 살펴볼 것이다). 이 절에서는 이 방법론을 적용할 수 있도록 도와주는 도구에 VSMod®가 직접적으로 접근해 가는 방법에 대하여 간단히 설명한다. 그러한 접근은 일반적으로 앞에서 설명한 도구에 접근할 때와 비슷한데, 단지 도구를 사용할 수 있는 인터넷 주소를 도입해주면 된다.

4.5 사용 가이드라인과 향후 개발방향

VSMod® 소프트웨어는 소프트웨어 설치 과정을 설명하는 문서(설치 설명서)와 상세한 운영 설명서(사용자 설명서) 등의 여러 문서를 포함한다. 이 문서들은 인터넷을 통해서 VSMod® 웹사이트에서도 얻을 수 있다.

VSMod®의 추가적인 개발과 관련하여 이미 보다 향상된 버전으로 (비록 시험 중에 있지만) 협업의 이용가능성에 대하여 언급한 바 있다. 이러한 새로운 VSMod® 버전은 (동일한 VSM 모델에 대하여, 동기방식으로 또는 비동기방식으로 다양한 사람들이 인터넷을 통해 작업에 동참할 수 있게 해주는) 협업 작업에 필요한 기능을 갖추고 있으며, 고급의 조직 설계와 진단에 관계되는 추가적인 기능을 포함하고 있다.

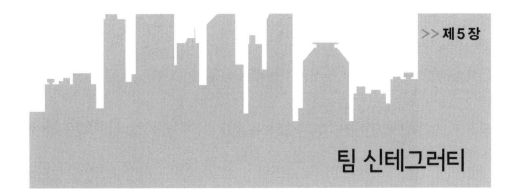

>> 제5장

팀 신테그러티

5.1 서론

Beer는 존립가능 시스템 모델을 소개하면서 조직에서의 시스템 4와 시스템 3 사이의 커뮤니케이션을 촉진하는 도구에 대한 필요성을 분명하게 제시하고 있다. 이들 두 시스템 사이에 커뮤니케이션이 적절하게 이루어지게 하고, 그 결과로 우리가 아는 바와 같이 조직의 적응과 존립가능성을 확보하는 데 중요한 시스템 4-시스템 3 항상성(System 4-System 3 homeostat)이 순조롭게 작동할 수 있도록 하기 위해 그는 '팀 신테그러티(Team Syntegrity, TS)'(Beer, 1994)라고 불리는 획기적 방법을 적절한 때에 맞춰 개발하였다. 제1장 3절에서 이러한 도구의 필요성에 대하여 살펴보았으며, 이 장에서는 이 도구의 필수적인 요소들에 대하여 살펴보기로 한다.

팀 신테그러티와 관련하여 내가 중요하게 생각하는 점은 비록 이 도구가 두 시스템 사이의 상호작용을 촉진하기 위해 존립가능 시스템 모델 관점에서의 필요성으로 생겨난 토론 방법론(debate methodology)이지만, 이 도구가 지니고 있는 개념적 가치와 잠재력으로 볼 때 이 팀 신테그러티는 많은 연구자들이 오늘날의 복잡 문제의 공동연구를 수행하는 데 이용할 수 있는 가장 강력한 도구 중의 하나가 될 수 있다는 점이다. 이 도구는 연구자들이 각각의 입장에서 최대한의 정보를 도출할 수 있게 해줌으

J. Pérez Ríos, *Design and Diagnosis for Sustainable Organizations*,
DOI 10.1007/978-3-642-22318-1_5, © Springer-Verlag Berlin Heidelberg 2012

로써, 해결 과제와 관련한 연구 진행의 우수성 그리고 도출한 결과의 우수성 측면에 있어서 매우 중요한 개선을 가져올 것이다.

이러한 점이 내가 이 장에서 하고 있는 설명이, 물론 존립가능 시스템 모델 관점에서 설명을 한정하고 있지만, 보다 광범위한 범주에 적용될 수 있는 이유 중 하나이며, 조직 또는 기업뿐만 아니라 그보다 더 넓은 영역의 의사결정(일반적인 사회문제)에 영향을 미치는 문제들의 해결에도 참조될 수 있을 것이라 기대한다.

21세기를 시작하면서 인류가 새로이 개척해야 할 분야는 과학 또는 기술적 개발보다는 우리가 몸담고 있는 복잡한 사회 시스템에 대한 이해라 할 수 있다. 인류가 직면하고 있는 사회적 긴장상태의 문제를 우리가 효과적으로 해결히기 위해서는 이러한 문제에 대한 이해가 기본이 되어야 한다. 우리는 커뮤니케이션과 의사결정 과정을 향상시킬 수 있게 하는 관계를 조직하고 그 관계에 참여할 수 있게 해주는 새로운 방법들을 강구해야 한다.

다양한 관점에서 기관들을 보다 효과적이고 민주적으로 운영하기 위한 많은 시도들이 있어 왔다. 그럼에도 불구하고 그 진척 상황은 아직도 불충분한 상태에 있다. (1) 동시에 민주적이고, 창의적이며, 효율적인 그룹 의사결정 과정의 개발이나, (2) 상명하달의 계층적 조직구조를 사람들의 집단이나 또는 심지어 미래 세대에게 영향을 미칠 수 있는 의사결정의 경우에 있어서 특히 중요한 측면들과 관련한 모든 관점이 효과적으로 고려될 수 있는 보다 민주적인 구조로 대체하고자 하는 노력 등과 같은 예에서 보듯이 아직까지도 만족스럽게 해결되지 못하고 있는 근본적인 도전과제들이 이러한 상황을 보여주고 있다.

조직구조를 보다 민주적인 구조로 만드는 문제는 구성원 수가 많은 조직의 경우에 특히 어렵다(Schecter, 1993). 이러한 경우에 토론, 정보교환 그리고 중요 의사결정 등의 모임에 전체 그룹을 참여시키는 것은 큰 문제가 있다. 큰 그룹에서는 그 업무를 분할할 필요가 있고, 모든 개인이 직접적으로 상대방을 아는 것이 불가능하며, 또한 모든 구성요소들이 상호작용하는 것도 불가능하다. 따라서 조직과 조직의 기능적 프로세스들은 다수의 논리적 계층을 가지고 있는 것으로 인식되어야 한다. 우리가 다양성(복잡성) 개념에 대하여 설명한 제1장 2절에서, 그룹에 있는 구성요소의 수가 증가하면 그 복장성이 얼마나 커지는지 그리고 그룹의 규모가 매우 큰 경우에도 그 복잡성이 어느 정도로 복잡해지는가에 대하여 예를 들어 설명한 바 있다.

조직의 구조와 관련한 이러한 종류의 이슈들에 대한 토론은 이러한 복잡성을 적절하게 해결할 수 있게 해주는 새로운 개념들의 이용가능성에 대하여 요구하고 있다. 우리가 사용하는 언어는 우리가 연구하게 될 분야의 복잡성 정도에 따라서 충분한 커뮤니케이션이 이루어질 수 있도록 하는 것이 필요하다.

지난 몇 년은 토론과 의사결정에 있어서 높은 수준의 참여를 지원하기 위한 새로운 정보와 커뮤니케이션 기술의 역할에 대한 관심이 증가한 시기로 특징될 수 있다. 따라서 오늘날 광범위한 기술들을 이용할 수 있게 되었다. 그 예로 그룹의 기획과 프로그래밍, 학술행사, 그리고 컴퓨터 지원 협력 사업 등을 위한 소프트웨어로서 소위 웹 2.0의 범주 내에서 출현한 전체적인 도구들을 담고 있는 '그룹웨어'라고 일반적으로 알려진 기술을 들 수 있다(Almuiña et al., 2008, pp. 253 - 265).

이러한 두 가지 토대, 즉 한편으로는 조직구조와 의사결정 과정의 설계를 위한 개념적 프레임워크를 그리고 다른 한편으로는 원격 집단 상호 커뮤니케이션을 가능하게 하는 기술적 도구의 이용가능성의 결합은 개인과 기관 사이의 관계에 대한 새로운 가능성을 열어주고 있다.

Beer가 가장 최근에 제안한 획기적 방법인 Team Syntegrity®1)의 적용은 이러한 분야에 기여하는 것을 목적으로 하고 있다. 이 장에서는 분권화(decentralization), 자율성(autonomy), 그리고 참여(participation) 등과 같은 개념에 기초한 기준에 의하여, 이 방법론에 대하여 그리고 조직구조와 커뮤니케이션 시스템의 설계를 위한 이 방법론의 응용가능성에 대하여 분석하기로 한다. 개인 집단 간의 시너지 생성, 다양성에 내재된 이점의 최대한 활용, 그리고 공유된 심리적 모델(shared mental model) 획득 등이 이 방법론을 이용하는 이유로서 강조될 수 있다.

고려 중인 문제가 복잡하고 잘 구조화되어 있지 않으며, 지식집약적이고, 또한 정치적으로 민감한 의사결정 범주의 과제 해결에 이 방법을 이용하는 것이 특히 적합할

---

1) Team Syntegrity®는 Team Syntegrity Inc.(TSI)의 트레이드 마크이다.

것으로 보인다. 또한 이러한 과정에 참여하는 참여자의 수가 많고, 고도로 숙련되어 있으며, 지리적으로 흩어져 있고, 서로 다른 문화적 배경을 가지고 있으며 또한 이질적인 목표를 갖고 있는 경우에 특히 적합하다고 할 수 있다.

Beer가 이러한 방법론을 개발하게 된 동기는 조직에서 시스템 4와 시스템 3 사이의 커뮤니케이션 문제를 해결하기 위한 의도에서 비롯되었다는 점을 한 번 더 강조하고 싶다. 시스템 4 - 시스템 3 항상성이 제대로 작동하려면 두 시스템의 관심이 서로 다르기 때문에 이들 간의 커뮤니케이션이 어려울 것으로 보인다 할지라도 이들 시스템들이 서로 커뮤니케이션해야 하는 것은 분명하다. 그러나 조직의 적응 조직체(adaptation organs)로서 적절한 기능수행(항상성)은 반드시 이루어지고 있어야 한다. 팀 신테그리티에 대한 보다 자세한 내용은 이 방법론의 기본과 응용 프로토콜을 상세히 설명하고 있는 *Beyond Dispute*(Beer, 1994)에 수록되어 있으므로 이를 참조하기 바란다.

VSM 응용 프로세스의 일부로 사용할 수 있는 것 이외에도 이 방법론이 가지고 있는 잠재력은 주로 대규모 집단이 복잡 문제를 토론할 수 있게 해주며, 논의되고 있는 문제와 다른 그룹 구성원들이 생각하고 있는 내용을 모든 구성원들이 사실상 충분히 이해할 수 있도록 해주는 도구로서도 이용될 수 있다는 점이다.

5.2 개념적 기초

Team Syntegrity®는 기본적으로 복잡 문제의 연구를 위하여 창의적이고, 공동의 그리고 참여형 플랫폼을 제공할 목적으로 Stafford Beer가 개발한 방법론으로 구성된다.

제1장 2절에서 복잡성(complexity)의 개념에 대하여 그리고 이 개념과 다양성(variety)의 개념과의 관계성에 대하여 살펴보았다. 따라서 포함되는 복잡성(다양성)의 수가 증가할 때, 어떠한 상황에서도 다양성(복잡성)이 증가하는 속도에 대하여 간단하게 여기에서 다시 살펴보기로 한다. 또한 사람들이 커뮤니케이션을 하는 데 있어서 경험하게 되는 어려움에 대하여도 제1장에서 언급한 바 있다. 여기에 정보 전송의 지체가 미치는 영향과 그에 따른 효과들을 추가적으로 고려한다면 문제는 더욱더 커질 것이다. *Pensamiento Sistémico y Dirección Estratégica*(Pérez Ríos, 1992)에서는 시간

또는/그리고 공간에서 결과와 원인이 분리됨으로써 인과관계가 명확하지 않은 상황을 역동적 복잡성(dynamic complexity)이라는 개념으로 설명하고 있다. 이 복잡성은 순간적으로 우리가 불충분한 방법으로 직면하게 되는 복잡성이라 할 수 있다.

문제의 역동적 복잡성에 내재하는 불편함 이외에도 추가적인 것은 학습 과정(learning process)을 만드는 데 있어서의 어려움을 들 수 있다. 개인 또는 조직이 결과를 그 원인과 연관시킬 수 없다면 학습은 불가능하며, 따라서 개인과 조직 모두는 계속 같은 실수를 반복하게 될 것이다.

다중적 다양성(multiple varieties) 측면에서 시스템 사고는 어느 정도 이러한 유형의 복잡성을 처리하고자 하며, 그렇게 함으로써 개인과 그룹 모두가 학습할 수 있게 하는 기반을 구축하고자 한다.

우리가 이미 살펴본 것처럼, '그룹 인식(Group awareness)'을 생성하고 커뮤니케이션하는 구조화된 수단으로 볼 수 있는 '팀 신테그러티'의 설계와 존립가능 시스템의 특성에 관하여 S. Beer가 수행했던 연구들은 이러한 사고방식에 의한 것이다.

'Team Syntegrity$^®$'(Syntegration$^{®2)}$도 여기에서 파생된다)에 포함되어 있는 '신테그러티'라는 용어는 '시너지(synergy)'와 '텐세그러티(tensegrity)'라는 용어의 결합으로 이루어졌다(Beer, 1994, pp. 12–14). '시너지'는 우리가 알고 있듯이 하나의 전체가 갖는 특성이 부분들의 결합된 특성들보다 뛰어나고 달라지는 상황을 말한다. '텐세그러티'라는 용어는 '인장성(tensile)'과 '무결성(integrity)'을 결합한 용어로, 압력(compression)에 의한 강도와 대조적으로 장력(tension)에 의한 구조적 강도를 설명하기 위해 Buckminster Fuller가 만들어낸 용어이다(Fuller, 1979). '인장 무결성(tensile integrity)'의 개념에 의해 설계된 구조의 경우에 그 구조의 역학적 안정성(mechanical stability)은 개별 구성원의 강도가 아닌 전체 구조에 의한 역학적 장력의 분배와 균형에서 얻어진다고 Ingber가 주장(Ingber, 1998)하고 있는 것과 마찬가지로, 우리의 피부조직을 구성하고 있는 분자와 세포가 파괴와 회복의 과정을 계속해서 겪는 것처럼 생물체로서의 존재는 기본적으로 구조적 패턴의 영구성과 연결된다는 것이다.

---

2) 신테그레이션$^®$은 팀 신테그러티 인터네셔널사(TSI)가 등록한 제품이다.

이러한 유형의 구조가 갖는 특징은 장력이 차단됨이 없이 모든 구성요소에 전달되고, 그 결과로 이 요소들 중 한 요소의 장력 증가가 구조 내의 다른 요소들의 후속적인 장력 증가를 가져오게 하는 것이다. 이러한 전체적인 장력의 증가는 특정 요소의 증강된 압력에 의해 균형이 이루어지게 된다. 이러한 구조적 안정화 메커니즘을 B. Fuller는 끊임없는 장력(uninterrupted tension)과 국부적 압력(local compression)이라로 말하고 있다. 건축물에 있어서 안정화는 일반적으로 중력에 의한 지속적인 압력으로 얻어진다. '텐세그리티' 구조의 흥미로운 특성은 주어진 양의 건축 자재에 대한 최대의 강도를 제공한다는 것이다.

'신테그레이션(Syntegration)'을 구성하는 구조적 과정과 커뮤니케이션 과정은 이러한 유형의 구조에 기초하고 있으며, 그 공간상의 기준(최소한 기초적인 형태에 있어서)은 이십면체이다. 이 정다면체는 20개의 면(이등변 삼각형), 30개의 모서리 그리고 12개의 꼭짓점으로 구성되는데, 각각의 꼭짓점은 5개의 모서리와 연결된다. 상하의 구분과 좌우의 구분이 없으며, 그 모양은 모서리, 꼭짓점 또는 면 등으로 구성되어 어떠한 측면에서 보더라도 균일하게 비계층적(non-hierarchical)인 모양을 하고 있다는 것을 알 수 있다. 이것이 이 구조가 보유한 많은 매력 중 하나이다.

5.3 과정의 설명

5.3.1 목표

'팀 신테그리티' 방법론의 응용을 통해 추구하고자 하는 목표는 다음과 같이 요약될 수 있다.

- 관계되는 개인들의 높은 수준의 참여 유도
- 과정의 비계층적 특성을 보장하는 커뮤니케이션 구조와 시스템 제공. 이러한 목적을 위해 정보에 대한 접근, 아이디어 표현의 기회, 그리고 조직의 구조상 지위 등에 있어서 참여자 모두가 동등해야 한다. 또한 구조적 설계와 운영 과정은 정보를 숨기고자 하는 의도 또는 특정 개인이 다른 사람들에게 압력을 행사하려는 행위 등과 같은 '비민주적(non-democratic)' 행동을 엄격히 제한해야 한다.

- 구성원들 사이의 상호작용으로부터 파생되는 시너지를 구현함으로써 그룹 내에 있는 개인들 각자가 제공하는 다양하고 풍부한 지식으로부터 이익을 얻고자 함
- 가능하다면 고려되어 분석되는 중심 이슈와 관련하여 그룹의 모든 구성원들이 공유하는 연대인식(collective awareness)의 창출

5.3.2 단계

팀 신테그러티 응용 과정은 연구되거나 논의될 이슈와 관련한 질문이 던져졌을 때 시작된다. 이러한 질문은 (꼭 그런 것은 아니지만) 보통 포괄적이고 개방적인 특성을 갖는다. 이 질문의 목적은 전체 과정에 대한 하나의 중심 역할을 하게 하여, 도출되는 응답에 있어서 최대한의 다양성을 이끌어내고자 하는 것이다.

우리는 Stafford Beer가 설계하여 *Beyond Dispute: the Invention of Team Syntegrity*(Beer, 1994)라는 저서에서 자세히 설명하고 있는 순서에 따라 그 과정에 대하여 살펴보기로 한다. 참가자 수에 따라 많은 유형으로 다양하게 적용될 수 있지만 기본적인 방법의 단계만 설명하기로 한다. 여기에서는 과정에 참여하는 집단이 30명으로 구성된다. 공통의 관심사를 공유하고, 관심 사안과 관련된 적절한 정보를 보유하고 있으며, 과제 해결을 위한 동기부여가 된 개인들의 집합을 나타내기 위해 **인포셋**(infoset)이라는 용어를 사용한다. 이 그룹(인포셋)은 상황에 따라 다르지만 일반적으로 3일 반나절에서 5일 정도 만나 그동안에 제기된 질문에 대한 답변을 찾아내기 위해 노력하게 된다.

처음에는 매우 다양한 응답이 있을 수 있지만 아래에서 다루는 절차를 적용함으로써 최종적으로 이 응답들은 12개 정도로 압축될 것이다. 따라서 과정이 끝나고 나면 제기된 문제에 대하여 12개 정도의 상당히 발전된 측면들을 얻게 될 것이다. 각각의 측면들은 이후 단계에서 논의되어 발전시켜 나가야 할 문제들을 나타낸다.

그룹 구성원의 수와 질문의 응답 수가 각각 30, 12가 되어야 하는 이유는 앞에서 언급한 것처럼 30개의 모서리와 12개의 꼭짓점을 갖는 이십면체(그림 5.1)를 나타내는 팀 신테그러티의 기본 형태에서 이용하고 있는 기하학적 기준 때문이다. 각각의 모서리들은 한 명의 그룹원을 그리고 각 꼭짓점은 처음의 질문으로부터 도출된 12개의 문

그림 5.1 이십면체에 기초한 미팅(신테그레이션)의 기본 구조 : 30명과 12개 주제. 말릭 매니지먼트 젠트룸 생갈렌의 협조에 의함. 승인된 재사용.

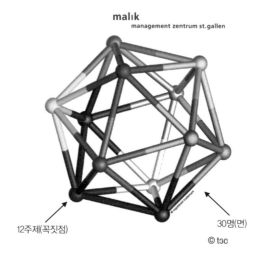

malik
management zentrum st.gallen

12주제(꼭짓점)

30명(면)

© tao

제 가운데 하나를 나타낸다.

그렇지만 아래에 설명될 과정의 특징은 특정 기하학적 형태에 국한하지 않는다는 것을 지적하고 싶다. 뒤에서 30명 이외의 참가자를 포함하는 그룹에 적용할 수 있는 팀 신테그러티의 다른 방법에 대하여 살펴볼 것이다.

팀 신테그러티 응용의 특징이 되는 단계들은 다음과 같이 요약될 수 있다.

5.3.2.1 첫 단계 : 중요성 기술서

이 단계에서는 각 참가자들이 중심 질문에 대하여 그들이 생각하기에 적절하다고 여기는 의견(중요성 기술서, Statements of Importance, SI)들을 준비한다. 이 기술서들을 작성한 다음에는 수직 패널 등에 핀으로 꽂아 게시하여 그룹의 모든 구성원들이 볼 수 있게 한다.

SI와 관련한 유일한 요구사항은 그것이 거절될 수 있고 너무 광범위하지 않아야 한다는 것이다. 이렇게 해야 너무 광범위하거나 또는 사소한 내용을 갖는 SI가 방지될 수 있다.

일단 작성이 이루어지면, 이러한 SI들은 토론을 거쳐 관련성 정도에 따라 분류된다. 이렇게 하는 목적은 서로 다른 SI를 통해 다루어야 할 문제들을 확인하고 동일한 주제별로 분류하려는 것이다.

5.3.2.2 두 번째 단계 : 복잡성 축소와 분류

SI를 작성하고 분류한 다음 우리는 종합 중요성 기술서(Aggregated Statement of Importance, ASI)를 작성하게 된다. SI가 일단 검토되고 나면 그룹 구성원 누구라도 논의될 주요 문제들과 관련하여 하나 또는 여러 개의 제안을 할 수 있다. 각각의 제안에 대하여, 그룹 구성원들은 확인된 사안과 관계되는 SI를 제시해야 한다.

그들은 잘 보이는 패널(포스터) 위에 자신의 제안을 설명하는 간단한 문장을 기록하고, 사람들이 그 제안에 관심을 갖도록 노력할 것이다. 한 개인이 ASI를 제안한다는 사실은 그들이 그 질문을 논쟁의 가치가 있는 것으로 생각한다는 것을 의미한다.

ASI가 나중에 개발될 12개의 사안에 대응되는 12개 주제 중 하나의 후보로 인정되기 위해서는 최소한 5명 이상의 지지가 있으면 되는데, 이 지지자들은 제안(ASI)이 전시되어 있는 패널에 직접 그들의 서명날인을 하여 이러한 지지를 표현하면 된다.

일단 지지하는 그룹의 모든 구성원들에 의해 ASI가 제안되고 나면, 다섯 개의 서명을 얻은 ASI들은 추가적인 종합 과정을 밟는다. 그 기본적인 구상은 유사한 질문들을 처리할 수 있는 문제들 또는 비록 동일하지는 않지만 같은 토론 주제로 통합될 수 있는 문제들을 함께 분류하려는 것이다.

'문제 밀치기(Problem Jostle)'라고 종종 불리는 이러한 종합 과정은 '다양성'의 손실을 방지하는 데 그 목적이 있으며 그렇게 함으로써 최종적으로 선택된 12개의 사안이 SI와 ASI에 담겨 있는 모든 가능한 정보를 포함할 수 있게 하려는 것이다. 종합적인 목적은 '투표 방식(voting)'에 의한 선택방법의 적용을 가능한 한 피하고자 하는 것이다. 이러한 방법의 문제는 '탈락자(loser)'가 된 문제들이 배제되어 이 문제들이 담고 있는 다양성과 많은 정보의 손실을 가져오는 결과를 낳게 되는 것이다.

이러한 종합단계의 또 다른 목적은 ASI의 수를 12개로 줄이는 것이지만, ASI의 결합 불가능 또는 그것들을 제안한 개인들 사이의 의견 불일치 등으로 최종적으로 선택한 수가 이보다 크다면, 최종 선택은 30명 그룹 구성원들 사이의 투표로 결정된다. 이제부터 통합 중요성 기술서(Consolidated Statement of Importance, CSI)라 불리는 12개의 최고 득표 ASI는 논쟁이 될 12개의 주제가 된다.

5.3.2.3 세 번째 단계 : 개인에게 주제 할당하기

논의할 12개의 주제를 식별하게 될 때, 각 주제별로 그룹에 있는 30명 중 토론에 참여해야 할 사람들을 결정하는 것이 필요하다. 따라서 참가자의 선호도를 파악할 필요가 있다. 각 그룹 구성원들 각자에게 가장 관심을 갖고 있는 주제가 무엇인지 질문함으로써 이러한 선호도를 파악할 수 있다.

이러한 선호도를 확인한 다음에는 참여하는 그룹에 대한 만족도를 최대화할 수 있도록 하기 위해 이 정보를 컴퓨터 할당 알고리듬(computerised assignment algorithm)을 이용하여 처리한다. 각 개인은 그들이 가장 선호하는 최고의 점수가 할당된 두 주제에 해당하는 팀에 포함된다. 이 단계는 종종 '주제 경매('Topic Auction)'라고도 불린다.

개인의 배분과 주제의 할당은 이십면체의 공간적 구조에 기초하여 수행된다. 각 개인은 모서리로 표현이 되고, 각 꼭짓점은 12개 주제 중 하나를 나타낸다. 하나의 꼭짓점에 딸려 있는 다섯 개의 모서리는 그 주제에 대한 논의를 담당하는 팀의 구성원들이다. 각 모서리(개인)가 두 개의 꼭짓점에 연결되므로 각 개인은 그들이 나타내는 모서리에 의해 연결되는 두 개의 주제에 대한 논의에 참여한다. 각 개인들의 선호도 목록에서 상위 두 개에 해당하는 두 개의 주제를 선택하는 것이 최적의 상황이 될 것이다.

다양한 관심들 사이의 갈등과 불일치성이 있을 수 있으므로 최상의 솔루션을 찾기 위해서는 컴퓨터를 이용한 할당 알고리듬을 채택하는 것이 필요하다.

5.3.2.4 네 번째 단계 : 내용 작성하기

토론 과정에 대한 이러한 구조적 특성으로 인해 각 주제(꼭짓점)는 팀(각 꼭짓점에 연결되는 다섯 개의 모서리)을 구성하는 5명의 개인들에 의해 최종적으로 논의가 진행되게 된다. 미팅 프로그램을 조직화하고 진행을 돕기 위해, 각각의 주제(와 그에 상응하는 팀)를 서로 다른 색깔로 표시한다. 각 개인(모서리)은 그들이 참여하는 두 개의 주제(팀)에 해당하는 두 가지 색을 배정받게 된다.

각 팀의 기능은 그들의 주제를 분석하여 발전시키는 것이며, 질문에 대한 응답을 제공하는 선언문을 작성해야 하는 목적을 달성하기 위한 과정을 따르게 된다. 그럼에

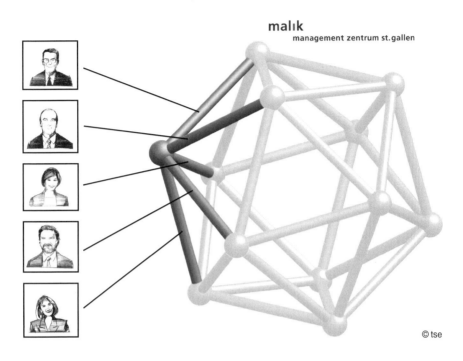

malık
management zentrum st.gallen

© tse

| 그림 5.2 하나의 팀 : 하나의 주제 그리고 5명의 구성원.
| 말릭 매니지먼트 젠트룸 생갈렌의 협조에 의함. 승인된 재사용.

도 이 팀들은 지정된 5명의 '구성원'으로만 구성되는 것이 아니며, '평가자(critics)'의 역할을 수행하는 또 다른 5명으로 구성된다(그림 5.3). 이들의 임무는 팀의 다섯 '구성원'이 수행하고 있는 논의 내용과 채택 과정에 대하여 질문을 던지는 것이다.

12개 팀/주제에 해당하는 미팅은 두 개씩 동시에 순차적으로 이루어진다. 다시 말해, 하루 동안 두 개의 그룹 미팅이 병렬로 이루어진다. 따라서 미팅이 이루어지고 있는 동안에는 두 팀의 '구성원'으로서 활동하고 있는 10명의 개인이 있고, 또한 동일한 팀에서 다른 10명이 '평가자'로 활동하게 된다.

미팅이 진행되고 있을 때 그룹을 구성하는 30명 중 20명은 구성원 또는 평가자로서 역할을 수행하고 다른 10명은 아무 일도 하지 않는다. 이들 10명은 이때 개최되고 있는 미팅의 한 곳에서 참관자(그림 5.4)로 참여하거나 아니면 그들이 원하는 다른 활동(자유시간을 즐기거나, 휴식을 취하고 있는 다른 사람과 정보를 교환하는 일)에 그들의 자유시간을 할애할 수 있다.

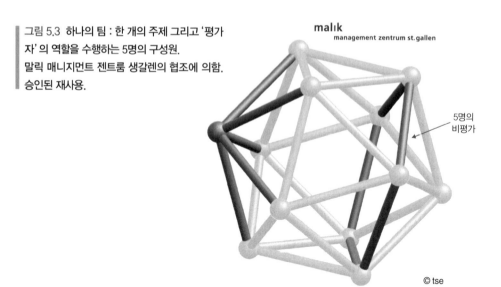

그림 5.3 하나의 팀 : 한 개의 주제 그리고 '평가자' 의 역할을 수행하는 5명의 구성원. 말릭 매니지먼트 젠트룸 생갈렌의 협조에 의함. 승인된 재사용.

malık
management zentrum st.gallen

5명의
비평가

© tse

이 과정은 어느 정도 조직의 복잡성(organizational complexity)을 내포하게 되는데 이는 이용가능한 컴퓨터 어플리케이션의 도움으로 해결될 수 있다. 이러한 어플리케이션들은 주제, 구성원과 평가자의 배정, 그리고 그에 상응하는 시간 순서 배정 등을 처리한다. 〈그림 5.5〉는 12개의 주제 중 하나에 대한 논의를 담당하고 있는 팀에서의 서로 다른 그룹과 역할을 보여주고 있다.

팀의 구성은 12개 팀 각각이 서로 다르다는 것을 유념할 필요가 있다. 각 개인은 두 개의 팀(주제)에서 '구성원' 의 역할을, 또 다른 두 개의 팀에 대하여는 '평가자' 로서의 역할을, 그리고 아마도 다른 네 개의 팀에서는 참관자로서의 역할을 수행하게 될 것이다(그림 5.5). 결과적으로 각 개인은 12개 주제 중 8개의 주제 분야에서 만들어진 정보에 노출되게 된다. 그들이 접근할 수 없는 유일한 주제는 그들이 참여하고 있는 미팅과 동시에 개최되고 있는 미팅의 주제들이다. 그래도 이러한 어려움은 정확히 서로 반대되는 위치(완전히 반대쪽)에 있는 사람들 사이의 만남을 구체적으로 조직하면 부분적으로 극복될 수 있다(Truss, 1994b, pp. 296 – 297). 이처럼 이론적으로 각 그룹 구성원들은 논의되는 12개의 모든 주제에 관한 정보를 획득할 수 있게 된다.

이러한 연속적인 여섯 개의 동시 미팅은 3일 이상 반복된다. 이렇게 (하루에 한 번) 각 주제에 대해 논의할 수 있는 세 번의 기회가 주어지며, 상당히 세밀한 분석이 이루어질

그림 5.4 하나의 팀 : 하나의 주제 그리고 10명의 가능한 '참관자'.
말릭 매니지먼트 젠트룸 생갈렌의 협조에 의함. 승인된 재사용.

10명의
참관자

© tse

미팅 협력자

관찰자

팀 구성원

비평가

© tse

그림 5.5 하나의 팀 : 하나의 주제, 5명의 구성원, 5명의 비평가와 관찰자.
말릭 매니지먼트 젠트룸 생갈렌의 협조에 의함. 승인된 재사용.

수 있다. 또한 3일간의 논의는 개인과 팀 사이의 정보 교환을 촉진시켜주기도 한다.

이러한 미팅의 편성과 가변적인 팀 구성은, 아이디어들이 그 구조의 '모서리'(개인)를 통하여 전달되고, '꼭짓점'(팀/주제)에서 깊이 논의되고 변형되어 하나로 합쳐지게 하는 '반향(reverberation)' 효과를 낳게 된다. 이러한 정보의 확산과 변형 과정에서 팀의 '구성원', '평가자', 그리고 '참관자'들은 그 주요 역할을 수행하게 된다. 이들 12개 팀의 구성은 12개 주제별로 다 다르다는 것을 기억해야 한다.

이러한 과정은 모든 그룹 구성원들 사이의 정보 흐름을 보장한다. 더욱이 커뮤니케이션 시스템은 구조 모서리의 하나 혹은 여러 개의 약점(정보를 전달하지 않거나 그것을 왜곡하려고 하는 개인 등)이 시스템의 반복적인 특성에 의해 충분히 보상된다는 의미에서 견고하다. 정보는 모서리(개인)를 통하여 복수 개의 채널에 의해 순환된다. 여기에서 우리는 잠재적 명령과 실시간 정보의 중복성 개념뿐만 아니라, 우리가 커뮤니케이션 채널에 대하여 검토하였을 때(제1장 1.3절) 효과적인 커뮤니케이션의 편리성에 대하여 살펴보았던 점에 대하여 기억할 필요가 있다. 사실상 정보가 복수개의 채널(다양한 개인과 다양한 토론 팀)을 통하여 전달되고 이로 인해 정보가 관계되는 모든 사람들에게 전달될 수 있도록 보장해주고 있는 팀 신테그러티의 적용 과정(서로 다른 팀의 가변적인 구성과 토론에서의 반복 등)은 매우 강렬하다.

이러한 연속적인 공식적, 비공식적 미팅을 통해 개인과 그룹 모두는 학습과정에 참여하게 되고, 3일 이상의 기간 동안에 이루어지는 토론의 수준과 최종적인 결론의 완성도 수준이 향상되게 된다. 또한 미팅의 편성방식은 각 주제가 다른 주제들에서 행해진 논쟁에 의해 만들어진 정보와 결과에 의해 직접적으로 영향을 받을 수 있게 해준다.

각 세션이 종료되면, 첫째 날, 둘째 날, 그리고 셋째 날에 걸쳐 열렸던 모든 세션에서 내린 결론을 담은 충분히 상세한 발표문(declaration)이 모든 팀에서 작성되어야 한다. 처음 이틀 동안에는 세션이 끝나고 나면 12팀의 발표문을 그룹이 다 볼 수 있도록 공개적으로 전시하여, 구성원들 누구라도 적절하다고 생각하는 코멘트나 댓글을 달 수 있다. 각 그룹별 작업 우수성을 평가하기 위한 시스템의 활용이 인센티브로 작용할 수 있다.

세션의 조직과 팀 구성원들의 작업 계획은 모두 팀과 그들의 구성요소들을 쉽게 식별할 수 있게 해주는 색상코드를 사용함으로써 쉽게 구별될 수 있다.

회의(신테그레이션)는 총회로 마치게 되는데, 이 총회 동안에 각 팀은 세 번의 반복과정을 거쳐 도출한 결론들을 제시하게 된다. 이러한 제안들은 전체 과정이 시작될 당시의 12개 주제로 분리되기 이전의 최초 질문들과 대응될 수 있도록 12개 주제에 대한 실질적인 내용을 담을 수 있을 정도로 충분히 완성도가 높아야 한다.

만일 더 충분한 시간이 있다면, 구체적인 활동의 기획과 실행을 위한 좀 더 상세한 설계를 할 수도 있다.

5.4 과정의 결과

지금까지 설명한 과정의 결과와 특징은 다음과 같이 요약할 수 있다.

- 참가자 자신들이 미팅 의제(agenda)를 설정. 이는 토론을 위해 선택된 12개의 주제로 구체화된다.
- 통합 시스템에서 함께 분류되지만 다양한 관점에서 연구 중인 사안과 관련한 반응을 불러일으킬 수 있다.
- 참가자들이 비계층적 토론 과정에 참여하게 됨으로써, 개인과 그룹의 학습을 활성화시키고, 연구 중인 사안에 대한 응답의 품질을 개선할 수 있다. 모든 개인과 팀이 수행하는 동질적인 역할 특성은 이 과정의 민주적 특성을 보장한다. 또한 SI가 작성되고 복잡성이 축소되는 데 있어서 자기조직화(self-organising) 특징은 구성원들이 다른 구성원을 주도하려고 하는 시도를 더욱 어렵게 만든다.
- 과정의 구조화 방식은 대화와 공동체 의식을 이끌어낸다. 이는 기본적으로 그룹 구성원들 상호 간의 커뮤니케이션을 필연적으로 이끌어내는 다양한 미팅과 반복과정을 통하여 모든 구성원들이 수행하는 다양한 역할로부터 비롯된다.
- 정보 공유 수준의 증가(세 번의 반복과정 이후 정보의 90% 이상이 공유되었고, 네 번의 반복으로는 96% 수준에 이르게 되었다)(Beer, 1994, pp. 223-224; Jalali, 1994, pp. 263-280), 그리고 논의될 중심 사안과 관련한 공동 의식

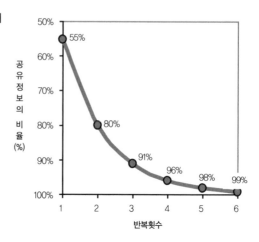

그림 5.6 반복 횟수와 정보 공유 사이의 관계
(Beer, 1994)

(collective consciousness)의 유발 가능성(그림 5.6)

- '팀 신테그러티'의 적용은, 창의적인 신뢰 구축 프레임워크 내에서 개인들이 자유롭게 협업할 수 있으며, 그룹 내에 풍부한 다양성을 내포한 많은 성과를 가져오게 하는 개인적 관계 형성의 분위기를 마련할 수 있는 가능성을 제공한다.

5.5 보완적 형태와 활용

앞에서 지적한 바 있듯이, 지금까지 설명한 과정은 팀 신테그러티의 기본 형태(30명의 참가자, 12개 주제)에 해당한다. 그러나 다양한 적용과 형태가 존재하는데, 그 실행방법도 그에 따라 달라진다.

이들 중 하나는 30명이 안 되는 그룹을 이용하는 경우이다. 이러한 경우에 대하여 팀 신테그러티 인터내셔널사(Team Syntegrity International Inc.)와 말릭 매니지먼트 젠트룸 생갈렌(Malik Management Zentrum St. Gallen, 말릭 MZSG, Malik MZSG)은 30명 이하의 개인으로 구성된 그룹에 실제적으로 적용할 수 있는 프로토콜을 제안하고 있다. 〈그림 5.7〉은 말릭 MZSG가 일반적으로 채택하고 있는 형태를 보여주고 있다. 우리는 '신테그레이션'의 참가자가 몇 명이 되어도 상관이 없음을 그림에서 알 수 있다. 그림의 오른쪽에서는 다양한 변형된 형태의 기간(지속 일수)을 볼 수 있다. 이 숫자를 넘는 그룹의 경우에는, 30의 배수로 분할하여 그룹을 형성하거나 아니면 각 팀의 참가자 수를 늘릴 수도 있다. 그러나 참가자 수를 늘리는 것은 각 미팅 내에서 발생하는 다양성을 증대시키는 단점을 가지게 되는데, (인터넷을 통하여) 원격으로 미팅을 하면 이러한 한계는 줄어든다.

여기에 열거된 것 이외에도 TS의 활용을 위한 또 다른 가능성은 실행 계획(action plan) 수립을 위해 백업 도구로 사용하는 것이다. (다면체의) 면을 기획으로 대응시켜 개발한 Truss의 프로토콜은 이러한 목적을 달성하기 위한 것이다(Truss, 1994a, pp. 333 – 345). 이십면체(기본 형태)의 각 면은 12개의 주제 중 3개에 해당하며, 이들은 30명의 그룹원 중 3명을 통해 표현된다. 이들 세 개 주제 각각은 그 면을 구성하는 3명의 구성원들 중 2명이 함께 공유한다. 이러한 절차는 다양한 계획 사이의 일관성과 전체적인 토론을 시작하게 한 중심 질문과의 연관성을 보장한다.

마지막으로 서로 다른 그룹의 결과를 통합함으로써 '신테그레이션' 과정을 확장할 수 있는 옵션에 대하여 살펴보고자 한다. 이렇게 새로운 참가자 수가 지수함수적으로

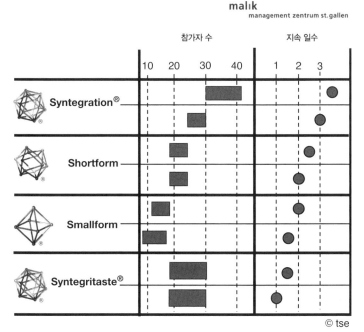

© tse

그림 5.7 변형된 신테그레이션 적용.
말릭 매니지먼트 젠트룸 생갈렌의 협조에 의함. 승인된 재사용.

계속해서 증가할 수 있다. Beer는 이러한 확장의 예를 *Beyond Dispute: the Invention of Team Syntegrity*에서 보여주고 있다(Beer, 1994, pp. 171 – 175).

5.6 조직과 정보와 커뮤니케이션 기술

지금까지 살펴본 내용들은 문제의 그룹 구성원을 포함하는 만남을 조직하고 물리적 기반에서 정보를 교환하는 것과 관계된다. 그럼에도 오늘날 정보와 커뮤니케이션 기술들의 이용가능성은 이러한 범주에 새로운 가능성을 열어주고 있다.

예를 들어, TS와 관련하여, 실제적인 물리적 만남이 필요하지 않은 상황에서('가상' 미팅) TS의 활용은 당분간 유망한 결과를 제공하는 개방적 연구 분야를 나타낸다고 할 수 있다. 이와 관련하여 Espejo 등의 *To be and not to be that is the system: A tribute to Stafford Beer*(CD-ROM)라는 책을 참고할 것을 권한다. 이것은 새로운 정보와 커뮤니케이션 기술을 활용한 최초의 TS 응용을 다루고 있다. 이 책의 목적은 4개 대륙 16개국의 30명이 넘는 사이버네틱스 연구자들이 과학적 연구 성과를 이끌어내기 위한 공동 연구 방법을 수립하는 것으로, 모든 종류의 조직, 특별히 사회 분야에 있어서 Beer의 서로 다른 이론에 대한 유용성을 나타내고자 한 것이었다. 이 연구는 Beer의 70세 생일을 축하하기 위하여 Beer에게 헌정되기로 되어 있었다. 실제로 그 발표는 1996년 9월 25일에 리버풀에 있는 존 무어 대학교에서 이루어졌다.

그 프로젝트는 1995년 10월에서 1996년 7월 사이에 진행되었다. 포함하는 장(12개)의 구별과 내용 작성(600페이지 이상)으로 구성되어 있는 대부분의 연구가 인터넷을 통해 원격으로 수행되었다. 이 그룹의 많은 구성원들은 서로 알지 못하였으며, 그들이 거주하고 있는 서로 다른 지역에서 연구를 수행하였음을 밝혀두고 싶다. 지리적으로 흩어져 있음으로 인해 그룹 내에 많은 시차도 존재하고 있었음을 잊어서는 안 된다.

이 연구는 TS 프로토콜에 따라서 설계되었으며, 특히 인터넷이라는 새로운 기술의 도움으로 이루어졌다. 앞에서 언급했던 CD-ROM에는 연구 자체에 대한 내용은 물론 연구의 진행 과정을 상세히 설명하고 있는 문서도 포함되어 있다.

프로젝트를 수행한 그룹의 일원으로 그리고 이 실험의 참가자로서 이러한 범위의 프로젝트를 그렇게 짧은 기간에 성공적으로 완수할 수 있었던 것은 TS를 채택한 것이 중요한 요인이었다고 단호하게 말할 수 있다. 이 프로젝트의 공동 책임자인 M. Schwaninger는 그의 저서인 *Intelligent Organizations*(2006, pp. 123 – 128)에서 이러한 노력 과정에 대하여 서술하고 있다.

이러한 경험과 함께, 다른 조직 설계는 물론 TS에 기초하여 새로운 조직 방법론과 정보와 커뮤니케이션 기술의 통합 활용은 아주 흥미로운 가능성을 제공하고 있다. 지금부터 이러한 점들에 대하여 살펴보기로 한다.

예를 들어, 거리(또는 시간)에 대한 어떠한 제약도 없이, 구성원 수에 상관없이 모든 종류의 학술회의, 미팅, 토론 등을 조직화할 수 있게 되었다는 것이다. 미팅의 의제를 먼저 참자가 자신들이 (이처럼 미팅의 민주적, 비계층적 특징을 보장하면서) 산출할 수 있게 되었다. 마찬가지로 의제 내 주제들의 내용이 실제 미팅이 이루어지기 이전에 마련됨으로써 만남으로부터 도출되는 결과의 우수성에 상당한 개선을 가져오게 되었다는 점이다.

어떠한 물리적 만남이 없이도 미팅이 개최될 수 있었는데, 다시 말해 '가상' 미팅이 이루어질 수 있었다(Almuia et al., 2000). 특히 개인적인 상호작용과 관련한 측면에 있어서 이러한 미팅이 가질 수 있는 단점에도 불구하고 더 오랜 기간에 걸쳐 이러한 만남이 이루어질 수 있는 이점을 제공하였고, 그 결과로 이슈들의 토론에 더 많은 시간을 투입할 수 있게 되어 더 좋은 결론을 도출해낼 수 있었다는 것이다. 어쨌든 오늘날의 기술적 기회들은 개인적인 상호작용에서 발생하는 문제에 대하여 적어도 부분적으로 그러나 점점 더 효율적이고 접근 가능한 해결방안(예를 들어, '화상회의'의 활용 등)들을 제공하고 있다.

5.7 TS에 대한 최종 정리

TS에 대한 최종 의견으로 우리는 다음의 고려사항들을 제시할 수 있다.

- 정말로 민주적이고 비계층적인 회의가 되기를 원한다면, 회의 조직에 대한 대안적 방법을 사용할 필요가 있다.
- 또한 시스템 4 – 시스템 3 항상성의 원활한 기능수행을 위해서는 두 시스템 구성

원들 간의 대화를 용이하게 하는 도구의 사용이 요구된다.

- S. Beer가 개발한 Team Syntegrity®라는 방법론은 이들 양 측면에서의 발전과 기회를 제공한다.

- 응용에 적용되는 프로토콜은 그룹 내의 모든 구성원들 사이에 정보가 순환되는 것을 보장한다. 또한 비민주적이거나 부적절한 행동을 나루는 데 있어서 구조적 설계(structural design)는 엄격하다.

- TS의 활용을 추천하는 또 다른 이유는 관리자들이 직면하고 있는 복잡 문제를 연구하는 데 도움을 주기 위한 것이다. TS는 우리에게 최초의 다양성 확장(연구 또는 토론될 이슈와 관련하여 그룹 내의 사람들로부터 가능한 한 많은 지식을 획득하고자 한다면 가장 바람직한 것)은 물론 이후의 (관련 정보가 이 과정에서 손실되지 않음을 보장하면서) 경감에 대한 해답을 제공한다. 이러한 이유로 처리해야 할 문제가 복잡하거나 민감한 사안인 경우에 이 방법론의 활용을 강력히 추천한다.

- TS를 최대로 적용하는 것은 토론에 참여하고 있는 그룹의 구성원들이 연구 중인 문제에 대하여 더 잘 이해할 수 있게 해준다. 마찬가지로 서로 다른 정신 모델(mental model)을 변환하고 공유할 수 있는 기회를 향상시켜주며, 그로 인해 토론 중인 중심 문제와 관련한 연대 의식을 북돋아주게 된다.

- VSM과 TS의 재귀 특성(recursive nature)은 실질적인 제한 없이 TS가 어떠한 규모의 그룹에도 적용될 수 있음을 의미한다. 하나의 중요한 사안이 다양한 그룹에서 논의될 수 있고, 이들 각 구성원은 차례로 다음 수준에 있는 또 다른 그룹의 집합을 조직할 수 있다. 서로 다른 수준에 있는 다양한 그룹의 결합을 통하여 전체 단위가 규모 면에서 증가하는 지수(exponential)적 방식의 관점에서 볼 때, 사람들의 수는 무제한적이다. 각 그룹에서의 토론 과정의 조직은 항상 같으며, 결과적으로 이 과정은 비교적 간단하다. 이러한 점이 조직 사이버네틱스 내에 있는 도구가 갖는 재귀적 특성으로 인한 또 다른 이점이다.

- 설명된 방법론이 그 기본적인 형태에 있어서 즉 그룹 구성원에 포함되는 사람들의 물리적 만남에도 적용될 수도 있으며, 또는 참가자들이 거주지에서 떠날 필

요가 없는 원격의 경우에도 적용될 수 있다. 그러나 후자의 경우 추가적인 연구가 요구된다.

- TS의 적용은 비즈니스 영역에만 국한하지 않는다는 것이다. 사실상 어떠한 유형의 조직에도 아주 유용하게 이용될 수 있는데, 특히 사회, 경제, 정치 또는 생태적 이슈 등과 관계되는 상당히 복잡하거나 어려운 문제의 해결에도 유용하다.

- 마지막 의견으로 이렇게 정교한 방법론이 지금까지 확산되어 온 결과에 대하여 언급하고자 한다. 지금까지 수행된 신테그레이션의 사례 수를 헤아려보면, 이 방법론이 개발된 지는 얼마 안 되었지만 1998년 이후로 2011년 초까지 적용된 예는 말리 매니지먼트 젠트룸 생갈렌이 제공한 수치에 의하면 600개가 넘고 있으며, 그중 팀 신테그러티 유로파(말릭 MZSG)가 500개 이상을 수행하였다.

감사의 글

이 장에 포함된 이미지의 제공과 재사용 권한은 물론, 이 방법론의 확산과 관련한 정보와 활용에 관계된 다양한 내용을 제공해주신, 말릭 매니지먼트 생갈렌사에 특별히 감사의 말씀을 드리며 이 장을 마치고자 한다.

>> 제6장

미래 전망

지금까지 다섯 개의 장을 통해 전 세계에 걸쳐 발생하고 있는 수많은 종류의 빠르고 극심한 변화(경제, 정치, 에너지, 환경, 사회, 기술 등)들로 인해 조직과 기업 그리고 사회 일반이 직면하고 있는 복잡성에 대하여 살펴보았다. 또한 시스템 접근방법 또는 시스템 사고라고 알려진 프레임워크 내에서 20세기 후반에 출현하여 발전하고 오늘날까지도 지속되고 있는 다양한 학파에 대하여 살펴보았다. 마찬가지로 이러한 변화에 내재된 엄청난 복잡성을 시각적으로 표현하여 종합적으로 제공할 수 있는 능력을 갖춘 도구를 활용하고 싶다면, 이러한 시스템 접근방법을 이용해야 할 필요성이 있다고 강조하였다. 또한 우리는 다른 학파 또는 시스템 접근방법 등이 이용될 수 있는 상황들에 대하여도 소개하였다.

시스템 사고라는 과학 분야는 매우 광범위하며, 따라서 다음과 같은 복잡 문제의 연구를 위한 다양한 방법론 또는 수단을 통합하고 있다.

- 시스템 사고의 한 흐름은 시스템의 기초적 단위(개인, 의사결정자, 개별 회사 등)에 대한 연구이다. 다양한 개인들과 그들의 행동 규칙 또는 결정요인으로 구성되는 인구를 문제의 모형에 포함시키는 것을 시작으로 하여, 이들의 상호작용에 의해 새로이 나타나는 행태(상향식 접근방법, bottom-up approach)의 결과

J. Pérez Ríos, *Design and Diagnosis for Sustainable Organizations*,
DOI 10.1007/978-3-642-22318-1_6, © Springer-Verlag Berlin Heidelberg 2012

를 파악하고자 하는 에이전트 기반의 모델링(Agents Based Modelling)을 이러한 사례로 들 수 있다.

- 또 다른 흐름은 참가자들과 이들의 상호관계에 초점을 두고 종합적인 관점에서 문제를 바라보는 것이다. 목적은 그들의 역동적 행태를 연구하여 서로 다른 정책적 개입에 따라 일어날 수 있는 효과를 보여주는 시스템의 주요 변수들의 잠재적인 궤도에 관한 정보를 얻고자 하는 것이다(하향식 접근방법, top-down approach).

- 또 다른 초점은 존립가능성을 위한 필요충분 요구사항을 그 시스템이 만족시키고 있는지를 평가하는 관점에서 연구되는 시스템의 전체적 구조를 검토하는 것이다.

나는 이 책에서 이러한 무한한 우주의 극히 일부분만을 다루는 것으로 제한해야만 했다. 특히 이 책은 조직을 진단하거나 아니면 새로운 조직의 설계를 돕는 방법론으로서 조직 사이버네틱스와 존립가능 시스템 모델의 내용을 기본적으로 검토하는 데 할애하였다. 그 목적은 조직의 존립가능성을 보장하는 것으로, 다시 말해 조직이 운영되고 있는 환경에서 불가피하게 발생할 수 있는 변화와는 상관없이 독립적으로 오래 지속하는 존재로서 살아남을 수 있는 능력을 확보하는 것이다.

또한 이 책에서는 조직 사이버네틱스를 완전히 보완할 수 있는 또 다른 방법론으로 시스템 다이내믹스에 대하여도 언급하였다. Schwaninger와 Prez Ros(2008a)가 주장하고 있듯이 이 두 방법론은 통합이 가능하며 또한 어떠한 경우에는 통합을 강력히 권고한다. 시스템 다이내믹스와 조직 사이버네틱스의 통합에 대한 상세한 설명은 이 책의 다음 판에서 다루게 될 것이다.

이 책의 주된 목적은 한편으로는 조직 사이버네틱스, 존립가능 시스템 모델 그리고 팀 신테그러티의 내용에 대한 이해를 넓히고자 하는 것이고, 또 다른 한편으로는 이 문제에 관심을 갖는 학생들과 기업과 조직에 응용하고자 하는 연구자들을 위한 오리엔테이션과 가이드라인을 제공하고자 하는 것이다. 존립가능 시스템 모델이 어떻게 조직의 진단과 설계에 사용될 수 있는가를 설명한 장들과 가장 빈번하게 발생할 것으로 생각되는 병리들의 식별에 도움을 줄 수 있는 장들은 기업 또는 일반 조직의 관리자들이 이러한 방법론에 더 쉽게 접근할 수 있게 해줄 것으로 믿는다.

우리의 목적은 VSMod® 소프트웨어를 개발할 때와 비슷한 것이었다. 다시 말해, 우리가 연구하고자 하는 조직의 구조를 만들고, 일단 그 구조가 생성이 되고 나면 포함되는 서브조직 각각에 해당하는 모든 VSM 요소들에 있는 정보의 시각화와 정보의 입력을 가능하게 해주는 매체를 제공하려는 목적을 달성하고자 하는 것이었다. 소프트웨어와 함께 제공되는 사용자 설명서는 존립가능 시스템 모델에 대한 이해를 돕는 것은 물론 그 응용 방법의 이해에도 도움이 될 것이다.

팀 신테그러티를 다루고 있는 장은 독자들이 이 방법론에 더 익숙해지고 또한 적절한 활용 분야를 찾는 데 도움을 주고자 하였다.

이 책은 또 다른 측면들을 직설적으로 다루고 있는데 이러한 측면들은 엄청나게 흥미로운 연구 분야들을 제시하고 있다. 예를 들어, '동적 균형 성과표(dynamic balanced scorecard)' 또는 소위 '운영실(operations room)' 등과 같은 다양한 의사결정 지원 도구들(이들 중 일부는 시스템 사고와 관계된다)이 사용되는 의사결정 환경 등의 설계와 개발 등과 관련된 것을 예로 들 수 있다. 시스템 4와 시스템 3의 기능과 활동, 특히 시스템 4 - 시스템 3 항상성에 대하여는 제1장의 3절과 제2장의 3절에서 설명을 통해 언급하였다. 이 부분과 관련하여 시스템 다이내믹스와 존립가능 시스템 모델의 결합 이용은 매우 흥미롭다. 과거 그리고 현재(실시간 정보)의 정보에 접근을 할 수 있게 해주는 소프트웨어의 개발과 다양한 미래 시나리오에 대하여 서로 다른 의사결정 결과를 존립가능 시스템 모델의 관점으로 시각화한 시뮬레이션 결과를 이용할 수 있도록 조합함으로써 얻어지는 시너지는 내가 보기에는 두 방법론의 통합을 향한 엄청나게 중요한 도전과제를 나타낸다고 할 수 있다. 시스템 다이내믹스(Powersim, Vensim, Ithink 등)와 존립가능 시스템 모델(VSMod®)의 경우에서와 같이 혹은 다양한 데이터베이스에 쉽게 접근할 수 있게 해주는 소프트웨어들이 이미 존재하고 있다. 우리에게 필요한 것은 일관성 있는 관리(운영) 프레임워크 내로 다양한 구성요소들을 통합하는 것이다.

우리의 연구 부서에서 지속되고 있는 또 다른 연구 분야는 다양한 추가적인 모듈

(일부가 현재 시험 중에 있음)의 결합을 통한 현재 버전의 VSMod® 소프트웨어를 개선하는 것 이외에도 다음의 연구들을 진행하고 있다.

- 인터넷을 통해 상호 협력하여 사용할 수 있게 해주는 VSMod®의 진화된 버전. 이를 이용하여 여러 연구자 또는 관리자들이 동기적으로 또는 비동기적으로 동일한 VSM의 응용에서 협력하여 연구할 수 있다.
- 인터넷을 통하여 시스템 사고 분야의 다른 방법론들을 업로드하게 하고, 잠재적인 사용자(연구자 또는 관리자)들이 이용할 수 있는 소프트웨어 메타도구의 구축. 적절한 방법론에 대한 설명과 사용자 가이드는 물론 메타도구에 있는 보완적인 정보들을 포함함으로써 사용자들의 이해와 응용을 도와주고자 한다.

마지막으로 오늘날의 사회에 영향을 미치고 있는 많은 문제들의 엄청난 복잡성에도 불구하고 이러한 문제들을 처리할 수 있게 해주는 풍부한 개념적, 방법론적 그리고 기술적 수단들을 우리는 지금까지 가져본 적이 없다. 이러한 도구들이 더 널리 알려지고, 더 잘 이해되고 그리고 더 많이 응용되어 미래 인간 삶의 향상을 위한 목적에 기여할 것이다. 나는 이 책을 통하여 이러한 목적에 작게나마 기여할 수 있기를 희망해본다.

부록 I

Dr. Stafford Beer 교수에게

'명예박사' 학위 수여

바야돌리드대학교

"LAUDATIO"

DR. JOSÉ PÉREZ RÍOS

2001년 10월 26일

바야돌리드

J. Pérez Ríos, *Design and Diagnosis for Sustainable Organizations*,
DOI 10.1007/978-3-642-22318-1, © Springer-Verlag Berlin Heidelberg 2012

"LAUDATIO"
DR. JOSE MANUEL PÉREZ RÍOS

대통령님,
정부당국 관계자님들,
대학의 운영위원님들,
그리고 신사숙녀 여러분

20세기가 끝나고 새로운 세기를 맞이하며 세계에 대한 선경지명과 글로벌 비전을 갖고 있는 과학계 인물 중 한 분에게 제가 명예박사 학위 수여를 위한 멘토로 활동한 것은 지극한 영광이며 특전이었다는 말씀을 드리면서 시작하고자 합니다. 저는 Stafford Beer 교수를 말씀드리는 것입니다.

따라서 저는 이 명예박사 학위 수여를 위한 심의과정에 들어간 바야돌리드대학교의 관계자와 본부에 심심한 감사를 올리며, Beer 교수만큼 까다로운 분에게 접근하면서 보여준 그분들의 호의와 관심에 감사드립니다.

그의 엄청나고 방대하며 심오한 결과들과, 그리고 Markus Schwaninger 박사와 Raul Espejo 박사 등 2명의 직계 제자와 함께 수행한 다양한 협업 연구에서의 응용 등을 조사하면서 그가 유능한 과학자라는 것뿐만 아니라 보기 드문 인문주의자적 자질을 가지고 있다는 것을 발견하는 계기가 되었습니다. 그의 다채로운 일대기에서 발견할 수 있듯이 대단히 창의적이고 획기적인 그의 이론적 접근방법은 그의 주요 관심 대상인 인류에 영향을 미치고 있는 사람과 문제들에 관련되는 것이었으며, 지금부터 우리는 그의 주요 업적 중 일부에 대하여 살펴보겠습니다.

Stafford Beer는 1926년 런던에서 출생하였습니다. 위트기프트스쿨과 런던대학교(유니버시티 칼리지)에서 처음으로 수학, 철학 그리고 심리학을 공부한 후, 제2차 세계대전 당시 영국군에 징집되어 구르카군의 중대장으로 그리고 최종에는 대위계급의 군 심리학자가 되었습니다. 여기에서 그는 육군성의 OR(Operations Research) 팀 내 인간공학(human factor) 분야에 배속되어 참모들의 선발과정에 학제적 접근방법을 적용하고, 정신병리학(psychopathology)과 문맹 사이의 관계성에 대한 연구 등을 시작하였습니다.

민간인의 신분으로 돌아가서는 유나이티드 스틸에서 12년간 근무하였으며 그곳에서 그는 생산관리자의 직책을 맡는 동안에 첫 번째 (민간) OR 그룹을 만들고 진두지휘를 했습니다. 그는 선형계획법(linear programming)을 유럽에서 처음으로 응용하는 일의 책임을 맡았습니다(약 1950년경). 학제적 접근방법을 문제 해결에 적용하기 위해 70명이 넘는 전문가들을 보유했던 OR 그룹은 그 당시 세계에서 규모가 제일 큰 민간 OR 그룹이었습니다.

이러한 Beer 박사의 활동기간 동안 기업의 사이버네틱 모형, 통계적 품질관리를 위한 수많은 도표들, 기계 시뮬레이션 기법들(mechanical simulation techniques), 그리고 스토케스틱 아날로그 기계(Stochastic Analog Machine) 등의 발명에서 그의 획기적 성과들을 볼 수 있는데, 특히 볼 베어링을 이용하여 일련의 복잡한 상호작용에 의해 작동되는 이 스토케스틱 아날로그 기계는 오늘날의 디지털 컴퓨터와 멀티미디어 그래픽 도구의 개발과 필적할 만한 커다란 가시적 영향을 미쳤습니다.

1956년 유나이티드 스틸에서는 경영과학(MS)에서만 배타적으로 사용할 수 있는 최초의 컴퓨터(페란티-페가수스)를 설치하였는데, 이 컴퓨터는 생산, 재무, 인사, 마케팅, 에너지 등과 관계된 복잡한 문제의 해결을 위한 어플리케이션을 갖추고 있었으며, 철강 생산에 적용할 수 있는 그때까지 유례가 없었던 시뮬레이션 기법을 개발하기도 하였습니다.

컴퓨팅과 통제와 관련한 실험과 연구는 물론 컴퓨터 하드웨어의 재료 기초에 대한 Beer 박사의 관심은 방정식 문제를 풀기 위한 '훈련받은' 빛에 민감한 미생물의 사용에 관하여 Gordon Park와 함께 실험을 하게 만들기도 하였습니다. 그 당시에는 컴퓨터 개발이 초기단계에 있었으며, 디지털 또는 아날로그 컴퓨터 중 어느 방향으로 나아가야 할지가 명확하지 않은 시기였음을 잊어서는 안 됩니다.

이 기간 동안 그는 신경사이버네틱스(neurocybernetics)와 신경시스템(nervous system)의 수학적 모형에 관하여 개인적으로 연구를 수행하였으며, 그 결과로 오늘날 세계 전역에서 이용되고 있는 존립가능 시스템 모델(Viable System Model, VSM)을 처음으로 제시하게 되었습니다. 적응, 항상성 그리고 인간 학습 과정 등을 연구하기 위하여 그가 다양한 기계를 발명한 것도 이 기간 동안이었습니다.

1961년부터 1966년까지 영국 최초의 컨설팅 회사인 SIGMA(Science in General Management)사에서 OR 분야에 대한 자문으로 헌신하고, 고위 정책 수립, 전략수립, 개발계획 그리고 조직의 사이버네틱스와 관련한 문제들의 연구에 과학적 관리기법을 적용할 수 있는 전문성을 갖춘 컨설턴트로서 수많은 연구들을 수행하였습니다. 그 당시 SIGMA의 고객으로 정부 부처 6개와 영국의 수많은 일류 기업들이 있었습니다.

1966년부터 1970년에 이르는 동안, Beer 박사는 그 당시 세계에서 가장 큰 출판회사인 IPC(International Publishing Corporation)의 개발이사로 근무하였습니다. 연구개발에 대한 그의 열정적인 참여는 최초의 자동화된 조판(automatic page composition)이라는 하나의 혁신을 이끌어냈습니다. 이 기간 동안 여러 개의 관리직 이외에도 그는 IDH(International Data Highways)라는 회사를 창업하여 원격 출판(tele-publishing)과 텔레메시징(telemessaging)의 개발에 주력하였으며, 원격 터미널로 최초의 상업적 존립가능한 서비스를 제공했던 SCAN(Stockbroker Computer Answering Network)을 1966년에 설립하여 전국적으로 100개가 넘는 증권 중개업체에 서비스를 제공하기도 하였습니다.

1970년에 그는 IPC의 관리직을 은퇴하고 컨설팅 회사로 복귀하였으며, 그곳에서 이후 20여 년간 헌신적인 활동에 몰두하였습니다. 이 기간 동안 그는 국제 컨설턴트로서 산업부문과 다양한 정부부문을 대상으로 하는 수많은 연구를 수행하였습니다. 가장 잘 알려진 연구 중의 하나가 (1971년 7월부터 1973년 9월 11일에 발발한 쿠데타로 중단될 때까지) 칠레 Salvador Allende 대통령을 위한 연구였으며, 그 목적은 사회경제를 조직화하고 규제하기 위한 새로운 사이버네틱 접근방법을 개발하는 것이었습니다.

이러한 활동 이후 Beer 박사는 또한 캐나다 오타와, 인도 뉴델리는 물론 멕시코, 우루과이, 그리고 베네수엘라의 대통령실(뒤의 두 경우는 대통령과 직접)의 컨설턴트로서의 역할을 수행하였습니다.

1990년 이후 그의 기본적인 활동영역은 팀 신테그러티(Team Syntegrity)라는 기법의 발명을 이끌어낸 연구개발 분야였습니다. 이는 존립가능 시스템 모델에 대한 보완기술로서 조직의 관리그룹 구성원들 사이의 창의력과 의사소통을 증진시켜주었습니다. 이 방법의 학술적 근거는 그룹 행동 이론과 수학의 그래프 이론에서 발견할 수 있습니다.

관리자와 기업가(entrepreneur)로서의 역할 이외에도 Beer 박사는 그의 전 생애를 통해 대학의 교무에도 많은 관여를 하였습니다. 그는 맨체스터 경영대학원과 더럼 경영대학원의 객원교수였습니다. 이에 앞서 그는 오픈 유니버시티의 일반시스템학과의 첫 교수였고, 펜실베이니아대학교 와튼스쿨의 교수였습니다. 최근에는 스완씨대학교, 몬트리올 콩코르디아대학교, 브리티시컬럼비아대학교 그리고 토론토대학교의 교수를 역임했습니다. 이 외에도 다른 많은 대학에서 객원교수를 지냈으며, 이 대학들 중 12개는 미국의 대학이었습니다. 최근에는 (1997년 이후로) 선더랜드대학교, (1998년 이후로) 뉴캐슬대학교 그리고 (1999년 이후로는) 스톡홀름대학교에서 객원교수로 교육에 종사하였습니다.

지금 현재 Beer 박사는 시스템 및 사이버네틱스 세계 기구(World Organization of Systems and Cybernetics)의 회장이며, 노버트 비너 골드 메달(Norbert Wiener Gold Medal)을 소유하고 있으며, 컴퓨터 통신 국제 협의회(International Council for Computer Communication)의 총재를 맡고 있습니다. 그는 OR학회(Operational Research Society)의 회장직을 맡고 있으며, AOSC(American Operations Society for Cybernetics)로부터 란체스터 상을 수상하였고, 이 단체의 '이사(Trustee)'이기도 합니다. 그가 받은 서훈들을 언급하자면, '런던 명예시민권', 스웨덴왕립공학원(Royal Swedish Academy for Engineering Sciences)의 은메달, 리버풀 존무어대학교로부터 명예교수로 지명되었으며, 몬트리올 콩코르디아대학교와 생갈렌대학교로부터 명예박사학위, 그리고 선더랜드대학교로부터 받은 '이학박사(Doctor of Science)' 등을 들 수 있습니다. 1999년에는 영국의 시스템학회가 '시스템 사고에 대한 지대한 공헌'을 기리기 위해 그에게 '공로상 금메달(Lifetime Achievement Award Gold Medal)'을 수여하기도 하였습니다.

어쩔 수 없지만 시간관계상 Stafford Beer 교수의 이력에 대해 이것으로 간단히 소개를 마치고, 지금부터는 그의 기념비적 성과 중에서도 가장 뛰어난 내용의 일부를 말씀드리고자 하는데, Beer 박사 자신이 최근에 *Kybernetes* 학술지에 기고한 내용을 참조하면 많은 도움이 될 것입니다.

극적인 사건들의 발생으로 인류가 직면하고 있는 대변혁과 여기에 영향을 미치고 있는 다수의 문제들(세계적 테러, 환경오염, 기후 변화, 빈곤, 국가 간 그리고 국가 내의 불평등 심화, 민족 이동 등) 그리고 경제적 글로벌화의 심화 등은 우리가 살고 있는 세계의 시스템적 특성들에 보다 더 큰 관심을 가지게 하고 있습니다. 과장된 표현일지 모르지만 이러한 현상들 사이의 상호 연관성에 대한 관심이 점점 증가하고 있다는 것입니다. 전통적인 기관들은 이러한 새로운 상황을 통제하여 시스템이 제대로 기능을 수행할 수 있게 하는 데 더 이상 소용이 없게 되었습니다. 문제들은 세계적인 수준이지만 이와 관계되는 기관들은 세계적이지 못하거나, 적어도 충분히 세계적이지 못하다는 것입니다. 문제는 어떻게 하면 이러한 기관들을 설계할 수 있느냐 하는 것입니다. 이러한 점이 우리가 Beer 박사의 연구를 가장 잘 감상할 수 있는 부분입니다.

제2차 세계대전 동안의 학제적인 워크그룹(나중에 OR그룹이라 불림)의 성공에 이어 전쟁이라는 갈등이 해소되자, 각 개별 그룹의 특정 영역을 넘어서는 문제를 해결함에 있어서 비군사적인 문제의 처리에까지 이러한 그룹의 이용이 확대되었습니다. 이들 중 한 그룹이 멕시코의 Nobert Wiener에 의해 설립되었는데, 이 그룹은 기계와 생명체 모두의 통신과 통제와 관련된 일련의 문제들을 필수적으로 통합해야 한다고 인식하고 있었습니다. 그중에서도 Warren McCulloch, Walter Pitts, Ross Ashby 그리고 Grey Walter 등과 같은 과학자들의 연구와 함께 그의 연구는 복잡 시스템의 상호작용과 이들에 대한 인간의 반응에 관한 새로운 시각을 가지게 하였습니다. 이러한 새로운 과학에 **사이버네틱스(Cybernetics)**라는 이름을 부여한 과학자가 Wiener이며, 그는 사이버네틱스를 **동물과 기계에서의 통신과 통제의 과학**이라고 정의하였습니다. 전후 여러 해 동안 많은 논문과 책들이 이 주제로 발간되었으며 국제사회가 점점 더 관심을 가지기 시작하였습니다. 이 기간 동안 Stafford Beer는 이러한 추세의 중심 그룹들과 접촉을 하면서 사실상 그 일부가 되었습니다.

Stafford Beer는 브리티시 스틸(British Steel)에서 Wiener의 **사이버네틱스**에 담겨 있

는 아이디어들을 실행에 옮겼습니다. 1959년에 *Cybernetics and Management*를 출간할 때까지 1950년대 내내 그는 여러 권의 책 출판, 세미나, 그리고 강연 등의 책임을 맡았습니다.

이 책으로 사이버네틱 원리를 조직의 연구에 적용하는 **경영 사이버네틱스**(management cybernetics)가 탄생하게 되었습니다. 이 책에서 Beer는 과학으로서의 사이버네틱스의 기원에 대한 역사적 고찰을 하였으며, 그 당시 서구 문화에서 지배적이던 환원주의자 접근법(reductionist approach)에 대한 대안으로 시스템 개념을 제안하였습니다. 복잡 시스템을 블랙박스(black box)로 설명하고, 하나의 목적을 갖는 시스템을 (욕구 또는 의도에 의해서가 아니라) 블랙박스로부터 산출되는 결과물로 정의하고자 하는 생각은 Beer 박사의 "시스템의 목적은 그 시스템이 하는 것이다(The purpose of a system is what it does. POSWID)"라는 발언에 담겨 있습니다.

이 책은 과학적 방법에 있어서 당시 널리 퍼져 있던 환원주의자와 상반되게 전체 시스템(whole system)의 연구를 통한 '전체론(holism)'을 옹호하고 있습니다. 복잡 문제의 연구를 위해 시스템 접근법을 적용해야 한다는 요구가 있은 지 거의 50년이 경과하였지만 인류에 영향을 미치는 문제들이 글로벌한 특성을 가지고 있음에도 불구하고, 과학, 학술 그리고 의료 분야는 물론 사회과학 분야에서는 아직도 환원주의자 접근방법이 대세를 이루고 있습니다. 따라서 태양물리학에서의 태양에너지의 원천, 즉 수소헬륨의 융합에 의한 기본적 변환과정에서의 에너지 방출에 대한 과학의 탐구와 비슷하게, 과학이 이제는 자연 과정의 사이버네틱스에 있어서의 통제의 원천(original source of control) 그리고 신경 시스템과 두뇌의 진화에 있어서 통제의 원천에 대한 연구 결과들을 비교 평가해보아야 한다고 Beer 박사가 이 책의 서론에서 주장하고 있음을 기억할 필요가 있습니다. 통제되지 않는 요인들이 증가하는 만큼 통제에 대한 연구의 중요성은 나날이 증가하고 있습니다. 이 책은 처음으로 학습, 적응 그리고 진화의 능력을 갖춘 하나의 시스템으로서 조직을 과학적으로 설계할 수 있다는 가능성을 제시하였습니다.

1966년에 Beer 박사는 *Decision and Control*을 저술하였는데, 이 책은 '경영(management)'을 다루고 있으며, 결정과 통제의 문제들을 해결하기 위한 과학의 활용 방법 등을 다루고 있습니다. '경영'을 기업, 국가 그리고 심지어 세계의 미래를 이끌어 갈 전문적인 직종으로 간주하고 있으며, 적절한 언어가 요구되는 분야라고 생각하였습니다. 여기에 이 책의 주요 목적 중의 하나가 내재하고 있습니다. 낡은 생각과 언어는 새로운 접근방법을 만드는 데 더 이상 쓸모가 없으며, 이러한 새로운 문제에 대한 새로운 접근방법이 없이는 바람직하지 않은 결과를 겪게 될 것입니다. 이러한 이유로 그는 '경영' 분야에 널리 퍼져 있던 단편적이고 부분적인 특성을 갖는 그 당시의 정론과 비교되는 전체론적 접근방법(holistic approach)을 또 다시 제시하고 있는 것입니다.

제2차 세계대전의 시작과 함께 OR(Operations Research)이 탄생한 이후, OR의 목적은 극도로 복잡한 문제를 해결하고, 극도의 불확실한 상황에서 효과적인 의사결정의 가능성을 높이고자 하는 것이었습니다. 그러므로 Beer 박사는 다음과 같이 정의함으로써 OR 접근방법을 공식화하였습니다.

"OR은 산업, 기업, 정부 그리고 국방에 있어서의 인간, 기계, 자재 그리고 자금 등 대규모 시스템의 지시와 경영에서 발생하는 복잡 문제와 관련한 근대 과학의 시작이다. 이 독특한 접근방법은 기회와 위험 등의 요인들에 대한 측정을 포함하는 과학적 시스템 모델을 개발하는 것이며, 이 모델을 이용하여 대안 결정, 전략 또는 통제 등의 결과를 예측하고 비교하는 것이다. 그 목적은 경영으로 하여금 정책과 활동을 과학적으로 결정할 수 있도록 돕고자 하는 것이다."

*Decision and Control*은 '경영'의 범주에서 이러한 명제들을 밝히는 것이 목적입니다. Beer 박사가 지적하고 있듯이 이 책은 학술적 연구의 결과가 아니라, 당시 유럽에서 가장 큰 철강 생산 회사의 OR 책임자로 활동하였던 20년이 넘는 기간 동안 그 안에 담겨 있는 원리들을 적용해 오면서 터득한 실무경험의 결과인 것입니다.

Stafford Beer는 이러한 문제해결 지향이 사회에 필수적인 것이라 생각하였고, 학제적 모델을 구축하는 데 이용할 수 있는 가장 강력한 접근방법으로 사이버네틱스를 제안하고 있습니다. 그러나 '학술적' 관심의 발전은 OR을 일종의 응용수학 분야로 만들었고 결국은 창의적인 문제 해결과는 거리가 멀어지는 결과를 가져왔습니다. 비록 Beer 교수는 모델을 논의할 때 강력한 언어로서 수학이 유용하다고 생각하였고 사실상 대부분의 획기적인 연구에서 수학을 사용해 왔지만, 그는 모델이 반드시 수학적 모델일 필요는 없다고 믿고 있었습니다. 이 책의 가장 뛰어난 측면 중의 하나는 모델의 선택과 활용을 위해 적절한 방법론을 자세히 다루고 있다는 것입니다.

*Decision and Control*이라는 책의 중요성과 일반 관리자들이 좀 더 쉽게 이해할 수 있기를 바라는 마음으로 그는 1968년에 *Management Science: The Business Use of Operational Research*를 출간하였습니다. 연구의 대상이 하나의 전체로서 고려되는 복잡한 확률적인 시스템이기 때문에, 이 책에서 그는 시스템 이론에 기초한 '경영'에 대한 과학 지식이 무엇인지와 관심이 있고 유용한 주제라고 하더라도 그러한 주제들(인간 공학, 시장 조사, 비용 분석, 균형, 리더십 등에 대한 이해)의 집합으로 경영과학을 생각하는 것 사이에 구분이 있어야 한다고 주장하고 있습니다.

1972년에는 존립가능 시스템 모델(Viable System Model, VSM)을 설명하기 위한 Beer 박사의 3부작 중 첫 번째 작품으로 *Brain of the Firm*이 발간되었습니다. *Decision and Control*에서 자세히 설명한 인식론을 채택함으로써 그는 존립가능 시스템 모델을 시스템이 존립가능하기 위해 시스템이 충족시켜야 하는 필요충분조건의 기본으로 생각하고 있습니다.

이 책은 인체 신경 시스템(human nervous system)에 대한 연구로부터 도출된 생각을 바탕으로 기업(또는 다른 조직)에 대한 특징을 열거하고 있습니다. 그는 효과적 조직이론을 도출해내기 위해 두뇌와 '경영'의 구조를 지속적으로 확인하고 비교하였습니다. 이는 존립가능한 자기 조직화 시스템을 구축할 수 있게 해주는 기본 원리를 도출하는 유추(analogy)가 아닌 질문(question)입니다.

사이버네틱스의 가장 큰 발견은 모든 대규모 시스템에 적용할 수 있는 기본적인 통제 원리를 확인한 것이라고 주장하면서 Beer 박사는 이 책의 목적을 언급하고 있습니다. 이 책은 '경영'(통제 분야)에 사이버네틱스(통제의 과학)가 가져다줄 수 있는 기여에 대한 연구를 지향하고 있습니다. 통제는 기업(또는 조직)의 어느 장소 또는 특정 요소에서 마주치게 되는 것이 아니고, 통제 기능은 기업의 전체 구조에 의해 공유되는 것이라 할 수 있습니다. 통제는 시스템이 기능수행을 지속해 나갈 수 있도록 돕는 것입니다.

Stafford Beer가 식별해낸 모델은 다섯 개의 서브시스템으로 구성되며, 이들 서브시스템 각각은 시스템 역할을 수행합니다. 이 서브시스템들은 전체 시스템이 항상성 균형 상태에서 유지될 수 있도록, 다시 말해 통제될 수 있도록 끊임없이 상호작용합니다. 전체적인 규제 과정은 학습, 적응 그리고 진화에 의해 장·단기적으로 시스템의 생존을 확보하는 것이 목적입니다. 또한 다섯 개의 서브시스템은 지속석인 상호작용으로 하나의 전체를 형성하기 때문에 서로 고립될 수 없습니다.

1981년에 발간된 *Brain of the Firm*(2판)에서 Beer 교수는 존립가능 시스템 모델과 사이버네틱 원리를 칠레의 사례에 적용한 내용을 추가하고 있습니다. 짧은 기간 동안에 통제 시스템에 적용된 다양한 획기적인 내용들은 물론 국가 사회경제의 2/3를 모델에 어떻게 포함시킬 수 있었는지 살펴보는 것은 정말로 흥미로운 일입니다. 좀 더 구체적으로 말하면 Kalman 필터(Kalman filter)와 Bayes의 확률이론에 기초한 컴퓨터 실시간 시스템이 전통적인 정보 시스템을 대체하였습니다. 극초단파 통신(Communications by microwave)과 자동화된 통계 정보 필터링(automatic statistical filtering of information)이 이용되었으며, 의사결정을 위한 공간으로서 인체공학적으로 설계된 운영실(operations room)이 만들어졌습니다. 생산 공장에서부터 대통령 내각에 이르기까지 모든 수준의 경제 정보가 24시간 내에 중요 측면을 확인하는 관점에 의해 필터링되었습니다. 통제 시스템의 전체적인 복잡성에도 불구하고 권한을 분산시키기 위해 정보 시스템이 조직되었습니다.

1971년부터 1973년까지 칠레에서 연구를 수행한 이후 Beer 박사는 여러 나라에 있는 많은 조직과 기관들로부터 초청을 받았습니다. 이 중 하나가 캐나다인데 다양한 조직과 정부 부처에서의 열정적인 활동의 결과로 캐나다 공영방송(Canadian Broadcasting Corporation)이 1973년의 매시 강연회(Massey Lectures)에 그를 초청하였습니다. 이 강연은 매년 캐나다 전역에 라디오로 방송되는 일련의 강연으로서 과학 또는 문화 분야의 주요 인사들이 담당하고 있었습니다. Stafford Beer 교수의 모든 강연은 1974년에 출간된 *Designing Freedom*이라는 제목의 책에 수록되어 있습니다. 이 방송과 이 책의 목적은 대중에게 사이버네틱스의 기본 개념을 설명하는 것이었습니다. 지속적인 불안정성의 과정을 통제하기 위해 인류를 위한 정보와 통신 기술은 물론 과학을 활용할 수 있는 새로운 기관의 설계에 대한 필요성을 강조하였습니다.

인류와 사회에 영향을 미치는 세계적 특성을 갖는 문제들의 연구에 대한 Beer 박사의 헌신은 1970년대에 증가하였습니다. 이 기간, 특히 1970년 한 해 동안 OR학회(Operational Research Society), 영국 피에르 테이야르 드 샤르댕 협회(Pierre Theilard de Chardin Association in London), 유네스코(UNESCO), 경영과학회(Institute of Management Science), 그리고 미국의 일반시스템연구학회(The Society for General Systems Research in the U.S.A.) 등과 같은 다양한 청중들에게 행한 15개가 넘는 취임 강연 또는 총회 등에서 그의 다양한 헌신적 활동이 잘 나타나고 있습니다. 이처럼 광범위한 활동의 내용을 준비하기 위해 그는 좀 더 많은 영향을 끼칠 수 있는 프로젝트, 즉 전체론을 위한 새로운 사이버네틱스 과학의 적절성에 대한 그의 구상을 제시할 수 있는 책을 집필하기로 마음먹었으며, 이 책을 통하여 새로운 세계관을 제안하려 하였습니다. 동시에 서로 다른 개념들을 개발하는 동안 이러한 개념들을 다양한 청중들이 직면하고 있는 문제에 적용하고자 하였습니다. 그 결과로 1975년에 *Platform for Change*라는 책자가 발간되었습니다.

이 책은 형식이나 내용에 있어서 완전히 독창적인 책이었습니다. Stafford Beer 자신도 이것은 "새로운 세계를 위한 새로운 책"이라고 주장하였습니다. 이 책은 종합 시스템(total system)이라 이름 붙여진 논문을 중심으로 구성되었으며, 단순한 시스템 도표(simple systems diagram)로 세계관(world philosophy)을 표현하고 있습니다.

이 책의 주요 아이디어는 모든 사회 기관들을 재고해야 하는 급박한 필요성에 초점을 두고 있으며 이를 위한 개념적 프레임워크를 제공하고 있습니다. 인류에 대한 세계적 위협, 대응하기 힘들 정도의 복잡성, 시스템과 메타언어(meta-language), 조직과 사회의 연구를 위한 과학의 활용, 그리고 정보 관리를 위한 컴퓨터의 활용 등과 같은 많은 질문들을 다루고 있습니다. 메타시스템의 다양한 논의사항들을 구별하기 위해 이 논의사항들이 포함되는 부분별로 다양한 색채와 문장의 배열을 이용하고 있습니다.

1979년에 그는 *The Heart of Enterprise*를 발간하였습니다. *Brain of the Firm*(1972)에서 Stafford Beer가 존립가능 시스템으로서 기업의 신경 사이버네틱(neuro-cybernetic) 모델을 설계하였을 때, 인체의 신경 시스템은 조직이 생존가능하게 하는 규칙들, 즉 조직이 조정되고, 학습하고, 환경에 적응하고 그리고 진화하게 하는 규칙들을 발견할 수 있게 해준다고 주장하고 있습니다. 많은 사람들은 이 모델을 '유추 모델'로 간주하였으며, 다른 특정한 상황에서는 그 모델의 타당성에 논란의 여지가 있다고 생각하였습니다. 그럼에도 불구하고 Beer 자신이 반복해서 수장해 왔듯이, 그 모델은 '유추 모델이 아닙니다.' 이는 사이버네틱 고려사항들이 도출된 근원(*Brain of the Firm*의 경우 신경심리학에서 도출됨)에 상관없이 존립가능 시스템의 특성을 식별해낼 수 있고, 기본 원리들로부터 이 모델을 만들 수 있어야 한다는 것을 의미합니다. 이러한 점이 *The Heart of Enterprise*의 명확한 목적입니다. 책의 제목에 '심장(heart)'이라는 용어를 포함시킨 이유는 인간이 '경영'의 중심에 있어야 한다는 Stafford Beer의 인식에 의한 것입니다. 이 연구에서 그는 사이버네틱스의 개념이 (기업뿐만 아니라) 모든 종류의 조직에 적용될 수 있음을 명확히 보여주고 있습니다.

이 책은 언어 체계(word system)가 갖는 의미와 주관적, 상대적 특성에 대한 토론으로 시작하고 있습니다. 시스템 복잡성의 측정과 관련된 질문과 다양성 변화(variety flux)가 시스템의 동적 복잡성을 어떻게 결정하는가에 대한 토론에 이어, 그는 시스템이 어떻게 관리될 수 있는가에 대하여 생각하였습니다. (조직을 대상으로 한) 이에 대한 답변이 이 책의 중심축을 이루고 있습니다. 이 책은 효과적 조직 과학으로서 조직 사이버네틱스를 다루고 있습니다. 처음의 개념들에 이어 연역적 과정으로 그는 시스템 존립가능성의 보장과 관련하여 핵심으로 간주되는 다섯 개의 서브시스템을 식별해낼 수 있었습니다.

존립가능 시스템 모델을 다루고 있는 3부작 중 세 번째 책이 1985년에 발간되었는데 그 책의 제목은 *Diagnosing the System for Organizations*였습니다. 이전 두 권의 책(*Brain of the Firm*와 *The Heart of Enterprise*)은 그 내용이 너무 복잡하여 Stafford Beer는 존립가능 시스템 모델에 담겨 있는 원리들을 응용하는 데 도움이 될 수 있는 한 권의 책을 쓰기로 결심하였습니다. 그렇지만 이 연구는 실무적인 응용을 돕는 데만 국한하지 않고 이 모델의 최종적인 형식을 그래프 형태로 나타내고 있습니다. 존립가능 시스템 모델의 탄생은 1960년에 발간된 두뇌의 수학적 모델로 거슬러 올라갑니다. 그러나 집합이론에 근거한 모델과 수학적 재귀표현 모두가 이해하기 어려워 일반인들이 쉽게 접근할 수 있는 것은 아니었습니다. 이러한 이유로 그는 모델의 수학적 타당성을 완벽하게 유지할 수 있는 정밀한 도표로 수학적 모델을 표현하기로 결심하였습니다.

1994년에 그는 그의 마지막 저서인 *Beyond Dispute*를 발간하였습니다. 모든 존립가능 시스템에는 시스템 3과 시스템 4라 불리는 아주 서로 다른 기능을 수행하는 두 개의 서브시스템이 존재합니다. 간단히 설명하면, 전자인 시스템 3은 '현시점(here and now)'을 책임지고, 즉 현재 시점에서의 기능수행을 확실하게 보증하며, 반면에 후자인 시스템 4는 '외부와 미래(exterior and future)'를 책임지는 것으로, 즉 조직의 미래를 창조하고자 노력하는 것입니다. 시스템들 사이의 상호작용은 다양한 이해관계로 인해 일반적으로 매우 상충하고 있지만, 시스템의 적응을 위해 시스템이 이들 서브시스템에 의존하기 때문에 시스템이 살아남기 위해서는 이 서브시스템들의 적절한 기능수행이 중요합니다. 이러한 점이 Beer가 그의 말년에 이들 사이의 상호작용을 어떻게 하면 촉진시킬 수 있을지에 대하여 관심을 가졌던 이유 중의 하나입니다. 이 연구의 결과로 팀 신테그러티(Team Syntegrity)가 고안되었습니다. 이는 규범적 계획수립(normative planning), 전략적 계획수립(strategic planning) 그리고 운영 계획수립(operational planning) 등을 활성화하기 위해 설계된 방법으로 비계층적(non-hierarchical) 그리고 비정치적인 방식으로 조직의 본질을 포착할 수 있게 해줍니다.

팀 신테그러티는 정이십면체로부터 영감을 얻은 것으로, 30개 모서리 각각은 사람을 나타내고, 각 꼭짓점은 논의의 대상을 구성하는 주제들 중의 한 주제를 나타냅니다. 꼭짓점은 상징적으로 이십면체의 중앙에 위치합니다. 모든 모서리는 동등하며, 계층도 없습니다. 위, 아래, 오른쪽 또는 왼쪽도 없습니다. 게다가 기능수행 규칙들은 그룹 전체에 걸쳐 정보가 자유로이 순환되어, 완전히 확산될 때까지 더욱더 광범위해지고 그 과정에서 개선되어 나갈 수 있도록 보장해줍니다. 따라서 이러한 방식으로 조직된 그룹은 구조적으로 볼 때 각자의 역할이 다른 사람의 역할과 구별되지 않는 참여적 민주주의(participatory democracy)를 가장 잘 구현하고 있다고 말할 수 있습니다. 끝으로 의제(agenda) 또한 사전에 미리 정해져 있지 않으며, 논의가 진행되어

가는 동안에 그룹의 구성원들에 의해 의제가 생성된다는 것입니다.

시스템 3과 시스템 4에 의해 형성된 항상성(homeostat)이 제대로 작동할 수 있도록 보장해주는 유용성 이외에도, 이 방법은 갈등의 해결에도 매우 도움이 될 수 있습니다.

이러한 Beer 박사 연구 활동에 대한 조망에 이어서 시스템 운동(systems movement)과 조직 이론 내에서의 이들의 관계성과 관련된 측면들에 대하여 말씀드릴까 합니다.

보다 쉬운 연구를 위해 하나의 문제를 여러 부분으로 분할하는 데카르트가 제안하고 있는 '환원주의' 방법의 적용으로 지식생성에 있어서 과학적 혁명의 성공과 세계를 변화시키는 기술의 개발은 하나의 사실입니다. 그러나 우리의 조직과 사회에 중요한 위협으로 나타나는 실세계의 복잡 문제들, 특히 사회 시스템에서의 문제들을 다룰 때 이 방법의 유용성에는 의문이 제기됩니다. 이러한 문제들은 시스템 사고에 의해 검토되어야 할 유형의 문제들인 것입니다. 이 분야의 연구자들은 '환원주의' 대신에, 즉 부분에 대한 관심보다는 그들과 환경 사이의 상호 관계에 관심을 가지며, 그리고 전체의 특징이 되지만 어떤 부분도 보유하고 있지 못한 특성들이 어떻게 나타나는가에 관심을 갖는 '전체론(holism)'의 사용을 지지합니다.

데카르트의 환원주의는 산업혁명에 의한 '기계 시대(machine age)'에 적합하였다면, 우리가 완전히 깊이 빠져 있는 '시스템 시대(system age)'의 출현에 대한 하나의 응답으로 시스템 사고가 나타난 것이라고 Ackoff는 주장하면서 이러한 변화를 설명하였습니다. 이것은 개인적인 수준은 물론 조직, 사회 또는 우리가 살고 있는 자연환경에서 직면하는 서로 다른 종류의 문제들에 대한 해결 방법과 관련한 관점의 복잡성, 혼돈성, 그리고 다양성 등으로 특징지어집니다.

종합 품질 관리(Total Quality Management, TQM), 업무 재설계(Business Process Reengineering, BPR), 라이트사이징(Rightsizing), 지식 경영(Knowledge Management), 학습 조직(Learning Organization), 벤치마킹(Benchmarking), 권한 위임(Empowerment) 등 유행하는 방식들이 많이 등장하였습니다. 그러나 이러한 방식들은 대개 수명이 짧았는데, 이는 아무리 좋게 봐도 특정 상황에서만 유용한 하나의 비결일 수밖에 없었기 때문입니다. 그러나 이러한 다수의 유행하는 방식의 등장은 한편으로는 그와 관련한 문제들의 중요성을 보여주고 있으며 또한 이러한 문제의 특정 측면만을 다루는 것과 대조적으로 전체적 시각에서 문제를 바라보는 시스템 사고에 우리가 왜 기대하고 있는지를 반영하는 것입니다.

시스템 사고(전체론적 사고)의 전통은 오랜 역사를 갖고 있지만, 특히 Wiener와 Bertalanffy의 연구 결과에 의해 하나의 원리로서 자리를 잡게 된 것은 1940년대 말에서 1950년대 초반 무렵입니다. 1950년에서 1970년대에 이르는 기간은 이러한 추세가 경영과학 분야는 물론 수많은 다른 분야에서 가장 큰 영향을 미친 시기로 기록되고 있습니다. 1970년대 이후로 전통적인 시스템 접근방법은 비판을 받기 시작하였는데, 특히 구조화하기 어려운 전략 문제들을 다루는 데 있어서 그리고 공통의 목표와 관련하여 결정하기가 쉽지 않은 상황 혹은 상반된 이해관계를 가지는 상황을 처리하는 데 있어서 그 유용성이 점점 더 심한 비판을 받기 시작하였습니다.

이러한 비판에 대한 대응으로 1970년대 말에서 1980년대에 걸쳐 이와 같은 이슈들을 다룰 수 있는 대안적인 시스템 접근방법이 나타나기 시작하였습니다. 최근에는 비판적 조류가 일반적으로 이전의 접근방법과 과학에서 사용하던 방식을 거부하는 소위 해방주의(emancipatory) 또는 비평주의 운동(critical movement)이 나타났습니다.

우리가 이에 대하여 언급하는 것은 Beer 박사가 시스템 사고의 모든 발전 단계에 귀중한 기여를 한 놀라운 능력을 강조하기 위함입니다. 그러한 기여는 그를 가장 탁월한 시스템 사상가의 한 명으로 생각할 수 있게 하고, 조직과 조직의 존립가능성 연구에 관련하여 그의 연구가 갖는 특별한 기여를 정당화시켜주고 있습니다.

시스템 사고는 사회학 이론의 발전과 나란히 발전하고 있습니다. 이와 관련하여, Burrel과 Morgan이 기본적으로 기능주의(functionalism), 해석주의(interpretivism), 급진적 인본주의(radical humanism) 그리고 급진적 구조주의(radical structuralism) 등 네 개의 학파를 구별하여 제안한 분류는 Beer 박사의 연구가 개발해 온 길을 조명할 수 있게 해줍니다.

응용 분야와 관련해서는 Jackson과 Keys가 지적하고 있듯이, 특정 문제에 포함되어 있는 복잡성의 정도에 의해서 그리고 의도된 대상(intended objectives)(상황 : 단일, 다원적 그리고 대립)에 대하여 동의가 존재하는 정도 등의 두 가지 측면에서 이러한 진화가 이루어지고 있음을 알 수 있습니다.

시스템 분석(Systems Analysis) 그리고 시스템 공학(Systems Engineering) 등과 같은 초기의 시스템 접근방법들은 단순하고 일원적인 문제들을 연구하는 데 유용했습니다. 그러나 연구되는 시스템에 대하여 수학적 모델을 지나치게 강조함으로써 (수학적 모형화가 어려운) 복잡 문제와 다원적 또는 대립적 의사결정 상황을 처리하는 데 충분치 못함을 보여주었습니다. 이것이 OR 활용의 쇠퇴를 가져왔고, 이러한 문제에 대하여 보다 적합한 Beer 박사의 조직 사이버네틱스와 같은 새로운 접근방법의 출현을 가져왔습니다. 이 방법론은 (비록 수학이 사용되긴 하지만) 표면적인 현상들에 기초하여 문제에 대한 수학적 모델을 탐구하기보다는 존립가능성을 위해 필요한 상세한 기본사항들을 확인하는 데 주안점을 두고 있습니다. 실증주의 접근방법(positivist approach)은 구조적인 접근방법에 길을 내주었고, 관심의 초점도 단순 시스템에서 적응형 복잡 시스템(adaptive complex system)으로 옮겨 가게 하였습니다. 다원적이고 갈등적인 상황에서의 의사결정과정을 용이하게 하려는 관심은 '소프트 시스템(soft systems)'과 해방주의 방법론(emancipatory methods)이라 불리는 시스템 방법론의 출현을 가져왔습니다. 이와 관련한 Beer 박사의 기여 또한 매우 중요합니다. 기능주의(functionalist), 해석주의(interpretive), 그리고 해방주의(emancipatory) 접근방법 등의 세 가지 시스템 접근방법에 있어서 그의 연구를 살펴보기로 합니다.

기능주의적 시스템 접근방법(functionalist systemic approach) 내에는 조직이론과 관련한 상황이론(contingent theory)과 사회–기술 시스템 이론(socio-technical systems theory), '하드(Hard)' 시스템 접근방법, 시스템 다이내믹스 그리고 여타의 방법론 등 광범위한 범주의 학파와 접근방법들이 있습니다. 여기서 우리는 Beer 박사의 조직 사이버네틱스에 대하여 특별히 언급하고자 합니다. 경영과 조직에 적용되는 이 분파의 사이버네틱스는 사이버네틱스 이면에 있는 다양성의 개념을 최대한 활용함으로써 최초의 기계론적(mechanistic)이고 유기체적(organicistic)인 사고와의 단절을 보여주고 있습니다. 가장 위대한 기여 중의 하나는 기계적 또는 생물학적 현상들에 대한 어떠한 참조와도 완전히 단절된 기본적인 사이버네틱 원리를 토대로 하여 존립가능 시스템 모델(Viable System Model)을 구축한 것입니다. 다른 새로운 것은 이차 사이버네틱스(second-order cybernetics)에 해결의 실마리를 던져준 관찰자의 시각을 추가한 것이었습니다.

전통적인 조직이론과 비교해보면 조직 사이버네틱스의 과학적 우월성은 여러 가지 이유에 있습니다. 무엇보다도 이 방법론의 보편성(generality)을 들 수 있는데, 모델로부터 나타나는 권고사항은 특정 구조를 한정하지 않으며, 그보다는 시스템의 필수적인 조직화와 관계되는 것들입니다. 그러므로 우리는 대기업, 소규모 조직, 산업, 지역 또는 국가 정부 등과 같은 다양한 영역에서 이 이론이 적용되고 있음을 발견하게 됩니다.

또한 모델의 재귀적 구상(recursive conception)은 복수의 독립적인 구성부분(사업부, 부서, 기업 등)을 갖는 조직에 대하여 이 방법론을 적용할 수 있게 해줌으로써 조직의 연구에 엄청난 방법론의 경제성을 가져다주었습니다.

집중화(centralisation) 또는 분산화(decentralisation)의 오래된 딜레마는 존립가능 시스템 모델 내에서 과학적으로 결정되며, 그로 인해 서브시스템들은 시스템의 전체적인 일관성과 양립할 수 있는 최대한의 자율성을 가질 수 있어야 한다는 원칙을 세우게 되었습니다. 통제는 전체 조직에 걸쳐 공유되며, 모든 복잡 시스템에서 존재하는 자기조직화 경향의 혜택을 쉽게 누릴 수 있게 만들어주고 있습니다. 이러한 점이 동기를 강화하고, 관리자들이 그들 조직의 경계를 처리하는 데 보다 더 관심을 쏟을 수 있게 하고 있습니다.

존립가능 시스템 모델은 경영정보 시스템(management information systems)의 설계를 위한 견고한 기초를 제공합니다. 이 시스템들의 대부분은 종종 사전에 인식된 계층적 조직 모델에 기초하고 있습니다. 조직 사이버네틱스는 필수적 다양성(requisite variety) 법칙에 따라 정보처리 필요를 확인하는 것으로 시작하여 조직을 설계하도록 권고함으로써 그 과정을 완전히 뒤집어놓고 있습니다.

조직 효율성(organization's efficiency)을 증가시키고자 하는 Beer 박사의 관심은 인간의 잠재력 발휘에 기여하고자 하는 흥미를 유발하였습니다. 목표를 민주적으로 수립하게 하고, 조직 내부의 개인들과 서브시스템에 최대한의 자율성을 부여하는 것은 모델에 포함된 엄격한 사이버네틱 논거에 근거를 두고 있습니다. 유일하게 인정된 제한은 전체 시스템의 일관성을 유지하기 위한 필요성에서 파생됩니다. 효율성과 민주주의는 모델 내에서 분리될 수 없는 불가분의 관계이며, 조직에서의 부적절한 권력의 사용으로부터 발생할 수 있는 부정적인 효과에 대하여 경고를 내리게 됩니다.

최근의 조직이론에서의 연구 결과들을 이해하고, 적용 가능한 관리 도구에 통합할 수 있는 것 이외에 조직 사이버네틱스는 기존의 조직이론(전통적, 인간관계론과 상황이론 등)이 일반적으로 제공하는 대안들과 비교해볼 때 월등히 우수합니다.

조직이론에서 수행되는 일반적인 분석과 비교해보면, 이 방법론의 엄청난 설명력은 그것의 기초가 되는 사이버네틱스에 대한 연구와 구조주의적 인식론에 있습니다. 조직이론(최소한 실증주의에 기초한 이론)은 피상적인 현상에서 관찰할 수 있는 관계들에 대한 논거에 일반적으로 기초하고 있는 반면에, 사이버네틱스는 심오한 구조적 수준의 기능수행 과정에 기초하고 있어서 이러한 관계들을 설명할 수 있습니다. Jackson은 "Beer가 연역적으로 발굴해낸 시스템 존립가능성의 기저를 이루고 있는 사이버네틱 원리에 관한 실증적 해설을 실증주의 조직이론의 전체 역사로 보는 것도 억지는 아니다."라고 주장하고 있습니다.

우리는 지금까지 기능주의적 시스템 접근방법의 분야에 있어서 Beer 박사가 수행한 매우 중요한 연구들에 대하여 살펴보았습니다. 그러나 그의 기여는 여기에서 끝나지 않습니다. 연구의 중심을 기술이나 구조 또는 조직이 아닌 사람에 두고, 인지, 신념, 가치와 이해관계 등을 주요 관심사로 갖는 '소프트 시스템 사고(soft systems thinking)'라고도 불리는 해석적 시스템 접근방법(interpretive systemic approach)은 수많은 현실 인식이 있다는 전제에서 출발하였습니다. 따라서 이 접근방법은 의사결정자들이 다원화된 맥락에서 작업할 수 있도록 돕고자 하는 것입니다. 이제 중요한 것은 사회 현실을 이해하고 구축하기 위해 사람들이 사용할 수 있는 서로 다른 '세계관(world views, 벨트안슈아운겐 : Weltanschauungen)' 또는 '감상 시스템(appreciative systems)'을 확인하는 것입니다. 기본적인 구상은 하나의 조직 내에 연합되어 있는 서로 다른 그룹들 사이의 '합의점'을 찾아내는 것입니다. 이러한 시스템 접근방법에서도 Beer 박사는 실제적으로 정말 소중한 도구를 제공하고 있습니다. Harnden이 지적하고 있듯이, (우리가 무시했다가는 위험을 감수해야 하는) 복잡 시스템의 조직을 관리하는 기본 법칙의 표현으로서 존립가능 시스템 모델의 덕택으로 이전의 방법론에 대한 대안적 사용은 '해석학적 조력자(hermeneutic enabler)'와 같은 것으로 따라서 그것은 해석적 사고(interpretive thinking)의 결과라 할 수 있습니다.

이러한 특별한 사용에 의하면 조직 모델은 객관적인 현실을 포착한 것으로가 아닌 그보다는 복잡한 사회적 이슈에 관한 대화를 지원하는 것으로 보입니다. 존립가능 시스템 모델은 적합한 조직 형태의 출현과 진화에 대한 담론(discourse)을 촉진할 수 있고, 우리의 상호작용을 조정하게 해주는 '공감 영역(consensual domain)'을 제공할 수 있습니다. Von Foerster(1995)가 정의하고 있는 것처럼, 일차 사이버네틱스(관찰된 시스템)와 달리 이차 사이버네틱스(관찰자 시스템)는 그 관심을 관찰자로 옮기고 있습니다. 이것은 자생(autopoiesis)에 관한 그들의 연구 결과로서 관심의 초점이 관찰자로 그리고 이들이 만들어내는 차이점들로 옮겨져야 한다고 제안하면서 Maturana와 Varela(1980, 1992)가 주장한 것입니다. Beer 박사의 존립가능 시스템 모델은 그러한 구별을 할 수 있도록 돕는 훌륭한 '해석학적 조력자'입니다.

1980년대와 1990년대에 많은 시스템 연구자들이 기술적 도구의 사용에 의문을 제기하기 시작하였지만, 이러한 기술적 도구들이 제공하는 이점들에 대해서는 관심을 기울이지 않았습니다. 철학과 사회학에서의 비판적 전통을 기초로 하여 해방주의 시스템 접근방법을 개발하려는 시도가 있었습니다. 이러한 개발 선상에서 우리는 다시 한 번 더 Beer 박사의 굉장히 중요한 기여를 접하게 되며, 특히 그가 만들어낸 비교적 최근의 혁신적 방법인 **팀 신테그러티**를 이러한 기여 중의 하나로 들 수 있습니다. 앞에서 우리는 이러한 접근방법으로 조직된 그룹이 모든 참가자들에게 동등한 정보 접근 권한을 부여하고, 절대적으로 동등한 역할을 수행하게 하는 참여 민주주의의 좋은 예가 되고 있음을 살펴보았습니다. 이러한 상황에서 Jürgen Habermas가 주장한 왜곡이 없는 이상적인 의사소통 환경에 다가가는 것이 가능할 것입니다.

팀 신테그러티로 대표되는 중요한 기여 외에도 존립가능 시스템 모델은 해방주의 구성요소를 포함하고 있습니다. Beer 박사는 통제의 분산화를 시스템의 존립가능성의 기본으로 생각한다고 앞에서 언급한 바 있습니다. 시스템의 구성부분들은 환경의 다양성을 흡수하기 위한 자율성이 부여되어야 하며, 그렇지 않으면 최고 경영층은 그러한 다양성에 의해 압도당할 것입니다. 그러나 구성부분들이 그들의 자율성을 적절히 사용할 수 있게 하려 한다면, 전체 목표를 세우는 과정에 그들이 참여해야 한다는 것입니다. 이러한 이유로, Beer 박사는 그가 말하는 시스템 5가 조직 소유자의 관심뿐만 아니라 근로자, 공급자, 소비자 그리고 일반 사회의 관심들도 포함해야 한다고 주장하고 있습니다. Beer 박사에 의하면 조직이 생존할 수 있게 하기 위해서는 조직 내에 있는 모든 참여자의 권력을 이사회가 신진대사시켜야 한다는 것입니다. 결과적으로 존립가능 시스템 모델은 적절한 기능수행을 위해 민주주의적인 환경을 필요로 합니다.

우리는 시스템 사고의 발전과 조직 이론에 있어서 Beer 박사 연구가 갖는 굉장한 의미들에 대하여 살펴보았습니다. 그렇지만 이러한 연구의 중요성은 학술 영역이나 비즈니스 영역에만 국한하지 않는데, 오늘날의 인류에 영향을 미치는 수많은 문제(생태적 공격, 부의 불평등 분배, 생물학적 화학적 핵 테러의 위협, 부정부패, 적절한 국제 재판 시스템의 부재, 대규모 이주, 자연 재해에 대한 원조 등)의 해결에도 유용한 엄청난 지식 프레임워크(intellectual framework)를 제공하고 있기 때문입니다. 이러한 모든 문제들은 현대 사회의 복잡성(다양성)이 엄청나게 증가하고 있다는 표징이며, 특히 지난 수십 년 동안 그 복잡성은 기하급수적으로 증가해 왔습니다. 그러나 이러한 문제들을 이해하기 위하여 우리가 채택하고 있는 모델들은 이와 비례하여 발전해 오지 못했습니다. Conant-Ashby가 "시스템의 훌륭한 조정자는 시스템 모델이어야 한다."라는 유명한 정리에서 언급하였듯이 우리는 필수적 다양성(requisite variety)을 갖는 문제 상황에 대한 모델을 필요로 하고 있습니다. 그러나 종종 채택된 모델들은 충분한 다양성을 갖고 있지 못하거나 심지어 그러한 다양성이 존재하지 않는 경우도 있습니다.

Beer 박사는 이러한 모델을 만드는 데 그리고 사회 시스템의 서로 다른 부분들 사이의 상호작용을 보장하는 데 적합한 요소들을 제공하고 있으며, 오늘날과 같이 분열의 발생을 위협하는 점점 더 커져 가는 움직임의 희생들이 안정화되고 그래서 조화로운 존재가 가능하게 될 것입니다.

Beer 박사가 명확하게 인식하고 있는 오늘날 우리에게 영향을 미치는 수많은 문제 상황들은 다음과 같습니다.

- 과학자의 '도덕성(morality)' 그리고 동시대 사회에서의 과학의 기능 등과 같은 이슈들 또는 데이터와 정보의 홍수로 야기되는 문제들입니다. 즉 시스템 균형 (system equilibrium)을 보장하기 위해 요구되는 정보 인식의 덕택으로 이전에 확인된 관련된 정보를 필터링할 수 있게 하는 정보기술이 개발되어야 하는 방향을 나타내고 있습니다.

- 시스템의 행태를 논의하기 위한 Beer 박사가 말하는 '메타언어'의 필요성에 대한 확인입니다. Gödel의 불완전성 정리(Gödel's theorem of incompleteness)에 대하여 그가 관여했던 발견이며, 시스템의 존립가능성에 대한 설명을 가능하게 한 '재귀적 방법론(recursive methodology)'을 낳았습니다.

- 초국가적인 기관들에 의한 윤리적, 법률적 또는 생태적 규약의 정의에 대한 필요성의 이론적 정당화입니다. 무엇보다도 국제적인 거버넌스 구조 설계에 있어서 단점들의 신속한 진단을 가능하게 하는 도구를 제공해주게 됩니다.

- 시스템의 존립가능성을 보장하기 위해 시스템 내의 분산화와 자율성에 대한 시스템적 요구사항의 추정입니다. 그렇게 함으로써 조직, 기업, 국가, 초국가적 공동사회 등과 같은 시스템에 특히 영향을 미치는 자율성과 일관성 사이의 모순을 해결합니다.

- 정보의 완전한 배포와 참여를 보장하는 그룹 구성원들 사이의 통신 시스템에 대한 구상입니다. 소위 말하는 '완전한 민주주의'의 지향입니다.

- 대화를 위한 기회의 창안자로서 조직에서 관리자의 역할에 대한 재고입니다. 소유자 이외에도 영향을 미치는 모든 사람들을 포함시켜야 합니다.

- 30여 년 이전에 정보와 통신기술에 의한 공간과 시간의 장벽을 뛰어넘는 대화의 필요성에 대한 인식입니다. 이것이 인터넷의 출현, 컴퓨터 지원 협업, 충분한 대역폭을 갖는 통신, 인체 두뇌 능력에 대한 보완으로 컴퓨터의 활용(오늘날 MIS, DSS, EIS 등으로 알려진 도구들) 등을 예견하였습니다.

- 인체 지능을 확장하기 위한 방법을 찾기 위해 생명 유기체 실험을 통한 컴퓨터의 실제 재료 구성요소 탐구입니다.

- 시스템이 이미 제공하고 있는 것에 더하여 의사결정자들의 능력과 잠재력 모두

를 고려하는 평가 시스템을 제안함으로써 의사결정자의 단기 관점들을 반박합니다. 기본적으로 (거의 배타적으로) 경제적 측면에 기초한 성과 측정 파라미터들의 활용에 반대합니다.

과학적 지식에 대한 Beer 박사의 기여를 온전히 나열하자고 한다면 이러한 개관이 너무나 길어지게 될 것입니다. 그래서 나는 그의 복잡한 인격의 면면은 과학자, 관리자 또는 컨설턴트로서의 여타 측면들을 능가한다고 말하는 것으로 하고 이쯤에서 마칠까 하는데, 여기에 또한 화가로서 그리고 시인으로서의 면면도 추가해야 하기 때문입니다.

마지막으로 일반적으로 이베로-아메리카와 Beer 박사의 관계 그리고 특별히 우리 대학과 Beer 박사와의 관계에 대하여 간단히 언급하면서 이 찬미를 끝내고자 합니다.

Beer 박사와 이베로-아메리카와의 관계는 칠레에서 시그마 컨설팅 회사의 대표로서 전문적으로 종사했던 시기로 거슬러 올라갑니다. 그러나 실제적인 첫 접촉은 1971년에 있었고 그때 그는 실시간으로 국가 경제를 관리할 수 있는 시스템을 설계하기 위한 과학부문 책임자(Scientific Director)로 Allende 대통령에 의해 초청을 받았습니다. 이 연구의 결과로 그는 멕시코, 우루과이, 베네수엘라, 그리고 좀 더 최근에는 컬럼비아 등과 같은 이베로-아메리카 국가들에서 컨설턴트로서 초청받았습니다.

그의 스페인과의 관계는 지금까지 기본적으로 그의 과학적 연구를 통해 이루어져 왔다고 말하고 싶습니다. 특히 바야돌리드 대학과 관련해서는 먼저 두 번의 실제적 신테그레이션(제1회 국제 신테그레이션 학술회의와 the I Sintegración sobre Ciudadanía Organizacional)에 참여한 것에 대하여 말씀드리며, 특히 1995년과 1996년에 수행된 세계 최초의 전자 신테그레이션(electronic syntegration)에서는 4개 대륙 16개국의 사이버네틱스 학자들 30명이 인터넷을 통하여 원격작업으로 8개월이 넘는 기간 동안에 *To be and not to be that is the system: A tribute to Stafford Beer*라는 제목의 Beer 박사 연구에 관한 공동 출판을 준비할 수 있었습니다. 이러한 종류의 협업 노력은 팀 신테그러티의 실제적 활용을 보여주는 데 기여하였고, 우리 대학 내에 완전히 독창적인 연구 분야를 개척할 수 있게 하였으며, 지난 수년 동안 다른 연구 프로젝트에 활용되어 왔습니다.

Beer 박사의 연구는 우리 대학에서 사용된 강의 자료에 이론 전집을 수록한 덕분에 바야돌리드대학교 내에도 존재합니다. 또한 이베로-아메리칸과 유럽 학술 공동체를 위하여 우리 대학이 만들어낸 통신과 정보 교환을 위한 시스템의 구상과 설계를 위한 Beer 박사의 조직 사이버네틱스의 사용을 들 수 있습니다. 그 의도는 사이버네틱 개념을 새로운 정보와 통신 기술에 결합하게 하는 도구를 제공하는 것이었습니다.

마지막으로 "자기조직 시스템은 항상 살아 있고 불완전하다. 완성은 죽음의 또 다른 이름이다."라는 Beer 박사의 말을 인용하고 싶습니다. 우리는 Beer 박사의 연구가 앞으로도 수년 동안 끊임없이 지속될 것이라고 믿습니다.

바야돌리드대학교의 박사들 중 한 명으로 함께하겠다는 Stafford Beer의 동의로서 우리 기관은 시스템 사고와 조직 이론 분야에서 가장 저명한 과학자 중 한 분으로 인해 풍요로워졌으며, 그의 번쩍이는 연구는 산업계, 통신 또는 컴퓨터 공학 분야의 학생들은 물론 우리 대학에서 배우고 있는 모든 학생들에게 필수적인 준거 프레임워크(reference framework)가 될 것입니다.

그러므로 나는 다음과 같이 분명히 선언합니다.

이러한 이유로, Stafford Beer의 명예박사 학위 수여를 청하는 바입니다.
His De Causis, Peto Gradum Doctores Honoris Causa Domino Stafford Beer.

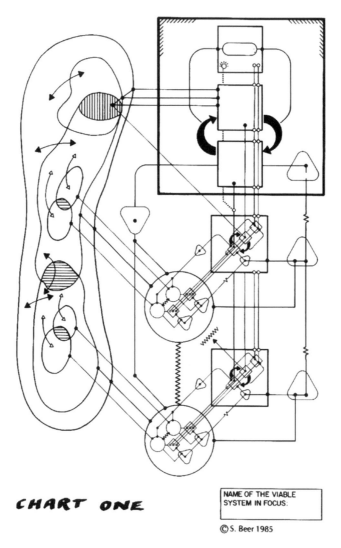

CHART ONE

NAME OF THE VIABLE
SYSTEM IN FOCUS:

© S. Beer 1985

┃ 그림 AII.1 재귀 구조를 보여주는 존립가능 시스템 모델의 표현(Beer, 1985)

J. Pérez Ríos, *Design and Diagnosis for Sustainable Organizations*,
DOI 10.1007/978-3-642-22318-1, © Springer-Verlag Berlin Heidelberg 2012

존립가능 시스템을 위한 규칙의 용어 사전

(Beer 1979, *The Heart of Enterprise*, "Stafford Beer 최고의 도서관"의 재판, Wiley, 1994, pp. 565‒567)

금언

제1의 규제 경구

수행하는 기능 특성을 이해하기 위해 블랙박스 안으로 들어갈 필요는 없다.

제2의 규제 경구

잠재적으로 발생할 수 있는 다양성을 산출하기 위해 블랙박스 안으로 들어갈 필요는 없다.

원칙

제1의 조직 원칙

기관 시스템으로부터 발산되는 관리, 운영 그리고 환경 다양성은 같아지는 경향이 있다. 인력과 비용에 대한 최소의 피해로 그렇게 할 수 있도록 그것들은 설계되어야 한다.

제2의 조직 원칙

관리단위, 운영 그리고 환경 사이에서 정보를 전달하는 네 개의 방향성 채널 각각은 정보를 생성해내는 서브시스템이 주어진 시간 내에 정보를 만들어내는 양보다 주어진 시간 내에 다양성 선택과 관련이 있는 주어진 양의 정보를 전송할 수 있는 더 큰 용량을 가져야만 한다.

제3의 조직 원칙

주어진 다양성을 구별할 수 있는 능력을 가진 채널에서 전달되는 정보가 한 경계를 넘어가는 곳이면 어디서나 정보는 변환이 이루어진다. 변환기의 다양성은 적어도 채널의 다양성과 대등해야만 한다.

제4의 조직 원칙

앞의 세 가지 원칙의 운영은 시간이 흘러도 중단이나 지체 없이 주기적으로 유지되어야만 한다.

정리

재귀적 시스템 정리

재귀적인 조직 구조에서 하나의 존립가능 시스템은 다른 존립가능 시스템을 포함하기도 하고, 다른 존립가능 시스템에 포함되기도 한다.

공리

제1의 경영 공리

n개의 운영 요소들에 의해 처리되는 수평적 다양성의 합은 기업 결합(corporate cohesion)의 여섯 가지 수직적 구성요소상에서 처리되는 수직적 다양성의 합과 같다.

제2의 경영 공리

첫 번째 공리의 운영으로부터 생기는 시스템 3에 의해 처리되는 다양성은 시스템 4에 의해 처리되는 다양성과 같다.

제3의 경영 공리

시스템 5에 의해 처리되는 다양성은 두 번째 공리의 운영에 의해 생성된 잔여 다양성과 같다.

법칙

존립가능 시스템의 다중적 재귀를 위한 결합 법칙

재귀 수준 x의 시스템 3에 접근 가능한 시스템 1 다양성은 모든 재귀 쌍에 대한 재귀 수준 y의 메타시스템들의 총합에 의해 처리되는 다양성과 같다.

Ackoff RL (1999a) Ackoff´s best. John Wiley & Sons, USA

Ackoff RL (1999b) Re-creating the corporation. A design of organizations for the 21st Century. Oxford University Press, New York

Almuiña C, Martín R, Y Pérez Ríos J (eds) (2000) Las universidades iberoamericanas en la sociedad del conocimiento. Universidad de Valladolid, Valladolid. ISBN 84-8448-03-3

Almuiña C, Pérez Ríos J et al. (2008) *La relevancia de los medios de comunicación en Castilla y León*. Consejo Económico y Social de Castilla y León. ISBN: 978-84-95308-37-5

Ashby WR (1956) An introduction to cybernetics, vol 2. Chapman Hall, London

Beer S (1959) Cybernetics and Management. John Wiley and Sons, New York

Beer S (1966) Decision and Control: The meaning of Operational Research and Management Cybernetics. John Wiley and Sons, Chichester

Beer S (1975) Platformform for Change. John Wiley and Sons, Chichester

Beer S (1979) The heart of enterprise. John Wiley & Sons, Chichester

Beer S (1981) Brain of the firm, 2nd edn. John Wiley & Sons, Chichester

Beer S (1985) Diagnosing the system for organizations. John Wiley & Sons, Chichester

Beer S (1989) The viable system model: its provenance, development, methodology and pathology. In: Espejo R, Harnden R (eds) The viable system model. Interpretations and applications of Stafford Beer´s VSM. John Wiley & Sons, Chichester

Beer S (1994) Beyond dispute. The Invention of team syntegrity. John Wiley & Sons, Chichester

Cambel AB (1992) Applied chaos theory: a paradigm for complexity. Academic Press, New York

Checkland P (1981) Systems thinking, systems practice. John Wiley and Sons, Chichester/Great Britain

Checkland P, Scholes J (1990) Soft systems methodology in action. John Wiley & Sons, Chichester

Churchman CW (1968) The systems approach. Dell Publishing Co, New York

Churchman CW (1971) The design of inquiring systems: basic concepts of systems and organization. Basic Books, Inc Publishers, New York

Churchman CW (1979) The systems approach and its enemies. Basic Books, Inc Publishers, New York

Clemson B (1984) Cybernetics. A New Management Tool, Abacus Press, Philadelphia, USA

Conant RC, Ashby WR (1970) Every good regulator of a system must be model of that system. Int J Syst Sci 1(2):89–97

de Geus A (1997) The living company. Habits for survival in a turbulent business environment. Harvard Business School Press, Boston, Massachusetts

Drucker PE (1954) The practice of management. HarperCollins Publishers. Edición First Harper Business 1993, pp. 62–87

J. Pérez Ríos, *Design and Diagnosis for Sustainable Organizations*,

DOI 10.1007/978-3-642-22318-1, © Springer-Verlag Berlin Heidelberg 2012

Espejo R (1989) The VSM revisited. In: Espejo R, Harnden R (eds) The viable system model: interpretations and applications of Stafford Beer´s VSM. John Wiley and Sons, Chichester, pp 77–100

Espejo R (2008) Observing organizations: the use of identity and structural archetypes. In Special issue: organizational cybernetics in focus, Pérez Ríos J and Schwaninger M (Guest editors). *International Journal of Applied Systemic Studies* 2(1/2). ISSN: 1751–0589. ISSN (Online) 1751–0597

Espejo R (2009) Performance management, the nature of regulation and the Cybersyn project. Kybernetes 38(1/2):65–82

Espejo R, Bowling D, Hoverstadt P (1999) The viable system model and the VIPLAN software. Kybernetes: Int J Syst Cybern 28(6/7):661–678, ISSN 0368-492X

Espejo R, Harnden R (eds) (1989) The viable system model. Interpretations and applications of Stafford Beer´s VSM. John Wiley and Sons, Chichester

Espejo R, Reyes A (2011) Organizational Systems. Managing Complexity with the Viable System Model, Springer, Heidelberg

Espejo R, Schuhmann W, Schwaninger M, Bilello U (1996) Organisational transformation and learning. John Wiley and Sons, Chichester

Espejo R, Schwaninger M (eds) (1993) Orgnizational fitness: corporate effectiveness through management cybernetics. Campus Verlag, New York

Espejo R, Schwaninger M et al (1997) To be and not to be that is the system: a tribute to Stafford Beer. CD ROM, Carl-Auer-Systeme Verlag, Heidelberg

Espinosa A, Leonard A (guest editors) (2009) Action Research in Organizational Cybernetics. Systemic Practice and Action Research 22(4), ISSN 1094-429X

Flood RL, Jackson MC (1991) Creative problem solving: total systems intervention. John Wiley and Sons, Chichester

Forrester JW (1958) Industrial dynamics: a major breakthrough for decision makers. Harv Bus Rev 36(4):37–66

Fuller RB (1979) Synergetics: the geometry of thinking. Macmillan, New York

Hernández C and López A (1999) Beyond Experimental Economics: Trading Institutions and Multiagent Systems. Computing in Economics and Finance 1351, Society for Computational Economics

Hernández C (2004) Herbert A. Simon, 1916–2001, y el Futuro de la Ciencia Económica. *Revista Europea de Dirección y Economía de la Empresa* 13(2): 7–23

Hetzler S (2008) Pathological systems. In Special issue: organizational cybernetics in focus, Perez Rios J and Schwaninger M (Guest editors). *International Journal of Applied Systemic Studies* 2(1/2). ISSN: 1751–0589. ISSN (Online) 1751–0597.

Ingber DE (1998) The architecture of Life. Sci Am 278(1):48–57

Jackson MC (2000) Systems approaches to management. Kluwer Academic/Plenum Publishers, New York, pp 163–166

Jalali A (1994) Reverberating networks. Modelling information propagation in syntegration by spectral análisis. In: Beer S (ed) Beyond dispute. The invention of team syntegrity. John Wiley and Sons, Chichester, pp 263–280

Kaplan RS, Norton DP (1996) The balanced scorecard. Harvard Business School Press, Boston

Leonard A (1989) Application of VSM to commercial broadcasting in the United States. In: Espejo R, Harnden R (eds) The viable system model. Interpretations and applications of Stafford Beer´s VSM. John Wiley & Sons, Chichester

López Paredes A, Hernández C (eds) (2008) Agent based modelling in natural resource management. INSISOC, Madrid. ISBN 978-84-205-4560-8

López Paredes A, Hernández C, Pajares J (2002) Towards a new experimental socio-economics. Complex behaviour in aargaining. J Socio-Econ 31:423–429

Maturana HR, Varela FJ (1980) Autopoiesis and cognition. The realization of the living. D. Reidel Publishing Company, Dordrecht

Maturana HR, Varela FJ (1992) The tree of knowledge. The biological roots of human under-
standing. Shambhala Publications, Inc, Boston

Morecroft JDW (1988) System dynamics and microworlds for policymakers. Eur J Oper Res
35:306–308

Pajares J, López-Paredes A, Hernández C (2003) Industry as an organisation of agents: Innovation
and R&D management. JASSS 6(2)

Pérez Casares A, Hernández Iglesias C, y Pérez Ríos J (2008) An agent based model of firms'
birth, evolution and extinction. In: López Paredes A, Hernández C (eds) Agent based
modelling in natural resource management. INSISOC, Madrid. ISBN 978-84-205-4560-8

Pérez Ríos J (1992) Dirección Estratégica y Pensamiento Sistémico. Departamento de Economía y
Administración de Empresas. Universidad de Valladolid, Valladolid. ISBN 84-604-7224-8

Pérez Ríos J (2000) Nuevas formas organizativas en sociedades complejas. In: Almuiña C, Martín
R, y Pérez Ríos J (eds) Las Universidades iberoamericanas en la sociedad del conocimiento.
Universidad de Valladolid, Valladolid, pp 291–317. ISBN 84-8448-03-3

Pérez Ríos J (2001) Laudatio de Stafford Beer. Investidura de Stafford Beer como "Doctor
Honoris Causa" por la Universidad de Valladolid. Universidad de Valladolid, Valladolid, D.
L. VA. 57.2002

Pérez Ríos J (2003) VSMod®: a software tool for the application of the Viable System Model,
47th Annual Conference of the International Society for the Systems Sciences (ISSS),
Heraklion, Crete, Greece. ISBN: 0-9740735-1-2

Pérez Ríos J (2004) A self-organizing network for the systems community. Kybernetes: Int J Syst
Cybern 33(3/4):590–606, ISSN 0368-492X

Pérez Ríos J (2006a) Information and communication technologies for viable organizations. *The
WOSC 13th international congress of cybernetics and systems and the 6th international
Conference of sociocybernetics*, Maribor, Eslovenia, 6–10 July 2006

Pérez Ríos J (2006b) "Communication and information technologies to enable viable
organizations". *Kybernetes: The International Journal of Systems & Cybernetic* 35(7/8):
1109–1125, ISSN 0368-492X

Pérez Ríos J (2007a) Prologue of book: Herrscher E. El círculo virtuoso. Cambiar-Planificar-
Aprender-Cambiar. Granica, Buenos Aires (Argentina), pp 9–14. ISBN 978-950-641-504-4

Pérez Ríos J (2007b) Viable System Modeling with VSMod®. *4th Metaphorum Conference "Evolu-
tion from and development of the work of Stafford Beer*. St. Gallen, Swizerland, March 2007

Pérez Ríos J (2007c) Modeling organizations for viability. *3rd National Conference of the
Hellenic Society for Systemic Studies*. Piraeus, Athens, Greece, May 2007

Pérez Ríos J (2008a) Aplicación de la Cibernética Organizacional al estudio de la viabilidad de las
organizaciones (Parte I). DYNA 83(5):265–281, ISSN 0012–7.361

Pérez Ríos J (2008b) Aplicación de la Cibernética Organizacional al estudio de la viabilidad de las
organizaciones. Patologías organizativas frecuentes (Parte II). DYNA 83(7):403–422, ISSN
0012–7.361

Pérez Ríos J (2008c) Supporting organizational cybernetics by communication and information
technologies (VSMod). Int J Appl Syst Stud 2(1/2):48–65, ISSN: 1751–0589 ISSN (Online)
1751–0597

Pérez Ríos J (2008d) Closing and enriching the loop. Comment on the paper by Kopainsky and
Luna-Reyes. Syst Res and Behav Sci 25(5):487–492, ISSN 1092–7026

Pérez Ríos J (2008e) *Diseño y diagnóstico de organizaciones viables. Un enfoque sistémico.*
IBERFORA 2000. ISBN: 978-84-612-5845-1

Pérez Ríos J (2010) Models of organizational cybernetic for diagnosis and design. Kybernetes: Int
J Syst Cybern 39(9/10):1529–1550, ISSN 0368-492X

Pérez Ríos J, Martínez Suárez XL (2007) Applying VSM in the strategic management of A Coruña
University in Galicia, Spain. In: Christopher WF (ed) Holistic management. Managing what
matters for company success. John Wiley & Sons, Hoboken/New Jersey, pp 124–134. ISBN
978-0-471-74063-6

Pérez Ríos J, y Sánchez Mayoral P (2001) Gestión del conocimiento: un enfoque cibernético. *IV Congreso de Ingeniería de Organización: CIO-2001.* Septiembre de 2001, Sevilla

Pérez Ríos J and Schwaninger M (1996) "Integrative systems modeling: leveraging complementarities of qualitative and quantitative methodologies", *1996 International System Dynamics Conference,* Boston, EE.UU

Pérez Ríos J and Schwaninger M (Guest editors) (2008) Organizational Cybernetics in focus. *International Journal of Applied Systemic Studies* 2(1/2). ISSN: 1751–0589. ISSN (Online) 1751–0597

Reyes A (2001) Second-Order Auditing Practices. Systemic Practice and Action Research, Vol. 14, No. 2:157–180

Schecter D (1993) Beer´s "team syntegrity" and the challenge of democratic management. In: Espejo R, Schwaninger M (eds) Organisational fitness. Campus Verlag, Frankfurt

Schuhmann W (1997) Communication and information in society. In: Espejo R, Schwaninger M (eds) To be and not to be that is the system: a tribute to Stafford Beer. (CD-ROM), Carl Auer-Systeme Verlag, Wiesbaden. ISBN 3-89670-063-4

Schwaninger M (2005) "Design for viable organizations. The diagnostic power of the viable system model". In: Viable organizations. Matjaz Mulej, Eva Buchinger et al. (eds.). WOSC world organization of systems and cybernetics. 13th International Congress of Cybernetics and Systems and ISA International Sociological Association. Research Commitee 51 on Sociocybernetics. Maribor (Eslovenia), pp. 45–56. ISBN: 961-6354-58-2

Schwaninger M (2006) Intelligent organizations. Powerful models for systemic management. Springer Berlin, Heidelberg

Schwaninger M and Pérez Ríos J (1996) "ISM - Integrative systems methodology: a hybrid methodology for applying cybernetics cybernetically". In Espejo R and Schwaninger M. with Associates, *To be and not to be that is the system: A tribute to Stafford Beer*, Festschrift presented at John Moores Liverpool University, Sept 26, 1996; y CD ROM (1997) Wiesbaden; Carl Auer-Systeme Verlag. ISBN 3-89670-063-4

Schwaninger M, Pérez Ríos J (2008a) "System dynamics and cybernetics: a synergetic pair". Syst Dynam Rev 24(2):145–74, ISSN 0883–7066

Schwaninger M, Pérez Ríos J (2008b) Organizational cybernetics in focus (guest editorial). Int J Appl Syst Stud 2(1/2):1–5, ISSN: 1751–0589. ISSN (Online) 1751–0597

Schwaninger M, Pérez Ríos J (2010) A Manifesto for model-based management (Guest Editorial). *Kybernetes: The International Journal of Systems & Cybernetics*, 39(9/10):1414–1418, ISSN 0368-492X

Schwaninger M, Pérez Ríos J and Ambroz K (2004) "System dynamics and cybernetics: a necessary synergy". *International system dynamics conference.* Oxford, U.K. ISBN: 0-9745329-1-6.

Senge PM (1990) The fifth discipline. The art and practice of the learning organization. Doubleday/Currency, New York

Simon HA (1976) Administrative behavior. Free Press, New York

Simon HA (1981) The sciences of the artificial, 2nd edn. M.I.T. Press, Cambridge

Truss J (1994a) "About face. A turn for better planning". In: Beer S (ed) Beyond dispute: the invention of team syntegrity. John Wiley and Sons, Chichester

Truss J (1994b) "From prototype to protocol. Design for doing". In: Beer S (ed) Beyond dispute: the invention of team syntegrity. John Wiley and Sons, Chichester

Wiener N (1948) Cybernetics or the control and communication in the animal and the machine. MIT Press, Cambridge

Ulrich W (1994) Critical heuristics of social planning a new approach to practical philosophy. John Wiley and Sons, Chichester, First published 1983 by Paul Haupt

Von Foester H (1995) Cybernetics of cybernetics, 2nd edn. Future Systems inc, Minneapolis/Minnesota

Yolles M (1999) Management systems. A viable approach. Financial Times, London

찾아보기

김대호

목원대학교 교수
고려대학교 경영학박사
한국모바일학회 회장
한국농식품정보과학회 총괄수석부회장
대한경영학회 부회장
한국경영학회, 한국경영정보학회, 한국융합학회, 한국산학협력학회, 한국정보기술
  응용학회 종신회원
한국벤처창업학회 회장, 농림축산식품부 정보화예산 및 평가위원회 위원 역임

저서 및 역서

모바일앱개발전문가(명진C&P, 2013)
정보 시스템 개론(한경사, 2013)
벤처창업론(명경사, 2012)